Juan Eslava Galán

Guadalquivir

Planeta

Diseño colección y sobrecubierta de Hans Romberg

Ilustración sobrecubierta: detalle de un fresco del siglo XVIII del palacio de las Cuarenta Columnas, Isfahān

Primera edición: enero de 1990

Depósito Legal: B. 522-1990

ISBN 84-320-7012-2

Printed in Spain - Impreso en España

Talleres Gráficos «Duplex, S. A.», Ciudad de Asunción, 26-D, 08030 Barcelona

A mis hijas Diana y María

Fernando
23/Feb/90.

Guadalquivir

Colección Autores Españoles
e Hispanoamericanos

UNO

¡En el nombre de Alá, el piadoso, Aquel que de los sucesos del pasado hace una premonición para el presente, el omnisapiente de los misterios y arcanos, el que toma y el que da, el que parte y reparte, adornaré vuestras orejas con la perla de mi cuento! Aquí empieza mi historia: ¡escuchad!

Pues habéis de saber que un muchacho imberbe llamado Selim y un anciano esclavo negro de nombre Sebas salieron al campo un día entre los días para entrenar a un halcón neblí de mucho precio. Y que estando alto en el aire, el pájaro real divisó dos palomas blancas que sobre el ceniciento olivar cruzaban volando. Y el halcón abatiose sobre ellas y capturó a la hembra, que volaba postrera, y con ella entre las aceradas garras se perdió planeando hacia el monte Zumel.

—¿Has visto? —exclamó Selim—. ¡Se la lleva! ¡No la trae!

—¡Claro que lo he visto! —respondió con fastidio el esclavo—. Y sé lo que ocurre: que no le disteis de comer ayer. Eso es lo que pasa.

—¡Cómo que no! —replicó el muchacho—. El pájaro comió como un saqueador y hasta lo despulgamos.

—Pues o tiene hambre o está mal entrenado —repitió el negro sacudiendo la cabeza. Y la levantó, una vez más, para mirar los espesos nubarrones—. Anda, mejor será que lo busques antes de que se aleje más o nos lo roben. Tu hermano Gazal está loco. Sólo a él se le ocurre sacar los halcones con la que va a caer. A ver si estamos de regreso antes de que se ponga a llover.

El anciano esclavo negro gastaba panza cumplida y además era cojo de la pierna izquierda, malo para correr perdigones, y para buscar halcones extraviados, peor. Por el contrario, Selim acababa de cumplir quince años y, aunque la naturaleza no lo había dotado de un cuerpo tan vigoroso como el de sus hermanastros, estaba habituado a correr por el campo en pos de los halcones de Gazal. Conque tomó del hato un guante de cuero y una caperuza y se alejó en busca de la prófuga rapaz.

Y hete aquí que el cielo se oscureció de pronto como si viniera la noche con sus negras galas, y las primeras nubes, impulsadas por el viento, se empezaban a remansar contra las cumbres de Jabalcuz. Así estaba la cosa cuando el joven Selim alcanzó las lindes de Uribe, donde terminaban las tierras de su familia. Me acuerdo de ellas como si las tuviera delante, pues lo que se conoce en la infancia no se olvida: más allá de la verde empalizada que formaban las pitas serpeaba el camino de Pero Codes y, al otro lado, detrás de una derruida tapia del tiempo de los visigodos, comenzaban las tierras de los Dubyan, los antiguos rivales y enemigos de su estirpe. Selim pensó que sería una imprudencia penetrar en ellas. Pero, por otra parte, no puedo presentarme ante Gazal sin su halcón, pensó también. Probablemente el pájaro ha ido a esconderse en la fronda de almendros e higueras silvestres que crece en torno a las ruinas del palacio de Sara la Goda.

Selim se detuvo a recuperar el resuello mientras se mantenía a la escucha de los rumores del campo. Por ninguna parte se percibía el cascabel del halcón. «Es seguro que está en las ruinas», se dijo, y tomó su decisión. Encorazonó su corazón y envalentonó su alma y, cruzando el camino, se internó entre los espesos olivos de la tierra de los Dubyan. Estaba escrito que esta decisión había de cambiar su vida para siempre. Recordad que una cincha floja en la albarda del pollino que montaba el sultán de Babilonia fue causa de su descalabro, con los sesos esparcidos por el polvo del camino, o, dicho de otra manera, por qué un acto nimio puede tener decisivas y perdurables consecuencias, es materia que da que pensar a los pensantes y da que hablar a los parlantes, pero sólo Alá lo sabe con certeza, así que no me lo preguntéis a mí, preguntádselo a Él.

DOS

EN CUANTO A LA FAMILIA DE SELIM, he aquí lo que hay que contar: era el muchacho hijo menor de ibn Yudan, el anciano y acaudalado patriarca de los Nasr, hombre al que los sabios devolvían el saludo y al que todo el mundo respetaba. Es conveniente que sepáis que su estirpe descendía de los Gatafan, que fue de las principales del Qays Aylan, de las más poderosas y antiguas de al-Andalus. El Qays Aylan procedía a su vez de los Yasub, no del tronco de los yemeníes, sino de los orientales de Quinnasrín, gentes desprovistas de piojos que se establecieron en las tierras de Jaén en tiempos de la conquista islámica.

Habéis de saber que ibn Yudan tuvo tres esposas. La primera, Menaru-Sunna, era grande y hermosa, de cuerpo proporcionado en carnes y un culo firme como pandero de bronce de los que, cuando van por la calle, la gente vuelve la cabeza para verlos contonearse y el que lo tiene en casa ya puede dar gracias al Altísimo por los favores que sin tasa derrama sobre sus criaturas. Pero tan hermosa mujer resultó ser estéril, pues era algo machorra. Además, con los años, se había vuelto pesada y cargante. Entonces, ibn Yudan, deseoso de engendrar descendencia que prolongara su antigua estirpe, desposó a su sobrina Habiba, hija de su difunto hermano Mohamed. Cuando se concertó la boda, Habiba contaba sólo trece años e ignoraba las maldades del mundo porque hasta entonces había permanecido recluida en casa de su madre. Pero, siendo una mujer de clara inteligencia, aprendió rápidamente. Los primeros años de Habiba en Nasr fueron difíciles porque Menaru-Sunna, envidiosa de su juventud y de su belleza, la consideraba una intrusa y no desaprovechaba ocasión alguna para mortificarla y hacerle la vida imposible tratándola peor que a sus esclavas. Los más discretos de esta asamblea ya saben cómo son las mujeres y de qué cosas son capaces cuando rivalizan entre ellas. Y Menaru-Sunna no podía soportar la idea de que aquella muchacha dulce y callada la hubiese suplantado en el lecho de ibn Yudan, ni de que fuera su mano la que lo alimentaba cuando caía enfermo.

Porque habéis de saber que Habiba era una mujer tan hermosa que al verla ahuyentaba del corazón toda tristeza. Imagináosla detrás de vuestros párpados: de mediana estatura, dotada de firmes caderas y enhiestos pechos, lo cual siempre es agradable de ver, y más aún de palpar, y el cuerpo armoniosamente proporcionado. Además, como al casarse no se había cortado la negra cabellera de doncella, que se tejía y anudaba ora en un severo moño ora en elaborados peinados, según la ocasión lo requiriese, bien puede decirse que añadía belleza a la belleza. Tenía el rostro como la luna en su noche catorcena y los ojos zarcos, muy vivos y escrutadores, fríos a veces hasta el punto de que resultaba difícil sostener su mirada iracunda; y la nariz correcta y los labios jugosos y apetecibles. Su belleza hubiese resultado intachable si no fuera porque los pómulos, demasiado pronunciados, restaban algo de perfección al rostro. Hablo, claro está, de cuando estaba en el mejor momento de su lozanía y hermosura, lo que, como es sabido, se presenta en la mujer noble alrededor de los treinta y cinco años y mucho antes en la plebeya, más trabajada por la vida.

Era notorio que desde que Habiba se casó con ibn Yudan había procurado aparentar más edad de la que en realidad contaba. Para ello recurría a los artificios del vestido y del maquillaje, pero, sobre todo, procuraba conducirse con la gravedad y distancia que convienen a una mujer granada. En esto fue su involuntaria maestra Menaru-Sunna. Habiba no ignoraba que tal proceder acrecentaba sus atractivos tanto ante su marido, a cuya edad parecía acomodarse, como ante las demás personas, que admiraban en ella su sabiduría y discreción. Mas los que alababan sus virtudes no la conocían bien: de otro modo la hubiesen juzgado con menos ligereza y favor, pues también era astuta, marrullera, trapacera y ladina.

Las cuitas de Habiba terminaron súbitamente a raíz del nacimiento de Mohamed. Cuando tuvo este hijo, Habiba cobró más poder sobre el corazón de ibn Yudan y el anciano no ocultó ya sus preferencias por ella y la agasajaba en público como si ostentara el rango de esposa principal, preteriendo a la rencorosa Menaru-Sunna. Después de Mohamed nació otro varón, Gazal, y Habiba acabó de adueñarse de la voluntad del anciano. Además, en este intermedio, Menaru-Sunna contrajo una extraña enfermedad que le causaba continuos vómitos y diarreas. En menos de un mes enflaqueció hasta quedarse en la mitad de su peso acostumbrado y las fuerzas la abandonaron hasta el punto de verse obligada a guardar cama permanentemente. En estas circunstancias, Habiba se hizo cargo del gobierno de la casa y hasta de los cuidados de la enferma. Porque habéis de saber que la joven esposa de ibn Yudan había sido instruida, desde muy niña, por un aya montañesa, y estaba impuesta a fondo en lo concerniente a las virtudes de las plantas, tanto secas como en su jugo. Sabía escoger las salutíferas flores en el plenilunio, conocía las raras hierbas, las escondidas raíces, el leve hervor en que los contados pistilos destilan sus secretos licores, la virtud encerrada en la gota justa que se desprende temblando de la redoma del alambique. De todo ello llegó a entender, con el pretexto de componer perfumes y remedios, más que una bruja o un alquimista bagdadí.

Durante la enfermedad de Menaru-Sunna, Habiba se desvivió por cuidar a su antigua enemiga, como si de su propia madre se tratase. Con estas muestras de bondad se ganaba más aún el corazón del enamorado ibn Yudan. Pero, a pesar de todos los cuidados y pócimas que su rival le administraba, la desventurada Menaru-Sunna siguió enflaqueciendo y, finalmente, falleció de aquel misterioso mal.

Durante unos años ibn Yudan no tuvo más esposa que Habiba, pero, más adelante, ya viejo, dio en pensar que le convenía tomar otra nueva, lo uno por buscar una compañía para Habiba y lo otro por mantenerse dentro del prestigio a su rango debido, pues en aquellos tiempos sólo los pobres se conformaban con mantener una sola esposa y eran muchos los ricos que tenían cuatro, lo cual, aunque el Libro y la Sunna lo permitan, yo os desaconsejo y os califico de exceso ya que lo único que se saca, por hacerse el macho, es verse impelido a copular sin tener ganas y aparejarse una mala vejez metiendo en la casa las discordias civiles y las riñas interminables y las aceradas lenguas y las marañas y el odio y la cizaña. Yo estoy aquí para contaros una historia y no para regir vuestras vidas, lo sé, pero, si me permitís el consejo de un viejo, más vale conformarse con una sola esposa. A la postre, podéis creerme, sobra y arrastra con una, ya que, cuando los impulsos de la juventud os abandonen y difícilmente se os enderece lo que todos sabemos, la encontraréis a ella más fresca que una lechuga mañanera, y cuando las gloriosas batallas venéreas de los años verdes se os vayan convirtiendo en breves e irrelevantes escaramuzas y os dejéis caer derrengados a su lado en el fatigado lecho, ella se reirá para sus adentros y se dirá: «El pobrecito está ya para poco, con lo que cacareaba a lo primero», y hará sobre ello acerbos comentarios cuando se reúna con sus amigas en las trastiendas de los pañeros del zoco, con lo que os veréis puestos en las lenguas de la ciudad. Eso es lo que hay. Mas este ibn Yudan de mi cuento, falto de mi consejo como estaba, se agenció una segunda esposa. No obstante, al propio tiempo, quizá temeroso de la contraria primera reacción de Habiba, que ya estaba acostumbrada a reinar sola en Nasr, mantuvo su proyecto matrimonial en secreto y aprovechó el pretexto de un viaje a Quesada para regresar ya casado y acompañado de su nueva y joven esposa, Marién.

Habéis de saber que en un principio Habiba simuló aceptar a la intrusa, quizá porque supuso que nunca pasaría de ser una concubina con la que el viejo pero aún potente ibn Yudan se había encaprichado por mitigar el tedio y la soledad de sus largas noches invernales (pues no ignoraréis que, a poco del fallecimiento de Menaru-Sunna, Habiba lo había convencido para que durmiesen en habitaciones separadas alegando que sus ronquidos la desvelaban). Mas hete aquí que cuando Marién dio a luz sucesivamente a Selim y Aixa, la aparición de esta joven progenie despertó en Habiba un secreto e invencible rencor. A partir de entonces comenzó a tratar a la nueva esposa como Menaru-Sunna la había tratado a ella. Quiero decir que le reservaba todos los trabajos más ingratos y la abrumaba con las más pesadas tareas de la casa. Marién, que era de naturaleza frágil y había quedado algo pachucha después del difícil parto de Aixa, no acababa de recobrar la salud. Perdió los dientes, encaneció prematuramente y cuando todavía no había cumplido treinta años aparentaba cincuenta. La vida en Nasr acabó haciéndosele tan insoportable que a menudo se encerraba en la almacería y se pasaba las horas llorando a oscuras, en un rincón, sin saber por qué. Los médicos y curanderos que la reconocieron decidieron que un demonio se había adueñado de su alma y le provocaba aquella inexplicable melancolía. Para aliviarla de su mal, recomendaron que se alejara de la ciudad y pasara temporadas en el campo. Por lo tanto, ibn Yudan la envió a la alquería de Castro y ella se adaptó a la vida de la casería hasta el punto de que cuando su marido se interesaba por ella —lo que sucedía cada vez menos frecuentemente— ponía toda clase de pretextos para no regresar a Jaén. Finalmente, ibn Yudan, de común acuerdo con Habiba, se apiadó de ella y la repudió, devolviéndola a su familia de Quesada. Marién no lloró al despedirse de sus hijos, a los que no volvería a ver, puesto que murió de allí a poco. Algunos sostienen que en sus últimos años había perdido el juicio pero yo no diré tanto. ¡Sólo Alá conoce la incierta linde que separa el juicio de la locura!

Así fue como Habiba quedó dueña y señora de la casa de Nasr. Con la vejez, ibn Yudan había ido perdiendo el gusto por las cosas que antes lo entusiasmaban, a saber: los caballos, las armas, las mujeres y aquellos rancios certámenes poéticos estofados de arenosas dunas, solitarias palmeras y berreantes camellos, según el sobado estilo de los antiguos... Pero mejor será que regresemos al día entre los días en que Selim, el hijo de Marién, el imberbe, buscaba el halcón de su hermanastro en la tierra de los Dubyan.

TRES

¡OH, CONCURRENCIA DISTINGUIDA, aquí os cuento esta verdadera historia sin nada que ocultar ni desfigurar! ¡Oído! Habéis de saber que el halcón de marras, el fugitivo, se había refugiado en una fronda de higueras que se extendía al pie del monte Zumel, y que este higueral que os digo no era otro sino el que rodeaba las ruinas del palacio de Sara la Goda, no sé si habréis oído hablar de él. En efecto: Selim percibía el tintineo del cascabel a cada tarascada que la carnicera rapaz lanzaba a la pechuga de su presa. Porque el halcón se había posado en una rama baja y estaba desentendido del mundo, entregado a su pitanza.

—¿Estabas aquí, glotón? —le riñó cariñosamente Selim plantándose delante de él—. ¿Y tú eres el famoso halcón neblí del que tan orgulloso está mi hermano? Eres más desvergonzado que una raposa. Ahora vendrás conmigo porque nos hemos metido en una tierra de la que sólo nos puede venir daño.

Dichas estas palabras, u otras parecidas, Selim tomó el halcón sobre su guante de cuero y le colocó la caperuza de badana sobre la cabeza. Y una gotita de sangre se desprendió todavía del pico carnicero y dibujó un brillante lucero en la piel de Selim. Algo amedrentado por este mal presagio, el muchacho volvía sobre sus pasos apresuradamente, pero aún no había salido de la fronda de higueras cuando una voz, a su espalda, lo detuvo en seco con un encogimiento del ombligo.

—¡Selim de Nasr! —dijo la voz—. ¿Qué se te ha perdido aquí? ¿Por qué penetras en la tierra de Uribe subrepticiamente, como un ladrón?

La que había hablado era Faye, la hija menor del difunto Abdalla Dubyan, una muchacha de la edad de Selim, quizá algo más joven que él, perla perfecta ya que, además de hermosa de cuerpo, era huérfana de madre. A causa de la antigua enemistad existente entre sus respectivas familias, los dos jóvenes nunca habían tenido la oportunidad de cruzarse palabra, pero, por otra parte, como la ciudad era pequeña, se habían observado muchas veces, con placer y curiosidad, desde que eran niños. Y Selim había seguido a veces a Faye cuando ella callejeaba por los zocos, y se había deleitado en su contemplación, pues la muchacha era tan bella que verla ahuyentaba del corazón toda tristeza. A ver si os hacéis una idea: sus pomposas caderas contrastaban vivamente con la cintura mínima y ésta, a su vez, con los pechitos enhiestos y bien plantados, como granadas en sazón, que se adivinaban más arriba, detrás del púdico lino de la camisa. Por cierto que la camisa de marras estaba bordada en su rededor con figuras de flores y de gacelas tan magistralmente ejecutadas que su perfección eludía toda comparación. También reconoció Selim la camisa, que la tenía muy observada, pero, como os digo, nunca había podido hablar con la muchacha puesto que siempre comparecía escoltada por criadas o en compañía de su celoso hermano Sulimán, el de la voz bronca. Aquélla era la primera vez que la encontraba sola.

—Lo siento mucho, Faye Dubyan —acertó a balbucir el muchacho, poniéndose rojo como la grana—. El halcón de mi hermano se había escapado y he pasado a buscarlo, pero ahora mismo me voy. Lamento haber turbado tu paseo y haberte asustado.

La muchacha rió de buena gana, mostrando la pequeña mella que tenía entre las palas, lo que añadía belleza a su belleza, que era como poner miel sobre el paloduz.

—¡Eres tú el que está asustado, Selim, el del ombligo encogido! —replicó ella.

Selim se puso rojo como la grana, pues era de los propensos a ruborizarse, y la chica, advirtiendo su turbación, acentuó su divertida sonrisa.

—¿A eso te dedicas cuando estás en Castro —quiso saber con femenil curiosidad—, quiero decir a orear los halcones de tu hermano?

—Y a otras cosas —respondió Selim—. También doy paseos y bajo por fruta a las huertas y cosas así. No me aburro.

—¡Yo sí! —suspiró Faye, poniéndose de pronto seria. Arrancó una brizna de hierba y se puso a enrollar el débil tallo en torno a su dedo. ¡Ay, os aseguro que Selim envidió la suerte de aquella verde cintita!—. La vida en el campo se me hace insoportablemente aburrida —prosiguió la muchacha mientras apoyaba la espalda en el suave tronco de la higuera—, pero al menos es mejor que permanecer todo el día bordando o hilando en la almacería, que es lo que hago cuando estoy en Jaén.

Y al decir esto sonrió levantando su turbadora mirada hacia el muchacho y lo dejó traspasado del flecheo de sus pestañas, tras de lo cual tornó a hablar y dijo:

—Es una pena no poder charlar con los vecinos.

—Ahora estamos charlando tú y yo —se atrevió a observar Selim, no sin cierto azoramiento.

—Sí, y si nos sorprendiera mi hermano nos despellejaría.

Selim, alarmado de pronto, esparció su mirada a diestro y siniestro por debajo de las ramas de las higueras.

—No temas —rió Faye—: está de montería en la sierra y no regresará hasta dentro de dos días.

—Bueno —dijo Selim, recordando repentinamente que Sebas lo esperaba—, ahora tengo que regresar.

—Si quieres puedes volver mañana a esta hora, porque mi hermano no regresará hasta otro día —pronunció la voz de Faye en un susurro. Selim se volvió y la interrogó con la mirada, pero ella había desviado la suya y se la esquivaba.

—No sé si podré —murmuró Selim—. Si puedo, vendré.

Aquella noche, Selim no pudo probar bocado de la cena pues la imagen de Faye, bella como la luna en su plenitud, se había instalado en sus ojos y en su corazón. Fuese, pues, en ayunas a la cama y tampoco logró conciliar el sueño. Ya os podéis imaginar que, campo por medio, al otro lado del valle, a Faye le sucedía un cuarto de lo mismo, pues el sueño había huido de sus párpados y hacía planes y se sentía en el ápice de la holgura y de la alegría. Afuera descargaba una furiosa tormenta que no les permitía conciliar el sueño, eso pensaban ellos, cada uno por su lado. En la forzada vela, cada cual se complacía en rememorar el encuentro de la víspera y en imaginar cómo sería el siguiente. Los dos estaban entonces en la edad en que los adolescentes son proclives al enamoramiento, lo uno porque sienten la urgencia de crecer y convertirse en adultos, lo otro porque el cuerpo les madura antes que el carácter y la naturaleza les promete los placeres que dispensa el amor, y no me refiero sólo a los del metisaca sino a los otros más contemplativos del palique, la risa y el besuqueo, los que igualmente solazan, y la mutua compañía y el cerrado entendimiento entre el hombre y la mujer, que es la más grande felicidad que Alá ha puesto en este mundo.

Pues bien, alboreó la aurora cuando el día vino, y salió el sol por encima de los montes, de los llanos y de los ríos y luego se elevó la mañana con todo su brillo y esplendor y nuestros enamorados aguardaron con impaciencia el paso de las lentas horas hasta que, después del mediodía, volvieron a encontrarse en el mismo sitio de la víspera, al pie del Zumel, entre las higueras. Y aunque sólo se habían hablado una vez y visto unas pocas más, desde entonces cada uno se adueñó del corazón del otro, y la dolorosa certidumbre de pertenecer a dos linajes enfrentados por un odio antiguo, lo que de antemano condenaba su amor a una forzada clandestinidad, lejos de constituir un obstáculo no hizo sino añadir leña al fuego y ardor a la llama y mecha al candil, fortaleciendo su mutua pasión. Los hombres de juicio que me escuchan convendrán conmigo en que así suele acaecer en los trances de amor, que parecen crecerse en la dificultad y desvanecerse con el matrimonio, cuando ya todo resulta propicio y favorable a los amantes. Si queréis saber el porqué, no me lo preguntéis a mí, preguntádselo a Alá, porque sólo Él lo sabe. Lo único que yo os puedo decir es que Aristóteles, el sabio, dejó dicho que la mujer lo que pide es bolsa y pija y estando contenta por este lado, lo demás va como una seda, y os aseguro que si estas palabras se escribieran con una aguja en el fondo de la pupila darían materia de meditación al que medita. Ahora bien, tocante a lo que veníamos hablando en nuestra historia, os diré que, desde entonces, nuestros jóvenes enamorados se reunieron muchas veces en aquel lugar solitario, y, cuando no podían verse, porque uno de ellos faltaba, el otro acudía no obstante y dejaba al ausente mensajes de amor, debajo de cierta piedra, y citas para los días siguientes. Días sobre días, en las ocasiones en que por azar se topaban en la ciudad, lo que invariablemente ocurría en presencia de extraños, ambos disimulaban y fingían no conocerse y así llevaban su asunto con gran celo y cautela. Mas, andando el tiempo, convinieron comunicarse mediante señales: cuando Faye se dejaba ver llevando cierto cintillo azul, que Selim le había regalado, él sabía que al día siguiente Solimán Dubyan había proyectado llevarla a Uribe. Entonces él iba a Castro con cualquier pretexto y acudía a la espesura del Zumel a la tranquila hora del mediodía, la garganta reseca por la emoción y el corazón desbocado, rogando fervientemente a los genios del lugar que permitiesen a su adorada Faye acudir a la cita, lo que no siempre ocurría.

¡Escuchad!: el muecín llama a la oración de la noche. Acudamos al sagrado, generosos y devotos oyentes, y dispersémonos luego, que otro día seguiremos el cuento, pues la prisa es cosa de Satán y la paciencia es cosa de Alá.

CUATRO

¡GENEROSA Y DISTINGUIDA concurrencia: oído! Para beneficio de los más jóvenes y de los que, por ser forasteros o estar poco viajados por esos caminos de Alá, no conocieron la ciudad os diré lo que todo el mundo sabe: que el palacio de los Nasr de Jaén estaba situado en la Alcantarilla, muy próximo al campo de los alardes. Tenía la holgada casa un enorme corral donde crecían cuatro palmeras y una frondosa higuera de la que, en llegando la sazón, el viejo ibn Yudan recogía una fuente de jugosas brevas, cada mañana, con la fresquita. En las grandes ocasiones aquel corral se animaba con una alegre muchedumbre y era morada del bullicio y la confusión. Todos los Nasr, incluso los de condición humilde, vestían sus mejores galas y acudían a besar la temblorosa mano del anciano patriarca y le llevaban las acostumbradas ofrendas de miel, seda, fruta o corderos. Ibn Yudan recibía sentado en el poyo de las caballerizas, sobre una humilde y raída esterilla de oración, resguardado del sol o de la lluvia por el saliente alero del tejado. Imaginadlo engalanado con su túnica de gasa y cubierto con el pesado manto de jazz, el que sólo se ponía excepcionalmente, y tocado con su alto gorro de seda cruda, a la ya algo marchita moda iraquí de su juventud. La venerable barba le descendía sobre el pecho como una crin de plata y él gustaba de atusársela, metiendo los dedos por ella, cuando estaba meditabundo. Aunque a veces se juntaban más de cien hombres con sus hijos, ibn Yudan sabía saludar a cada cual por su nombre y ponía la mano en el hombro del que llegaba y le preguntaba por su familia y sus asuntos sin fallo de memoria.

Con el paso de los años, Habiba fue tomando en sus manos expertas el gobierno de la casa y no sólo en lo tocante a los asuntos domésticos y mujeriles, sino también en el resto de los negocios que ibn Yudan iba desatendiendo paulatinamente. Como jefe de la casa, el jeque recibía aún a los aparceros y cerraba los tratos mayores con arreglo a la costumbre, pero a nadie se ocultaba que en todo ello se conducía puntualmente según el consejo de Habiba y que, a la postre, era la voluntad de su bella esposa la que se imponía. Cuando, después de los tratos y deliberaciones que precedían a un negocio, ibn Yudan se alzaba de su asiento y decía «Tendré que consultarlo con la almohada» o «Voy a retirarme un rato para reflexionar sobre esto», los más avisados se cruzaban miradas de secreto entendimiento: lo que el viejo hacía era acudir a la almacería de las mujeres y echar fuera a las criadas para quedarse a solas con Habiba y exponerle el caso. Llegó el día en que Saqati, el mayordomo, consultaba primero a Habiba los asuntos de la administración y sólo si ella le daba su beneplácito se tomaba la molestia de exponer el caso a ibn Yudan.

El hijo preferido de Habiba, y por lo tanto favorito también de ibn Yudan, era Mohamed, el primogénito, cuyo nacimiento liberó a Habiba de la tiranía de Menaru-Sunna. A él estaba naturalmente destinada la jefatura de la familia. Quizá porque asumiera prematuramente el pesado fardo de estas futuras responsabilidades, el taciturno Mohamed era serio como un asno y nunca disfrutó de la existencia despreocupada y bulliciosa que es propia de la juventud. Vosotros sabéis que Alá, en su infinita misericordia, liberalmente reparte inteligencia y hermosura y a unos les da de lo uno y a los otros de lo otro, mas, por algún arcano motivo que sólo Él conoce, a otros los hace feos y tontos: a éstos pertenecía Mohamed Nasr. Imaginaos su nariz enorme, roja, siempre granulienta a pesar de las pócimas y lociones maternales, imaginaos los dientes desgobernados, la cara angulosa, el gesto duro. Por lo demás era un hombre corpulento y bastante alto pero desgarbado y algo chepudo. Desde niño se creyó llamado a engrandecer la casa por encima de la familia rival de los Dubyan. Siempre estaba malhumorado y por cualquier nadería daba de palos a los criados. Parecía celoso administrador, pues pedía cuentas a Saqati, el mayordomo, con más frecuencia de lo razonable. Sin embargo, esta prudencia no constituía un rasgo consistente de su carácter, pues a menudo embarcaba a la casa en negocios disparatados, comprando y vendiendo irreflexivamente rebaños y yeguadas, y caminaba por la senda del derroche. Aquel gran vanidoso era capaz de sentar a su mesa a todos los gorrones de la ciudad, la numerosa cofradía, los que están en todas partes, los abundantes y voraces más que las moscas, y agasajarlos con un costoso banquete so pretexto de que su yegua favorita le había parido un hermoso potrillo. Hacía esto sólo para que luego se fuesen haciendo lenguas de la esplendidez y generosidad con que trataba a sus amigos y lo pregonaran por las plazas, baños y esquinas. Frecuentemente organizaba festines en la alquería de Castro, a espaldas de ibn Yudan y Habiba, para llenar la andorga de todos los hambrientos de la ciudad. Y era de los que andan siempre enviando corderos y piezas de paño a poetas ganapanes y astrólogos para que les dediquen sus versos los unos y sus aduladores pronósticos los otros. Y si tenía que comprar algo no vacilaba en pagar el precio más alto por temor a que el excesivo regateo pudiera menguar la fama de su largueza o fuera a parecer a los que asistían al trato que se resistía a desembolsar tanto dinero porque no disponía de la cantidad necesaria. Habiba toleraba todos estos caprichos de su hijo amado y los ocultaba a ibn Yudan. A veces, y siempre secretamente, por no herir el orgullo de su retoño, procuraba deshacer o alterar los tratos especialmente disparatados que él concertaba.

Por el contrario, Gazal no parecería ser hijo del mismo padre que engendró a Mohamed si no fuera porque las potentes narices de Nasr atestiguaban en su semblante la honradez de Habiba. Gazal era tan alegre que su vista hacía reír al enfadado y aliviaba las penas del triste y pertenecía a los que cuando tienen lo suficiente para la mañana no se preocupan de la tarde. En cuanto a bien parecido y hermoso, era tal que todas las mujeres al verlo exclamaban para su corazón: «¡Dichosa la que pueda llamarse suya y tenerlo encima!» Y en lo tocante al dinero era liberal y nunca estuvo interesado en tratos o aparcerías. Desde muy niño se vio que sus inclinaciones iban por otro lado. No se le conoció más pasión que la de los caballos, la caza y las mujeres y los únicos pensamientos que lo desvelaban eran los referentes al modo de hacerse con el lebrel más corredor, el hurón más cruel, o el halcón más veloz. Había ganado fama de irresponsable y, por lo tanto, estaba eximido casi por completo de las tareas de la casa. Todos los esfuerzos de Habiba por educarlo, en el tiempo en que lo tuvo en el harén, habían resultado inútiles: en cuanto alcanzó la edad suficiente, escapó de la tutela materna dejando en Habiba un mal disimulado poso de rencor.

Cuando Gazal salía de caza, o sacaba las jaulas al campo para entrenar sus halcones, Selim se pegaba a él como una ladilla y era su mayor ilusión sostener la cuerda mientras el poderoso halcón daba vueltas y más vueltas allá arriba, la garra atada al otro extremo... Y cuando, al despedirse, le prometía que en cuanto creciera lo iba a nombrar su cetrero, aquella noche Selim perdía el sueño y se pasaba las horas dando vueltas en el camastro hasta que se quedaba dormido, ya en la alta madrugada, y soñaba con vuelos y cetrerías.

CINCO

¡ESCUCHAD, LA DISTINGUIDA concurrencia! Desde lejos, la ciudad es como una bandada de palomas blancas que se hubiesen posado en las calvicies recién sembradas de una loma negra, acariciada por el sol. Azoteas pobladas de tiestos multicolores, fuentes soñolientas y blancos toldos. Umbríos jardines, huertos cerrados que prometen presencias femeninas, torres palaciegas, domos de baños, cóncavos y estrellados como la bóveda nocturna. Esbeltos alminares, cuyos azulejos dorados compiten en brillor. El día que os cuento, las altas puertas de la cerca, las forradas de hierro y artísticamente remachadas por antiguos forjadores, permanecían cerradas: aún dormiría el portero, roncando fragorosamente con la áspera mano inserta entre los suaves muslos de su mujer, pero las recuas hortelanas entraban ya, madrugadoras, por el postigo lateral. Me parece que las estoy viendo: casi rozaban con sus cargas nutricias los gastados ladrillos del dovelaje del arco. A la derecha de la puerta, ensartadas en unos garfios que salían de un sillar alto, había tres manos renegridas, amputadas a otros tantos rateros a quienes abandonó la esquiva suerte en la última feria del Ramadán. Entonces habían fascinado a Selim, entre la nutrida presencia de mozalbetes y mujeres que acudían a contemplarlas, pero ahora, pasados los meses, semejaban sarmentosas raíces de mandrágora y hasta las moscas se habían olvidado de ellas.

¡Alá aventó la ciudad y ahora he de soñarla y soñarme en ella porque, aunque la tenga a tan sólo unas horas de camino, sé que no volveré a contemplarla, sé que no pisaré ya los empinados senderos del Zumel, sé que no apagaré mi sed bajo el chorro de los caños, tan fríos, del manantial de la Malena, ni me pararé en la Alameda a ver cómo topa el carnero de las nubes con los grises roquedos de la Pandera y Jabalcuz!

Habéis de saber que por aquel tiempo una plaga de saltamontes llegó de África y arrasó las huertas y los panes. Circulaba un chiste entre los andaluces referente a los dones de África: primero vinieron los almohades y ahora los saltamontes, cuando vengan los piojos nos faltarán uñas para rascarnos la miseria. Pero mientras los hombres de juicio veían esta triste situación y esparcían tierra sobre sus cabezas y se mesaban las barbas, la baja plebe sólo pensaba en divertirse y todo el año aguardaba la llegada de la primavera para concurrir a la llanada de los alardes y cruzar apuestas sobre los campeones de la ciudad y vitorear al vencedor. Y los narradores de historias comparecían en las plazuelas para mostrar, con los hechos del pasado, las enseñanzas del futuro, y entre ellos Sahil, mi maestro, el que siempre comenzaba advirtiendo: «Me creéis ciego pero veo.» Veo, entre las nieblas imprecisas de mi memoria, a Yahya de Uqail o tal vez al malhadado Gazal de Nasr, con aquel isabelo claro de fina estampa que era orgullo de las cuadras familiares. Y veo su reluciente grupa con el hierro de la casa en forma de mano abierta. Había docenas de apuestos caballeros que se pavoneaban sobre caballos de raza. Los veo caracolear junto a las tiendas, levantando espesos polvos, antes de la carrera. Los veo lucirse con arreos de plata y terciopelo, frente a los pintados palenques de las damiselas; los veo contender animosos en torneos y exhibiciones de destreza, los veo lanzarse a todo galope y ensartar los anillos de la barra y los veo tornear con adornadas cañas, embistiéndose con algún joven jinete forastero. Aunque el encuentro fuera fingido, el populacho vibraba de entusiasmo cuando un Dubyan se alanceaba con un Nasr. La plebe vil andaba siempre dividida en dos bandos que seguían a una u otra familia, no porque sintieran amor o respeto hacia estirpe alguna, sino más bien porque odiaban a una menos que a otra. Además, la plebe necesita pertenecer a un bando que se oponga a otro. No le interesan las razones de la lucha, ni el partido de la justicia. Lo que la conmueve es el odio movido por la envidia, como la rueda del molino es movida por el caudal del arroyo que sobre ella se desploma desde el alto cauce. Eso dice Aristóteles, el persa, y no le voy yo a enmendar la plana, que no quiero líos con los doctos y leídos. ¡Que cada cual piense lo que quiera!

Tan antigua era la enemistad entre Nasr y Dubyan que, en el tiempo del que hablo, nadie guardaba ya memoria de su origen. Existían, por supuesto, otros clanes y familias en la ciudad, aunque fueran menos notorios y poderosos. Estaban los Numayr, que también pertenecen al Qais Aylan, como los Nasr, y estaban los Uqail. El sobrenombre de éstos, «los castañeros», aludía a su principal orgullo: un castaño centenario cuya mole verdinegra destacaba muchos codos por encima de los muros carcomidos de su huerto, el que está frente a la mezquita mayor. Los Uqail sostenían que el propio Tariq había plantado por su mano aquel portentoso árbol, cuando conquistó al-Andalus. Verdaderamente la edad y magnificencia del castaño eran tales que bien podría ser cierto. Para abrazar su tronco se congregaron, en una boda, doce hombres membrudos. Pero en los tiempos que os cuento, a causa de su vejez, había dejado de dar fruto, aunque los Uqail todavía mantenían la tradición familiar de repartir por setiembre cincuenta cargas de castañas entre los menesterosos de la ciudad, los que hacían zoco de pobreza en las soleadas gradas de la vecina mezquita mayor.

No sé si he mencionado antes a los Numayr. Esta antigua familia guardaba muchas alacenas de mohosos papeles y pergaminos viejos. Se enorgullecía de haber sido, en los tiempos de Tariq, la principal del Qais Aylan. Por lo que yo tengo averiguado, esto no era del todo cierto, pero tampoco del todo falso. La ruina de la familia se remontaba a los tiempos del rebelde ibn Hafsun, cuando muchos de sus jefes se pusieron de parte del sublevado y mantuvieron esta actitud, por honor, incluso después de que ibn Hafsun se declarara abiertamente cristiano, lo que provocó la desbandada de casi todos los musulmanes que antes lo apoyaban y trajo aparejada, a la postre, su ruina y la de los que con él estaban.

El palacio de los Numayr, conocido como «casa de las almenas», era un vetusto edificio godo o romano, el más antiguo de la ciudad, dotado de altas salas columnadas, casi todas ellas inhabitables a causa de la humedad que como un cáncer se había apoderado del edificio y reventaba suelos y muros. Cuando el moho verdigrís de la muerte lo impregnó todo, los Numayr abandonaron a la ruina casi todo el palacio y se recluyeron en la parte frontera a los baños, que era la más sana. La fachada del edificio se apoyaba sobre la roca viva, de la que brota, por una especie de oscura caverna que nadie se ha atrevido a explorar, el manantial de la Malena, grueso como el cuerpo de un buey, el que abastecía de agua a la ciudad y aun regaba las huertas de los arrabales. Según la tradición, pero Alá sabe la verdad, este manantial había sido, en tiempos de Tariq, la madriguera de un terrible monstruo, un lagarto gigantesco al que Aqab, el mítico antepasado de los Numayr, dio muerte. La joya de la familia, de la que ni la más abyecta pobreza los podía obligar a desprenderse, era la Madre de la Sangre, un carbunclo tan grande como un huevo de gallina, a pesar de la mengua de un trozo que le faltaba. Se refería, pero sólo Alá conoce la verdad, que el héroe Aqab lo había rescatado del vientre de la montaña cuando dio muerte a la bestia.

Por hoy nada más, pero no me faltéis mañana y escucharéis lo bueno. ¡Holgura y prosperidad!

SEIS

¡PRESTAD OÍDO! Sabed que cuando Selim cumplió siete añitos, ibn Yudan pensó que ya era hora de quitarlo de la calle y hacerlo ir a la escuela de al-Samit, entonces la más prestigiosa de la ciudad. A tal efecto, encargó al carpintero una buena tabla, cuyo anverso hizo decorar con el texto de la Fatiha, la primera sura del Corán (venerado sea), y el reverso con los trazos del alifato. Pertrechado con esto, y con las otras cosas necesarias, lo envió a casa del maestro, al que había previamente apalabrado. Al principio, Selim permaneció durante unos meses en el grupo de los párvulos, los que se limitaban a memorizar los rancios poemas del gran Mutanabi, los de Abu Ishaq de Elvira y de Sayf al-Daula y las reglas de la gramática y del buen decir, mas habéis de saber que Selim se aburría entre ellos. Pero después, gracias a los rápidos progresos que su despierta inteligencia le permitía, el maestro decidió promocionarlo al grupo de los alumnos mayores, los que ya estudiaban el sagrado Corán (oración y salvación para Él) donde no sólo se memorizaba el libro santo, sino que también había que aprender de memoria las reglas de la gramática, y las dos caligrafías, a la moda de oriente y a la de Córdoba, y además los números y las distintas operaciones aritméticas, los nombres de las estrellas y, en suma, no sólo aquellos conocimientos que convienen a una persona de razonable instrucción, sino aquellos otros que no sirven para nada si no es para ser aprendidos a costa de grandes esfuerzos por los creyentes en edad escolar.

Cada día, a la salida de la escuela, Selim se unía a los chicuelos de la calle y jugaba en las plazas o curioseaba en las carnicerías, si era día de matanza. Y, por primavera, salían al campo a buscar nidos o majoletas coloradas con cuyas semillas, lanzadas a través de cerbatanas de caña, trababan fieros combates o embromaban a los viandantes hasta ganarse algún que otro pescozón. En invierno, cuando se embarraban caminos y calles, Selim y sus condiscípulos pasaban las horas en el patio exterior de la mezquita mayor, donde se jugaba a la Traganta. Para los que no hayan oído hablar de este antiguo y venerable juego, tampoco es cosa de que me ponga ahora a explicar sus reglas, pero los que venís de allí sabréis que las cuatro Grandes Piedras se clavaban atendiendo a los puntos cardinales y se llamaban Fría, Calor, Agua y Torrentes Impetuosos y que en torno a ellas se disponían las Piedras Chicas que representaban a los siete planetas. En el centro de todas se trazaba la estrella de ocho fulgores que se llama Espejo de Salomón. ¡Es mucho más que un entretenimiento de niños, como, con la ayuda de Alá (alabado sea) iréis sabiendo si seguís con atención mi historia!

Es el momento de hablar de Hasday ben Chaprut, el hijo del médico judío. No se puede decir que Selim fuera íntimo amigo suyo, puesto que Hasday asistía a la escuela de la sinagoga y, por lo tanto, tenía amigos de su religión. Sin embargo, a veces, Hasday y Selim coincidían en los juegos de la calle, después de la escuela, y si bien es cierto que al principio no buscaban con interés especial la mutua compañía, al menos tampoco la desdeñaban. Entre ellos se fue estableciendo un inadvertido pero firme vínculo de simpatía que quizá se fundase en cierta afinidad de caracteres. Hasday carecía de fuerza en los brazos y además corría torpemente, por lo tanto la mayor parte de los juegos infantiles le estaba vedada por su propia debilidad. Alá había decretado que siempre estuviera extremadamente delgado a pesar de que, por la preeminente posición de su familia, nunca conoció la estrechez ni el hambre. Ya os podéis imaginar que, como tampoco Selim destacaba especialmente en los juegos violentos, a lo mejor por eso acabaron haciéndose amigos los alfeñiques. En lo que sí descollaba Hasday más que ningún otro era en el juego de la Traganta, que era más de ingenio que de fuerza, y cuando los demás jugadores se lo disputaban como compañero de equipo, él ponía como condición que Selim jugase a su lado.

En cuanto a la casa de los Chaprut, tengo que adelantaros que contenía algo que importará para esta historia más adelante, así que mejor será que os hable de ella ahora. Era la más antigua de la judería, pues había sido construida poco después del Terremoto. En el suelo de su patio interior, el que lindaba con el jardín de la sinagoga, existía un mosaico singular cuyas nobles teselas de mármol, incrustadas en el menudo empedrado, figuraban el juego de la Traganta. A ver si os acordáis de lo que os digo: donde comúnmente los jugadores clavaban una piedra a la que llamaban Torre Desmoronándose, el mosaico de los Chaprut representaba una bella torre de mármol rosa, con sus ventanas y almenas, viniéndose abajo. El Árbol del juego era, efectivamente, un árbol: un hermoso castaño de piedra verdinegra, y el Lagarto era un dragón espantable, negro de figura, que tenía por ojos dos cristalitos rojos.

Aquel mosaico mostraba ser tan antiguo como la casa misma o más aún. Y fascinó a Selim desde la primera vez que lo vio, mucho más que los peces dorados de la fuente, que era lo que solía atraer la curiosidad de los visitantes. Nuestro muchacho podía pasarse las horas muertas contemplando aquellas figuras con pasmo y fascinación. Os adelanto que en un momento de su vida, Selim viviría una experiencia singular por la que todos los Chaprut, desde el gran ministro que fundó la ilustre estirpe, hubiesen cambiado cualquier cosa. Pero deberéis refrenar vuestra curiosidad porque aún no es el momento de relatar ciertos acontecimientos.

Existían, naturalmente, otros pasatiempos. A veces los niños iban a la palestra, frente al zoco de los herreros, para ver entrenarse a los púgiles con sus pesados escudos de madera, uno en cada brazo, que movían como si fuesen aladas aves. Cuando sus compañeros decidían visitar el gimnasio, Selim se excusaba de acompañarlos por miedo a encontrarse allí con un tal Kolo, hijo de uno que había sido mozo de cuadra de los Dubyan antes de que le cortaran una mano y una pierna y finalmente lo ajusticiaran por ladrón y cuatrero. Este Kolo era tan truhán como lo había sido su padre. Al-Samit lo había expulsado de su escuela a poco de la llegada de Selim. Aunque estos dos acontecimientos no estuvieron en modo alguno relacionados, Kolo había tomado tal ojeriza a Selim que en cuanto le echaba la vista encima lo insultaba o le escupía o le propinaba una patada o un coscorrón. Selim renunciaba prudentemente a defenderse, por no dar ocasión a mayores males, puesto que Kolo era más alto y más fuerte que él. Además, como se pasaba el día entre los púgiles, conocía todas las argucias que ellos comúnmente usan en la lucha. Tocante a Kolo habéis de saber que desde la ejecución de su padre lo había adoptado el jefe de policía de la ciudad, Ibn Sahid, que no tenía hijos.

Pasaron los meses, cada uno con su cambiante luna, y el secreto amor de Selim Nasr y Faye Dubyan creció y se robusteció. Al principio nuestros jóvenes amantes se encontraban en el higueral que crecía en torno a las ruinas de Sara la Goda, pero andando el tiempo, y después de un par de sobresaltos en que estuvieron a punto de ser descubiertos por ocasionales caminantes, la enamorada pareja mudó el lugar de sus citas a las solitarias ruinas de Sara la Goda. Yo mismo he visitado ese triste y desolado lugar, hace ya muchos años, buscando inspiración para esta historia. Las ruinas están enfrente de la alquería de Uribe, en la antigua tierra de Dubyan, a media legua de distancia según se va al río por el camino de Pero Codes. Imaginaos un paraje pedregoso y estéril y un magno palacio ruinoso invadido por una fronda asilvestrada de añosas encinas, almendros e higueras. Durante todo el año, el espectro de Sara habitaba aquel lugar desolado, pero la víspera del solsticio de verano tenía que dejar el lugar a un espectro más poderoso y antiguo, el de la Traganta. Este ser era mitad mujer mitad serpiente y aparecía cuando la posición relativa de Virgo y el dragón están más próximas en el firmamento. Los que de vosotros estén versados en astrología sabrán cuándo y por qué. Sé que mi audiencia es culta e ilustre. ¡No hablo a ignorantes!

Muy pocos se aventuraban a explorar las devastadas salas de aquellas ruinas, fuera de algunos pocos mozalbetes más envalentonados y, aun así, siempre en cuadrilla, para animarse mutuamente y disimular el miedo con baladronadas. La apuesta más frecuente, entre borrachos que quisieran probar su valor, consistía en visitar las ruinas de noche y agitar una luz testimonial desde el último peldaño, colgado en el vacío, de lo que fuera escalera de la capilla funeraria de Sara. Para cumplir esta hazaña, peligrosa incluso a plena luz del día, se necesitaba, ciertamente, estar borracho. En mi tiempo un tintorero de los Hafs, de la calle Llana, uno de esos desvergonzados que son capaces de expeler un cuesco en un velatorio y echarle la culpa al difunto, se empeñó en visitar las ruinas por hacer una gracia y al día siguiente apareció muerto al pie de aquella escalera. Unos achacaron su muerte al espectro de Sara, otros a causas naturales porque, según ellos, aquel desdichado se había precipitado desde lo alto accidentalmente, con tan mala fortuna que se desnucó; otros, finalmente, aseguran que fueron sus cuñados los que lo apiolaron y fingieron el accidente: la verdad sólo Alá la sabe.

El palacio de la Goda había sido más espacioso que

la casa de Nasr o cualquiera de las otras casas grandes de la ciudad, exceptuando quizá la de los Numayr. Era una construcción cuadrada que encerraba tres patios porticados. En los tiempos de la conquista, gentes de Tariq en busca de tesoros ocultos lo saquearon tan concienzudamente, levantando suelos y aportillando muros, que desde entonces quedó deshabitado. Años después, el Terremoto acabó de deshacerlo. En los tiempos de Selim, lo que quedaba estaba muy mermado por las sacas de albañiles en busca de tejas, sillares y vigas. La indómita y exuberante vegetación se había adueñado de las silenciosas salas invadiéndolo todo. Almendros e higueras, e incluso más talludos árboles, echaban raíces entre los escombros. Enjambres de bullidoras avispas zumbaban entre el espeso ramaje, pues la gente, que tan supersticiosa es, se guardaba mucho de aprovechar aquellos higos de suculenta apariencia y los abandonaba a los pájaros y a los insectos. Temían que si alguien se llevaba uno a la boca, Sara la Goda regresaría a pedirle cuentas de la dilapidada belleza de su palacio, los sólidos vestigios de su pasada grandeza. Había monumentales sillares adornados con bajorrelieves caprichosos: monstruos y criaturas deformes, que parecían acechar, agazapados entre la crecida maleza, silenciosos y expectantes, como si fueran los celosos guardianes de aquellas ruinas.

Aquí dejaré mi cuento por hoy, que ya la noche esparce sus alas letales y es hora de retirarse a descansar. ¡Que Aquel que nunca duerme y siempre está despierto vele sobre vosotros!

SIETE

CUENTAN (pero Alá es más sabio) que en una ocasión los discípulos de al-Samit plantearon un acertijo al maestro.

—¿Quién manda más que el alcalde? —ésa fue la pregunta.

—El gobernador almohade —respondió el maestro—, aquel hombre del turbante negro que habita en el alcázar sobre la ciudad.

—Y en él, ¿quién manda?

—El gobernador de Sevilla, que es el que ostenta el mando en al-Andalus y en todos sus gobernadores. También éste es almohade pero se toca con un turbante dorado. En su jaima polvorienta nunca se vio harto de pan y ahora nos gobierna. ¡Así es la vida, de la que solamente Alá (alabado sea) conoce los arcanos!

—Y en el de Sevilla, ¿quién manda?

—El Emir de los Creyentes, el Miramamolín, que habita en Marraquex, al borde del desierto abrasador de donde proceden los almohades. De él se cuenta que su tez no es negra, sino blanca, y que tiene el cabello jaro.

—Y en el Miramamolín, ¿quién manda?

Entonces al-Samit señaló las tablas donde se anotaban las muestras de las suras coránicas que sus discípulos habían de copiar todos los días y dijo, prestad atención:

—¡Alá, el Clemente, el Misericordioso! Todos los

demás pasan y perecen y el olvido se apodera de ellos. Son como el polvo del camino en las sandalias del caminante. ¡Solamente Alá es inmutable y eterno!

—Y en Alá —intervino Selim—, ¿no mandan los alfaquíes?

Al-Samit saludó la ocurrencia con una carcajada y se volvió hacia la ventana del patio donde su mujer, gorda y coloradota, hacía las faenas de la casa sin perder ripio de la conversación.

—No es tonto el rapaz, ¿eh? —le comentó sin dejar de reír. Se enjugó una lágrima, y, luego de calmarse, respondió—: No, Selim, en Alá no mandan los alfaquíes, aunque a veces pueda darte esa impresión. Alá está en el Libro. Eso nadie lo puede cambiar, ni siquiera los alfaquíes.

Otro discípulo preguntó:

—Y en los alfonsos, ¿quién manda?

La sonrisa de al-Samit se fue borrando lentamente hasta que su rostro recuperó el gesto grave que a veces componía cuando ponderaba alguna dificultad. Carraspeó un poco antes de responder, como solía hacer cada vez que la respuesta iba a ser larga. A esta señal cada cual adelantó su escaño hasta formar un apretado corro alrededor del maestro. No los decepcionó: aquel día les dio una lección que nunca olvidarían y que Selim recordaría muchas veces a lo largo de su vida, como yo mismo la recuerdo ahora en mi achacosa vejez.

—Los alfonsos —comenzó— son como una traílla de perros que se disputan un mísero hueso a la puerta del carnicero. No existe unidad alguna entre ellos, porque su natural inclinación a la violencia lo impide. Solamente por este hecho sobrevive al-Andalus. Los alfonsos tienen cinco reyes. De ellos los que son fuertes abusan de los débiles, y los débiles se arrodillan e imploran ante el Miramamolín almohade, que Alá guarde.

—¿Por qué se llaman alfonsos? —preguntó alguno.

—Porque el vulgo que pone y quita los nombres hace las cosas sin el necesario escrutinio. La verdad es que no todos los cristianos se llaman Alfonso. Éste es el nombre de los reyes de Castilla y León, pero el de Navarra se llama Sancho y el de Aragón, Pedro. A menudo mueven guerra entre ellos y el Papa ha de intervenir para imponerles la paz.

Algunos ignoraban quién era el Papa. Por si alguno de los que componen esta culta audiencia estuviese en el mismo o parecido caso, diré ahora la respuesta de al-Samit, y sirva de abrevadero de las desmemoriadas mentes de los creyentes, a los que no censuro que olviden tales minucias siempre que conserven en su corazón la Fatiha y los preceptos del Sagrado Libro.

—El Papa de Roma —explicó al-Samit, y escupió dos veces al suelo al pronunciar tal palabra— es el jefe religioso al que los cristianos creen su profeta vivo. Viene a ser algo así como nuestro Miramamolín. Todos los politeístas cristianos lo obedecen. Es poderoso como él solo, puesto que tiene poder para poner y quitar reyes en nombre del profeta Jesús y es el que convoca la guerra santa de los cristianos, a la que ellos llaman Cruzada.

Los viejos que me escucháis quizá recordaréis que por aquellos años Castilla invadió las tierras de Navarra. El rey Sancho, al ver en peligro su reino, pidió ayuda al Miramamolín, que era entonces Yaqub. Si Yaqub hubiese llevado la cruda guerra a Castilla entonces, seguramente hubiese alcanzado una señalada victoria con la ayuda de Alá. Pero aplazó su decisión porque se sentía viejo y cansado y enfermo, y a poco murió. Su desaparición fue como una señal para que las banderías y las luchas fratricidas revivieran en todo el imperio de los almohades.

Mientras estas rebeliones debilitaban a los musulmanes, la amistad y concordia entre los reyes de León y Castilla, que eran parientes y aliados, era completa. En 1209, cuando Selim contaba once años de edad, el rey de Castilla lanzó una expedición de saqueo contra al-Andalus. La *razzia* devastó los campos de Jaén, Baeza y Andújar. Por ser casi tiempo de otoño y por los informes de los espías cristianos a sueldo de los almohades, se sabía que la expedición permanecería poco tiempo sobre tierras musulmanas. No obstante, muchas mujeres, niños y ancianos fueron evacuados a tierras de Córdoba y Granada. Por primera vez, Selim pudo asistir al triste espectáculo que había de contemplar tantas otras veces a lo largo de su azarosa vida. Muchos de vosotros que ensombrecéis el semblante habéis pasado por la misma experiencia, pero quizá convenga que recordemos a los más jóvenes los caminos atestados por muchedumbres de gentes despavoridas, débiles fugitivos que discurren hacia el Sur para ponerse a salvo en tierras más seguras y se van cruzando, en silencio, con los destacamentos de soldados e imesebelen, los voluntarios de la fe, los buscadores del martirio, que acuden a reforzar los castillos y guarniciones amenazadas de la frontera. En aquella ocasión Selim fue a parar a Alhama, a la casa de un primo segundo de ibn Yudan, llamado Halemi. Cuando, pasado el peligro, los fugitivos pudieron regresar a sus hogares, los de Jaén encontraron los alrededores de la ciudad tan estragados que sólo las familiares formas de los montes eran reconocibles. Las alquerías y los molinos habían sido incendiados, los árboles frutales talados, las huertas arrasadas. Acalladas las fragorosas norias, un silencio de muerte reinaba en el campo, con sus calvas pedregosas ennegrecidas por el incendio.

A la vista de la magnitud del desastre, algunos pensaron que el rey de Castilla se había tomado por fin cumplida venganza por la vergonzosa derrota que sufrió en Alarcos muchos años atrás, a poco de heredar el trono, y que ahora sucedería un período de paz y reposo. Pero, por voluntad del Altísimo, que así castigaba nuestros pecados, los males del islam no habían hecho más que comenzar. Ninguna venganza iba a ser suficiente, porque el corazón del rey de Castilla no habitaba ya en la ira sino en la ambición. Cuando vio que sus huestes regresaban de la espolonada cargadas de botín pensó que quizá había llegado el momento de volver a medir sus fuerzas con el ejército de los almohades. Los magnates castellanos eran de la misma opinión. Todos ellos estaban persuadidos de que al-Andalus atesoraba ilimitadas riquezas fáciles de obtener.

Aquí se corta el flujo de mis desbordadas palabras. Regresad mañana que os seguiré adornando las orejas con los abalorios y guirnaldas de mi elocuencia. Os recuerdo a los distraídos que ese pandero en el suelo ya sabéis para lo que es, que yo no vivo del aire como los camaleones.

OCHO

¡AH DEL QUE QUIERA ensanchar el pecho y sus pesares ahuyentar: aquí prosigue mi cuento por el que entraréis en conocimiento de cosas pasmosas! El secreto amor de Selim y Faye duraba ya unos meses cuando llegó aquel día entre los días, al fin del Ramadán, la fiesta señalada, en que Selim conoció a Alhamar, que Alá guarde. Aquel día llegó a la casa de Nasr un primo de ibn Yudan, Mohamed Nasr, el de Arjona. Este Mohamed era, para que os enteréis, descendiente de Ocba, compañero de armas del Profeta (sean con Él la oración y la paz). Por cierto, los otros que se proclaman vástagos de Ocba, los Beni Hud de Córdoba, de Huesca, de Tarazona, de Zaragoza y de Denia, suelen silenciar que sólo lo son indirectamente, a través de sus vínculos con los Nasr, pero evitaré entrar en discusiones genealógicas porque veo entre vosotros a algunos que miran al cielo como pidiendo que una nube disperse esta reunión y acabe con mi cuento. Vuelvo, pues, a los arjoneros descabalgando en el patio de Nasr. En el séquito llegaba un jovenzuelo llamado Alhamar, que era de la edad de Selim. Al principio, Selim casi no reparó en él. Alhamar detuvo su cabalgadura en el centro del corral y rechazó orgullosamente al criado que acudía a tomarle las riendas para ayudarlo a descabalgar. Luego echó pie a tierra con mayor soltura que el mejor jinete, aunque su estatura todavía no alcanzaba a la cruz del caballo.

Este comportamiento fue lo que llamó la atención de Selim. Le pareció que el joven Alhamar, que tan bizarro parecía a caballo, una vez descabalgado quedaba tan cohibido como un beréber en una tertulia literaria, y en adelante se divirtió en espiar la torpe irresolución de sus movimientos. Llegó entonces Gazal, su hermanastro, magníficamente ataviado para la fiesta, y, tomándolo de la mano con un guiño cómplice, lo condujo junto al joven Alhamar.

—Éste es Aben Alhamar el Nasr de Arjona —lo presentó—, del que dicen que, a pesar de su esclarecida estirpe, siempre huele a estiércol fresco porque pasa la mayor parte del tiempo en las cuadras de su venerable abuelo. Ve y llévalo a ver los potros de nuestras caballerizas para que se sienta cómodo entre nosotros.

Así fue como Selim conoció a Alhamar y desde entonces se sintió cautivado por su sonrisa franca, la que descubría dos palas separadas entre las que podría introducirse una uña, como dicen que es la señal del Maghdí enviado por Alá.

Al joven Alhamar se le dilató el corazón en las caballerizas y charlaba animadamente con su nuevo amigo. Se enorgullecía de que su abuelo criara los mejores caballos de Arjona y de toda la campiña. Y entendía del tema un rato largo: mientras inspeccionaban las cuadras hacía juiciosas observaciones sobre cada animal, dejándose llevar por el entusiasmo cuando veía alguno especialmente notable por el porte o la estampa. Palpaba a los animales y les hablaba en tono tranquilo, intercalando sonidos ininteligibles del idioma caballar, como hacen los mozos de cuadra experimentados. Debo deciros que Alhamar no era todavía un príncipe. Verdaderamente al tratarlo nada podía hacer pensar que llegaría a serlo algún día: se conducía como un mulero, escupía frecuentemente en el suelo, soltaba tacos, e imitaba los rudos modales de los yegüeros, entre los que pasaba gran parte de su tiempo.

Después de visitar las cuadras, Selim llevó a su

nuevo amigo a dar un paseo por la ciudad. En la plaza de la Malena encontraron a mi maestro, el narrador de cuentos Sahil. Tendríais que haberlo visto rodeado por una muchedumbre de gente festiva que lo exhortaba a que contase una historia, pero él, conocedor de su oficio, se hacía antes de rogar.

Al mismo Alá que convoca la vida, la belleza del mundo y la clara luz, pertenecen la muerte, la pobreza, la honda ceguera y la locura. En la ciudad había muchos mendigos, algunos de ellos ciegos y otros locos, pero sólo recuerdo a Sahil que era mendigo y ciego y loco. ¿Quién pronuncia, después de tantos lustros de olvido, el nombre de Sahil, cuando de Sahil mismo ni polvo queda ya? Y, sin embargo, perteneció una vez a la ciudad como pertenece un guijo al empedrado de la plaza o un recodo al camino. Nadie ignoraba las tristes circunstancias de la vida de Sahil. Los preceptores lo citaban frecuentemente como ejemplo de descarrío y de mala fortuna con que Alá pena a los que se apartan de los preceptos coránicos. Sahil tuvo una mocedad depravada. Primero perdió la riqueza, debido a su extravagante prodigalidad; luego perdió la juventud; luego, la luz de sus ojos, y luego, finalmente, cuando ya su único patrimonio se reducía a una vida extrañamente dilatada, perdió la razón. Las gentes se apiadan del mendigo loco. Le dan a veces mendrugos de pan duro, una manzana podrida, o la grasienta pelliza del procurador, de la que ni el primitivo dueño recuerda ya el color original, sepultado bajo la mugre y los remiendos que ha ido ganando con los años. Otras almas caritativas lavan a veces con vino agrio las heridas que le producen las pedradas de los mozalbetes desalmados. Sahil era muy alto y, como estaba en los puros huesos, parecía más alto todavía, aunque se encontraba ya en esa época de la vejez en que empieza uno a crecer para abajo. Bonete de lana, que nunca se quitaba, sobre la monda calavera. En el rostro huesudo dos pómulos salientes subrayaban, como un brillo apagado, la hondura siempre húmeda de las cuencas vacías, tan repugnantes como la babeante boca de expoliadas encías que se abría bajo su nariz ganchuda, verdadera madriguera medio oculta por las salvajes espesuras de la barba entrecana, más gris que blanca, que se afeitaba una vez al año a cambio de la limosna de los alfaquíes. A los alfaquíes les disgustaba que Sahil gastase luenga barba blanca como ellos porque luego los graciosos malintencionados las comparaban y sacaban chistes. Habéis de saber que antiguamente había más respeto y, por lo menos en público, nadie se hubiese atrevido a poner en solfa a los alfaquíes, por miedo a los almohades. Pero en los tiempos que estamos narrando, ni a los almohades se les temía ya. Sólo los más ancianos tenían noticia de los días en que por cualquier insignificancia conducían a un hombre al alcázar y le daban de bastonazos.

Los niños se asustaban de Sahil porque su cabeza les recordaba la calavera, a pesar de la contradicción de su nariz sobrada, pero a veces, en cuanto crecían y les renegreaba el bozo, se vengaban de los miedos pasados ejercitando sobre él sus bromas crueles o escuchando de sus labios, por un trozo de pan o una moneda baja, la historia de su ceguera.

—Nadie me sacó los ojos por robar o matar, ¡nadie! Tenía yo diecinueve años. Ellos solos se secaron, se endurecieron y se marchitaron como la flor del azahar en la solanera, el día que contemplaron, más brillante que el sol del Paraíso, el que luce como mil soles de mayo, el Espejo de Salomón. El brillo azul de ese tesoro impar, como la luna de nácar, rodó por mis sentidos, se metió hondo por ellos y les puso un fuego que acabó devorándolos. De haber sido más avisado lo hubiese contemplado con sólo un ojo, manteniendo el otro cerrado, porque conocer el Espejo de Salomón bien vale perder un ojo, pero no sé si los dos. Unas veces pienso que sí y otras que no, según me coja, es muy triste ser ciego. Me quedé dormido como en una fiebre y cuando quise despertar y abrí los ojos ya no estaban ahí y Sahil el ciego se había quedado ciego después de contemplar la belleza del mundo. ¡Piedad y caridad para este pobre tullido que no puede valerse y que es cebadero de desgracias!

Decía esto y tendía su sarmentosa mano en busca del cobre o del mendrugo, y si alguien no renovaba la limosna se negaba a proseguir su historia. Era en esto muy hábil. Por el mismo motivo procuraba no prodigar su cuento muchas veces y si no era delante de un nutrido y solvente auditorio, rehusaba contarlo pretextando mala memoria u olvido. Si lo estrechaban mucho fingía, o quizá padecía realmente, un ataque de locura. Pero aquel día en que Selim y Alhamar paseaban por la ciudad y se detuvieron a escucharlo, como era día de fiesta mayor y Sahil esperaba recaudar generosas limosnas, recitó su lección en estos términos:

—Esa joya maravillosa guarda una larga memoria de sangre y de incendios. Su tabla es una reproducción de los siete cielos, rodeada completamente por un zócalo de letras que se leen de derecha a izquierda, pero nadie que no sea ángel las puede descrifrar sin magia y al que las lee se le revelan los secretos del mundo. Esos signos transcriben sin error los textos del libro de la luz que el arcángel Rafael entregó a Aarosh, encuadernado en zafiros ahilados, para que en la larga noche del diluvio no hubiera noche en el Arca. Ahí se contiene la ciencia de las estrellas, el arte de curar toda suerte de males con sólo palabras y los saberes que confieren la dominación de los espíritus y demonios del aire. Muchos héroes antiguos poseyeron este Espejo. Unos añadieron valor a su valor infinito y otros le restaron prendas con la punta del codicioso puñal. Cuando esto último ocurría sobrevenían grandes catástrofes, sequías, guerras, terremotos, plagas, partos monstruosos y otras calamidades. Salomón hizo grabar este Espejo a un ángel platero que lo servía. El ángel dicen que se llamaba Hiram y que era cojitranco. Sobre este Espejo (que se guardaba en la cámara cerrada del templo, vigilada por las dos columnas habladoras que sostenían el dintel de la entrada) depositaba el rey sabio los trebejos sagrados. Allí no penetraba la luz, tan sólo Salomón. El aire olía a espeso y amasado. Sólo el Altísimo y Salomón en un abismo de soledad. Impotente es la lengua humana para describir las riquezas que atesoraba el Espejo, sabed tan sólo que se abrumaba con tanto oro y aljófar como no se ha visto nunca. En las innumerables celdas que había ido ordenando el minucioso buril del orfebre, anidaban, como en una noche caliente, polladas de perlas sin tacha, de rubíes y de esmeraldas arrancadas del entresijo de la tierra y engarzadas en cantidad nunca vista. El ornato del Espejo despobló las minas y las arenas de los ríos en todo el Oriente, pero luego los criados fenicios de Salomón se las traían por mar, de Occidente, y el Espejo, como el mundo, nunca se saciaba. Pues bien, habéis de saber que, después que los romanos destruyeron Jerusalén, el general Tito, el de la barba rizada, acarreó el Espejo a Roma para que diera gloria al emperador. No sabían que, encaramada en el Espejo, viajaba, como en litera cerrada, la indeleble maldición del brujo Salomón. Muy pronto, a Roma se le fue la fuerza como en una vejez. Cuando los godos de Alarico entraron en sus palacios arrancando los mármoles y apesebrando sus caballerías en las ornadas fuentes resecas, echaron mano del Espejo y se lo llevaron. Ya os lo podéis imaginar, amontonado en un carro entre los domésticos expolios de cuberterías patricias, pebeteros y candelabros cincelados. Así llegó a Toledo, con su magia y su maldición a cuestas, que la llevaba prendida en los fulgores de su pedrería como una lepra maligna que primero no se percibe y luego, cuando se manifiesta, es demasiado tarde para atajarla. Cuando Tariq puso Toledo a sacomano, el Espejo vino a su poder. Unos dicen que lo habían ocultado en el castillo de Farás, a dos jornadas del Tajo, pero su alcaide, que era sobrino carnal del rey Rodrigo y a lo mejor hasta hijo suyo, lo entregó a cambio de su libertad y de la de sus concubinas. Otros dicen que Tariq lo encontró sobre el altar de la iglesia mayor de

Toledo, como abandonado, el día de la angustia y de la gloria en que entró en la ciudad. El Espejo tiene seis pies que rematan en unas como entre pezuñas de toro y garras de león, como dicen que se calzaban los grifos antiguos. Tariq arrancó uno de los pies y mandó a su orfebre que cincelara otro semejante pero de menos ley. Sólo las perlas que cargaba el pie expoliado valieron por encima de los doscientos mil dinares. El castigo por esta acción reprobable alcanzaría a Musa, pero no fatigaré a mi audiencia contando lo que de todos es sabido.

Cuando el califa de Damasco, el supremo, recibió nuevas del hallazgo del Espejo de Salomón, quiso poseerlo para contemplar continuamente la cara de su grandeza. Por lo tanto mandó a un mensajero con carta escarlata ordenando que se lo enviasen inmediatamente por tierra. Se conoce que recelaba tempestades o argucias o tal vez seguía el consejo de algún astrólogo. El Espejo bajó de Toledo y atravesó Sierra Morena en un renqueante carro que llevaba quinientas lanzas delante y otras tantas detrás, todas empenachadas con el negro color del omeya. El día que pasaron el vado de la Victoria acamparon, ya de atardecida, en el llano que hay debajo de Cazlona, donde los caleros dicen que si se escarba un poco aparecen osamentas monstruosas y labrados mármoles remotos. Allí pusieron sus centinelas y se durmieron en el apacible regazo de la noche, la silenciosa, la llena con los cánticos de los grillos, la repleta con el croar de las ranas, la atiborrada con el trompeteo de los mosquitos. Cuando se levantó el día, mostrando otra vez la belleza del mundo, el jefe de la guardia soltó un alarido como si lo hubieran capado, que terminó de despabilar al campamento todavía soñoliento. El hombre no se lo pensó dos veces: echó mano de la filosa daga, clavó la empuñadura en el terronal y se lanzó resueltamente encima de ella muriendo en el acto. Sus compañeros, recelando la causa de un suicidio tan absurdo, echaron mano del carro y hallaron que el Espejo maravilloso había desaparecido durante la noche. Dispersáronse las mil lanzas, temerosas de que el castigo los alcanzara a todos indiscriminadamente, como así fue. Ninguno pudo sustraerse al largo brazo del califa: unos se pudrieron en las minas de azufre, con los ojos hinchados y la espalda hecha una pura llaga, otros se quedaron en el potro del tormento, y los que finalmente confesaron lo que no sabían se desangraron luego crucificados entre un perro y un gallo. El califa de Damasco se quedó sin Espejo de Salomón pero la maldición tenía tal fuerza que, a pesar de todo, su familia fue exterminada. Y ahora me preguntaréis: ¿dónde se encuentra la joya maravillosa, qué se hizo con ella? Pues habéis de saber que anda muy cerca de aquí, soterrada en el vientre de la montaña, de seguro que todos los que me escucháis habéis pasado más de una vez por encima de ella y de sus fulgores. Justamente ahí, en el cerro blanco que, como sabéis, está hueco por dentro y lleno de gargantas, callejones y pasadizos y grutas tan enmarañadas y llenas de peligrosos laberintos que hace ya mucho tiempo que no se arriesgan a penetrar en él ni los más valientes. Sólo queda memoria de los que se aventuraron una vez y no regresaron de sus tinieblas. Quien quiera que fuera el que robó el Espejo de Salomón fue a ponerlo en el lugar oscuro fuera del alcance de los hombres. Ahora el Espejo pertenece solamente al Lagarto. Mi abuelo tenía memoria del día en que el manantial de la Malena expulsó una perla del tamaño de un hueso de aceituna y eso es todo lo que se ha sabido del Espejo de Salomón y lo que prueba que está guardado en sus subterráneos. Esas aguas, que salen frías después de lamer todas las recónditas vísceras de la montaña, divulgan, en su lengua fluvial, el secreto; sólo ellas saben dónde está el Espejo y quién lo guarda. Pero las lenguas de las fuentes son como las de los pájaros: el que penetra su arcano muere inmediatamente y sólo los que alcanzan el Paraíso entienden sin daño.

Calló el ciego y pareció que quedaba pensativo. Entonces uno de la audiencia le puso dos monedas en la mano y le dijo:

—Sigue, Sahil, cuéntanos cómo viste el Espejo y recorre el camino del estilo sublime para que nuestras orejas se adornen con los zarcillos de tu elocuencia.

¡Oh, concurrencia distinguida!: haréis bien en fijaros en este que ha hablado, pues aparecerá otra vez en este cuento y alcanzará un papel breve pero sustancioso. Era un hombre alto y membrudo que vestía el sayal embreado de los buhoneros, y todo el tiempo que el ciego habló lo estuvo escuchando con profunda atención, como atestiguaban los profundos surcos de su frente. Y ahora tornemos a Sahil.

—¡Sí! —dijo el ciego—. ¡Yo he visto el Espejo y he logrado sobrevivir, pero estoy ciego! No hay cosa en el mundo que no se refleje en él: lo que fue, lo que es y lo que será, lo que ocurrió a tus abuelos, lo que acontecerá a tus nietos, lo que has visto, lo que verás... todo ello te espera al otro lado del laberinto.

Entonces, uno de los que se habían añadido al corro, un hortelano que estaba ya algo achispado, dijo:

—Sahil, viejo embustero que nos obligas a estar pendientes de tu rostro feo como el pollo de un buitre y que nos llenas de patrañas y mentiras los oídos: ¿no acabas de decir que nadie ha vuelto a ver el Espejo?

El rostro del narrador se volvió hacia la voz que así lo interpelaba y su mano nudosa abanicaba el aire espantando las moscas que acudían al perpetuo efluvio de sus horribles cuencas vacías. Titubeaba antes de responder, como si su respuesta fuera a ser trascendente, otro ardid que nos imitan los malos recitadores.

Mas, como la prisa es cosa de Satán, lo dejaremos por ahora y otro día seguiremos, que la paciencia es cosa de Alá. Id con Él y no zurréis demasiado a vuestras mujeres, que luego no podéis pasar sin ellas.

NUEVE

TOCANTE A LO QUE AYER os estaba contando, habéis de saber que la respuesta del ciego Sahil fue la siguiente:

—Más cosas sé, generoso señor, pero el hombre prudente no dice todo lo que sabe. Eso aconseja el proverbio que conocen hasta los niños de pecho.

—Pero el hombre prudente no puede llenarse la andorga con su prudencia, viejo mentiroso —azuzaba el que había hablado—. Ea, desembucha toda tu patraña si pretendes ganarte un cobre.

Entonces Sahil alargaba su mano sarmentosa y decía:

—Refréscame la memoria, generoso señor, y te contaré algo que no he confiado a nadie: si lo prefieres, a ti solo en secreto, puesto que me ofreces tu generoso óbolo, y si no delante de toda esta gente de duro corazón que no se apiada del ciego.

Entonces alguno de la concurrencia introducía dos dedos en la bolsa que llevaba a la cintura y arrojaba a los pies del ciego una pieza menor. Sahil se acuclillaba con la rapidez de un esgrimidor y se ponía a palpar el suelo con ambas manos hasta dar con la pieza, la apresaba, la acariciaba calmosamente con las yemas de los dedos, se tocaba la frente con ella. ¡Bien lo recuerdo!: siempre se demoraba a propósito en la inscripción de la moneda para que la concurrencia se percatara de que sabía leer. Y luego decía, su voz profunda y cavernosa, en el más solemne registro:

—Por el nombre de Alá, el Clemente, el Misericordioso, que está inscrito en este cuadrado de metal, lo que os diré ahora es tan verdadero como que el sol brilla de día y la luna es la dueña de la noche. Un hombre solo vino de Oriente, Abdullah al-Hazred era su nombre. Nació en Sana del Yemen, el arenal donde las caravanas de los justos se echan a sestear bajo las talludas palmeras. Si yo hubiese peregrinado a La Meca como aquellos que lucen el turbante verde, me habría desviado a la vuelta para visitar el lugar de Sana del Yemen.

Y en este punto la voz se quebraba en la garganta del ciego y le salía chillona, entrecortada de sollozos al parecer sinceros, lo que conmovía a la multitud congregada para escucharla.

—¡Sana del Yemen! —exclamaba—. ... ¡Aquella luz terrible que ya no verán estos ojos! ¿Quién nos dirá la verdad si despreciáis al pobre mendigo y lo lapidáis como a los perros del camino?... Abdul al-Hazred, ese nombre que hoy es terrible, plantó su tienda de piel de cabra a la vera del Éufrates, aquel Guadalquivir lejano, oloroso y frutal, barbado de juncos. También arrastra versos en las aguas que lamen sus dilatadas orillas y se solaza discurriendo bajo los dorados puentes de piedra que labraron los reyes antiguos y que son como ajorcas y aros en los tobillos y los brazos de la bella. ¡Ay, Guadalquivir, quién os volverá a contemplar, apacibles riberas! Pues Abdul al-Hazred gastó su fortuna y juventud, con siete esclavos omalíes, en cavar y cavar hasta que tocó los cimientos de los antiguos palacios. Un día vio una luz que le dijo: «Dirígete a Menfis de Egipto y cava allí.» Obediente, levantó sus tiendas y halló que debajo de la piel de cabra crecía blanca la hierba. Siguiendo la ruta de las caravanas se trasladó al Nilo, a Menfis, y allí cavó y cavó como decía la luz. Pasaron luego años y años y días y días hasta que una mañana entre las mañanas despidió a sus esclavos dándoles carta de libertad. Les dijo que se retiraba a pasar dos lustros en la soledad del desierto de Rub al-Khali, el espacio vacío que está en el sur de Arabia. Pero no fue allí: vino aquí; cruzó África, cruzó el Magreb, cruzó el estrecho de Algeciras y cruzó al-Andalus para entrar en Jaén una mañana de marzo, cuando se injertan las higueras y brotan las primeras rosas, por la puerta del Aceituno. El portero lo vio pasar descalzo y medio extenuado, cubierto apenas de andrajos deshilachados. Se apiadó de él y le ofreció una escudilla de sopa. Así llegó Abdul al-Hazred a Jaén.

Quiso la fortuna (pero todo está en manos de Alá, el piadoso) que aquel año el manantial de la Malena se hubiese secado casi por completo. Aprovechando esta circunstancia, Abdul penetró por su boca en el vientre de la montaña. Allí se encontraba cuando lo sorprendió el Terremoto y conoció el horror y el supremo encogimiento de ombligo cuando las cinco cuevas se desplomaron sobre su cabeza. Pero el poder del Espejo se apiadó de él y preservó su vida. Quizá me preguntarán los más curiosos de entre vosotros: ¿y por qué preservó su vida? Os lo diré: no lo sé. Si lo queréis saber no me lo preguntéis a mí, preguntádselo a Alá. Quizá fuese porque Abdul lo había aliviado de su soledad y de su secreto. El caso es que el hombre volvió entre los hombres a los siete días justos de haber penetrado en la montaña y los que ya desesperaban de volverlo a ver con vida fuéronse a él y lo rodearon ansiosamente, esperando el relato de cuanto había visto y vivido en el vientre del abismo, pero Abdul al-Hazred sólo balbucía palabras incoherentes y tenía la vista lela, perdida en el cielo. El cabello se le había vuelto blanco y babeaba continuamente como un bendito de Alá: en resumen, que había entontecido. Lo dieron por loco y se apartaron de él, y él, alejado de la compañía humana, pasaba las noches en el cementerio de la Alcantarilla y pacía la hierba como las cabras. Un día abandonó la ciudad y regresó a su tierra. No se dirigió al desierto de Rub al-Khali, como había prometido, sino más al norte, a Dhana, al desierto escarlata donde habitan los espíritus del mal. De allí lo sacó la luz para conducirlo a Damasco, donde tomaba el sol en la plaza y las buenas almas le daban limosna. En la casa de los locos que fundó el califa (sobre él la bendición por eso) lo dejaban estar en un rincón umbrío y el ecónomo se apiadaba de él y le daba papel y tinta para que escribiese su libro. Una mañana fue arrebatado de en medio de una multitud por un monstruo invisible que lo devoró allí mismo, mutilándolo horriblemente en medio de más de mil testigos encadenados por el miedo que les encogía el ombligo, a cada cual el suyo. Ése fue el último hombre que conoció los secretos del Espejo de Salomón.

Oído esto, el borracho de marras volvió a abrir la boca, con su tufarada pestilente, y enhebró estas palabras:

—Sahil, el enredador, el embustero, ¿pretendes hacernos creer que el Lagarto viajó hasta la plaza de Damasco para devorar a un copista chiflado?

A lo cual replicó el narrador lo que vais a oír:

—Yo no digo más que lo que sé, y lo que digo es verdad. Si quieres que te cuente otra cosa, noble y generoso señor, me harás favor pues el repertorio que tengo es amplio.

Estas cosas llevaba contadas Sahil, el ciego, cuando un timbal se dejó oír poderosamente junto al manantial de la Malena y todos los presentes se volvieron hacia donde sonaba, dejando en paz al narrador. Sobre el pilar de la Malena, en la destartalada galería alta del palacio de los Numayr que a él se asomaba, aparecieron el representante del gobernador almohade y el de los alfaquíes de la ciudad y ocuparon sus respectivas tarimas. Los acompañaba el viejo Numayr, decorosamente ataviado con un bello aunque raído manto persa que ya usó su bisabuelo, indicio de la pasada fortuna de la familia y de su ruina presente. Recordaréis algunos que, cuando llegaba el Ramadán, la cochambre del palacio quedaba decorosamente oculta detrás de los afeites de un reciente blanqueo. El alcalde hizo una discreta señal y el timbal señalero solicitó silencio. Cuando la vociferante muchedumbre se hubo callado, dieron comienzo los juegos, empezando por el llamado de la serpiente de Babilonia. Selim se los iba explicando a Alhamar casi al oído.

Mas hete aquí que, cuando el juego de la serpiente estaba en el ápice de su interés, que es cuando los fugitivos escapan por la boca del monstruo entre llamaradas de aguardiente, de repente pareció que el mundo se desplomaba sobre la cabeza de Selim, pues alguien le había propinado un golpe tal en la cerviz que tuvo que agarrarse al brazo de Alhamar para no caerse. Iba a volver la cabeza para ver al causante de su daño cuando el súbito vozarrón que estalló dentro de su oreja izquierda le confirmó sus temores. Ya os podéis imaginar que se trataba de Kolo, el aguafiestas, el camorrista.

—¿Qué te cuentas, Selim, el más mísero renacuajo de la charca meada? —le voceó con brutal cordialidad al tiempo que le echaba el brazo por el hombro—. ¿Estabas guardándome el sitio, verdad? Pues ya te puedes largar, que he llegado.

—Nosotros hemos llegado primero, Kolo —intentó razonar Selim, queriendo escapar de la desairada situación y comprendiendo que, de haber estado solo, se habría apartado sin rechistar. Pero la presencia de Alhamar, su flamante amigo, le prestaba valor para protestar del atropello, así que añadió—: Si nos echas tendré que contárselo a ibn Sahid.

Oír el nombre de su padre adoptivo (el jefe de la policía, hombre recto y severo que a veces le propinaba memorables palizas con una nudosa vara de almendro) enfureció a Kolo. Tomó un pellizco doloroso de la mejilla de Selim y le advirtió, con los dientes apretados:

—¡Si te acercas a mi padre te cortaré la lengua, rata!

Y sucedió que Alhamar, que hasta entonces creyera que aquel patán era amigo de Selim y que todo iba en broma, dejó de sonreír educadamente en cuanto se percató de que la cosa iba en serio.

A todo esto, Kolo reparó en él y, como vio que lo miraba con malos ojos, apartó a Selim con el codo, desentendiéndose de él, y se puso al lado de Alhamar para medirlo descaradamente con mirada perita. En estatura le sacaba media cabeza, así que decidió que no era rival de su talla y se engalló:

—¿Conque amigo de Selim, eh? Serás otro marica como él. ¡Ya te estás largando de aquí, que no queremos forasteros ni mocosos! ¡Ésta es una fiesta para hombres!

En esto estaban cuando la serpiente de Babilonia vomitó a uno de sus cautivos, entre llamas, cosa la más sorprendente e ingeniosa que se ha visto. El vomitado daba tres volteretas casi sin tocar el suelo, lo cual era de mucho mérito y muy vistoso de ver. Y en esto la multitud enardecida redoblaba los gritos y los aplausos y casi apagaba el sonido de las festivas carracas.

Alhamar permitió que pasase la flor del clamor. Después hubo de empinarse un poco para gritar al oído de Kolo:

—Si quieres que te moje la oreja, por mí no hay inconveniente, pero tendrás que esperar a que acabe la representación y nos hagan sitio.

Teníais que haber visto la cara que puso Kolo. Quedó tan perplejo por la inesperada respuesta del forastero que, a pesar de su aparente superioridad, no tuvo más reacción que obedecerlo. Allí se quedó, embobado, como el que recibe una grave noticia, y más atento a los movimientos de Alhamar que al espectáculo. Mientras tanto, el amigo de Selim, con desdeñosa indiferencia, se desentendió de él y sólo prestaba atención al juego de la serpiente de Babilonia.

Los que venís de allí sabéis que, después de los juegos, la costumbre era que cada cual se fuese a su casa o al zoco para tomar algo de comida y vino y, con la talega bien provista, los feriantes se dirigían después a la explanada de los alardes, extramuros, para asistir a los certámenes y carreras.

Así pues, se despejó la plaza rápidamente y tan sólo un grupo de chicuelos maleneros y otros de la escuela de al-Samit quedaron para presenciar la prometida pelea de Kolo y el forastero. Acotaron la palestra en un ángulo de la plaza, a la sombra de las moreras.

Cuando todo estuvo dispuesto, Kolo se colocó en el centro del terreno y se despojó de camisa y calzones, dejando ver su cuerpo robusto y bien formado, sus espaldas anchas y sus brazos musculosos. Alhamar lo imitó: se despojó de su túnica y la entregó a Selim.

Los contrincantes se pusieron en guardia, las piernas entreabiertas y ligeramente flexionadas, el tronco adelantado, los brazos extendidos en la postura llamada «del oso». Kolo ensayó su mirada más torva, otro truco pugilístico, que tenía por objeto amedrentar al contrario. Después, adelantando resueltamente su derecha en un rápido movimiento circular, intentó hacer presa en el cuello de Alhamar. Pero el joven forastero fue mucho más rápido: con sorprendente celeridad atrapó en el aire aquella mano con las dos suyas y detuvo la palma de Kolo frente a su rostro apresándola por el pulpejo del pulgar y por el borde exterior. Todo sucedió en menos que tardo en referirlo. El arjonero presionó violentamente y Kolo se vio obligado a agacharse, tendiéndose en el suelo cuan largo era. Había en su despavorida mirada más sorpresa que rabia. Alhamar soltó la mano e incorporándose rápidamente dirigió un punterazo de su bota ferrada a la boca del estómago de su oponente. Kolo dio un bote y se desplomó pesadamente, giró un par de veces retorciéndose y quedó ovillado e inmóvil sobre la suciedad del regato que discurría por el centro de la calle, humillado y derrotado. Sus confusos incondicionales lo rodearon y ninguno se atrevía a tocarlo o a hablarle, por miedo a que desahogara su rabia y frustración en él. Alhamar, digno y triunfante, como un campeón, ni siquiera se molestó en mojar con saliva la oreja del vencido. Se volvió hacia el admirado Selim, requirió su túnica, volvió a vestirla y reanudaron el paseo. El joven vencedor evitaba hablar, porque quería disimular el quiebro de emoción que la victoria le ponía en la voz. ¡Ya actuaba como soberano, el arjonero, el vencedor, el grande, el que hoy es nuestro emir, al que Alá guarde luengos y felices años!

DIEZ

¡DISTINGUIDA CONCURRENCIA, oído! Sabed que un día entre los días Selim y Faye se encontraron, como por casualidad, en el zoco de las especias, al pie de la torre del Alcotán, y el muchacho advirtió, con una conmoción, que ella llevaba puesto el cintillo azul. ¡Ay, qué larga se le hizo aquella noche, sin poder conciliar el sueño! —tampoco Faye pudo sustraerse al influjo de la luna— y, al día siguiente, Selim acudió más temprano que nunca a la cita en las ruinas de Sara la Goda. Atentos ahora: pasaba por delante de los dinteles de una de las salas cuando le pareció percibir un sonido como de voz quejumbrosa que le heló la sangre. «¡La Traganta!», pensó, y se le encogió el ombligo como no se lo encontrara ni un tallista de diamantes. Mas luego, sobreponiéndose a su primera reacción, que fue de huir despavorido (pero quizá la cadena del miedo le había aherrojado los miembros), contuvo el aliento e intentó aguzar el oído por encima del desacompasado latir de su corazón. ¿Qué escuchó? Así como vosotros oís este pandero diestramente tañido por mi mano, así Selim tornó a percibir un débil sonido, casi un susurro, pero tan gutural que no parecía de humana garganta, lo que, lejos de tranquilizarlo, redobló su pánico, pues no se trataba de un gruñido o grito de animal, sino de una voz articulada que repetía incesantemente, como si de una salmodia de virtud se tratase, una única palabra: «Draca, draca, draca, draca,

draca...» ¡Misterio como para dar que pensar a los pensantes! Selim, medroso, no sabía si decidirse a indagar sobre el origen de aquella voz fantasmal o si huir inmediatamente de aquel lugar encantado y esperar a su amada afuera, oculto entre el higueral del entorno. En estas vacilaciones andaba cuando el autor de los lamentos debió advertir su presencia y, subiendo cuanto pudo —que no fue mucho— el tono de su quejumbrosa voz, consiguió articular algunas palabras inteligibles:

—¡Ayuda, ayuda...! ¡Por amor del Altísimo, ayuda...!

Más tranquilizado por la invocación a Alá, que no podía proceder de demonio ni de fantasma maléfico alguno, Selim se acercó a la sala y asomó la cabeza con precaución. Allí, en medio de la amplia almacería abrumada por los escombros y las malas yerbas que por doquier crecían, recostado contra el atormentado tronco de una higuera loca que crecía en el centro, ¡atención, dirigid a mi verbo la encadenada caravana de vuestro pensamiento!, allí estaba el buhonero corpulento de ancho sombrero que unos días antes había entregado dos monedas al ciego Sahil para escuchar el relato del Espejo de Salomón. La risueña expresión y el aplomo de hombre de mundo que entonces luciera en su semblante, se habían trocado ahora para dar cobijo en las mismas facciones al rostro lívido y desencajado de un moribundo. La roja sangre empapaba su pelliza y se remansaba, medio coagulada ya, en un gran charco sobre las losas. El herido volvió lentamente su rostro hacia Selim y apenas tuvo fuerzas para alzar la mano en un gesto que invitaba al muchacho a acercársele. Selim obedeció, sin desterrar del todo el recelo, mas, cuando estuvo al lado del caído, pudo advertir, entre horrorizado y curioso, el estropicio que un ancho y vigoroso tajo le había obrado en el vientre. Con una mano se sostenía el maloliente paquete intestinal, que pugnaba por derramársele fuera.

—¿Quién te ha hecho esto? —acertó a balbucir Selim—. ¿Quieres que vaya en busca de ayuda?

—No es necesario, hijo, ni serviría de nada —contestóle el moribundo con voz apenas audible—. Voy a morir. Acércate más y presta oído a lo que voy a decirte.

Selim hizo lo que el hombre le ordenaba, procurando apartar la vista de la herida, cuyo solo olor le producía náuseas. La mano del moribundo se aferró a su brazo con una brusquedad que lo espantó.

—Escucha lo que voy a decirte, hijo mío, y te ganarás unas monedas de oro, pero del Altísimo recibirás una recompensa mayor, pues él te guardará largos años y te dará venturas. Existe un hombre que tiene una cicatriz que le parte el ojo izquierdo, aunque no se lo inutiliza, y un tatuaje en la muñeca derecha que representa la mano de Fátima. Además le faltan dos dedos de esa mano. Algún día vendrá. Cuando lo veas vete a él en secreto y dile que el nombre que busca es Muamar Beneka. ¿Lo recordarás?

—Sí, el nombre que busca se llama Muamar Beneka —acertó a repetir Selim.

—Eso es —suspiró, más tranquilo, el moribundo—. Si cumples el recado con precisión, el hombre de la cicatriz te recompensará.

En esto la débil presión de la mano en el brazo de Selim se acentuó, alarmándolo, y el casi muerto hizo un esfuerzo como si se fuera a incorporar y advirtió:

—Pero si traicionas este secreto o lo comentas con alguien, mi efrim se te aparecerá todas las noches y te atormentará hasta que te vuelvas loco, no lo olvides.

—No lo olvidaré, señor —aseguró Selim.

Al buhonero le sobrevino un golpe de tos y empezó a sangrar abundantemente por la herida. Su mano liberó el brazo de Selim y se unió a la otra que oprimía el abdomen. Ya no habló más. Sus labios se movieron levemente, quizá porque estaba piadosamente recitando la Fatiha u otros alcoranes para bien morir, pensó

Selim. Luego dejó de temblar, aflojó las manos y un vidrio acuoso le acudió a las pupilas, señal de que había pasado al número de los de la otra vida.

Selim se incorporó, un poco aturdido e indeciso, y durante unos instantes permaneció alelado ante el cadáver, contemplando el tranquilo horror de la muerte. Fue un chasquido, procedente de alguna de las otras salas del palacio en ruinas, lo que lo arrancó de sus pensamientos y lo devolvió a la realidad. ¿Serían los asesinos que regresaban para dar cuenta de él o para borrar la última huella del crimen, o sería el efrim de Sara la Goda que subía del mundo de los muertos para castigar al intruso que profanaba su palacio, quizá convocada por el espíritu del desconocido que acababa de ingresar en el número infinito de los que habitan las tinieblas? El pánico se adueñó de Selim y puso alas a sus pies. Dando trompicones por los reventados pisos, tropezando en las raíces y escombros que parecían tomar vida para estorbar su huida, saltando por encima de fustes desplomados y derrumbados arquitrabes que se interponían en su camino, como ciervo asustado que huye de los perros, nuestro muchacho buscó la salida y huyó del palacio. Una vez en el campo corrió en dirección a Pero Codes, sin volver la vista atrás. Cuando no pudo más y ya parecía que el corazón le iba a salir por la boca a causa del esfuerzo, se dejó caer a la sombra inclemente de una higuera y sólo entonces regresó la mirada hacia la lejanía en busca de la fronda que ocultaba las ruinas de Sara la Goda. El campo estaba tranquilo y risueño como si la terrible escena que quedaba atrás fuera tan sólo una pesadilla. Por la vereda de Uribe, atajando el camino de la vieja calzada, vio venir a Faye que caminaba apresuradamente y volvía la cabeza con frecuencia, para asegurarse de que nadie la seguía.

Selim salió al encuentro de Faye y, abrazándola al resguardo de un olivo, le dijo estas atropelladas palabras:

—¡Alabo al Altísimo porque no te ha dejado venir

antes! Algo terrible ha ocurrido en el palacio de Sara mientras te esperaba.

Y en este punto hizo una pausa y se arrepintió de su primera intención, que era contárselo todo a Faye. Razonó que hacerla cómplice de la revelación del moribundo podía poner en peligro su vida, así que, finalmente, optó por ocultarle la verdad y le dijo, para arreglar el asunto:

—Faye, has de saber que mientras te esperaba se me ha aparecido el efrim de Sara la Goda, una visión tan terrible que mi corazón no se repondrá de ese espanto en muchos días. Te ruego que nos separemos ahora y que cada uno regrese a su casa, pues el día está incierto y la quietud del campo parece presagiar toda suerte de desdichas.

Faye, amedrentada por el sincero acento de las palabras de Selim, agarró el amuleto que pendía de su cuello, la blanca columna de alabastro, y dijo:

—Que sea como tú quieres, mi único amor.

Se besaron nuevamente y se dijeron selam, despidiéndose, y de regreso, cada cual en la soledad de su camino, Faye lloraba amargas lágrimas, pues, por esa rara sabiduría que sólo las mujeres poseen (unas más que otras), presentía que un muro cruel se interpondría entre ellos en lo sucesivo y que ya las cosas no volverían a ser como antes. ¡Materia de meditación al que medita!

Y hete aquí que a los tres días pasados, cada uno con su correspondiente noche, un cabrero de los que salen al campo con sus cabras, a que se coman todo lo verde como si hubiese ardido por donde pasan, descubrió el cadáver del buhonero, ya medio devorado de perros y alimañas. Cuando el rumor del macabro hallazgo se difundió por la ciudad, Selim, que había dormido mal las noches precedentes, pues el secreto del moribundo lo abrumaba como una pesada losa, se deslizó, a la propicia hora de la siesta, para no ser visto por nadie, hasta el último patio de las caballerizas de Nasr, cerca del cuarto de los halcones, y allí, con la punta de una aguja de coser serones, labró, sobre el canto de un ladrillo bajo del muro, las dos palabras «Muamar Beneka» del nombre que le transmitiera el moribundo. Tras de lo cual, como hombre concertado que ya iba siendo, a pesar de su poca edad, disimuló la inscripción restregando sobre ella estiércol fresco, de manera que nadie que no hubiese estado en el secreto habría advertido aquel nombre garrapateado en un rincón. Después volvió a su cuarto, se echó nuevamente sobre el camastro y no tardó en dormirse.

Al día siguiente, de mañana, el sahib al-surta ibn Sahid, el jefe de policía, se presentó en el palacio de los Nasr y solicitó entrevistarse con el anciano ibn Yudan. Lo acompañaba su ahijado Kolo.

Ibn Yudan los recibió en el patio de la almacería, donde solía desayunar cuando hacía buen tiempo. Se dijeron el selam y se hicieron la zalema y el que recibía ofreció asiento y, terminando de apurar su cuenco de leche de cabra recién ordeñada, atendió al visitante y le dijo:

—Tú dirás.

—Señor —comenzó el interpelado—, he venido a verte por lo de la muerte del buhonero, de la que habrás tenido noticia. Hace tres días mi ahijado Kolo, aquí presente, que andaba por el campo buscando nidos, vio salir a Selim, tu hijo, de las ruinas de Sara la Goda. Quisiera preguntar a tu hijo si oyó o vio algo que pueda conducir al esclarecimiento de esta misteriosa muerte, pues estoy persuadido de que fue aquel día cuando mataron al hombre.

Ibn Yudan llamó a un esclavo y le dijo:

—Vas y me buscas a Selim y lo traes.

—Oír es obedecer —respondió el esclavo y partió raudo a cumplir su mandado.

Y cuando Selim compareció, escamado al ver allí al policía y a Kolo, ibn Yudan le dijo:

—¿Qué hacías el otro día en las ruinas de Sara la Goda?

—Fui a curiosear, nada más —tartamudeó Selim, sonrojándose.

—¿Te acompañaba alguien? —se apresuró a preguntar el jefe de policía, que deseaba dirigir personalmente el interrogatorio por si hubiera motivo de lucimiento.

Selim negó con la cabeza.

—Me sorprende, Selim —exclamó ibn Sahid con un asombro que parecía sincero—. No sabía que fueses tan valiente.

Al escuchar estas palabras de su padre, Kolo exhibió una ancha sonrisa sarcástica que hubiera mortificado a Selim de no estar lo suficientemente acongojado por la marcha de los acontecimientos que lo relacionaban con el buhonero muerto.

—Que yo sepa —continuó el policía—, los jovenzuelos como tú sólo exploran aquel lugar en grupos numerosos por miedo al fantasma de la Goda. ¿Estás seguro de que no existía motivo alguno para que fueses allí solo? ¿Sabía alguien más que ibas allí? Quiero decir, ¿fuiste por una apuesta o algo parecido?

Hubiese sido una buena solución lo de la apuesta. Muchos mocetones atolondrados visitaban, con luces, las ruinas nocturnas por ganar apuestas. Pero Selim temió que si se agarraba a este cabo salvador la próxima pregunta sería: ¿con quién hiciste la apuesta?, con lo que rápidamente se averiguaría que estaba mintiendo, así que optó por contestar:

—Nadie sabía que yo iba allí.

Ibn Sahid no pareció sorprenderse.

—Es decir —concluyó—, que fuiste por propia voluntad, solo y sin miedo al lugar.

—Eso es —musitó el muchacho sin mucha convicción, seguro de que no lo creerían.

Ibn Sahid se permitió un breve silencio, pues, como hombre juicioso, reflexionaba sobre una respuesta insatisfactoria.

—Bien —dijo al cabo de un rato—. Ahora cuéntame qué fue exactamente lo que sucedió en las ruinas. No omitas nada. Cualquier detalle puede resultar valioso.

Selim se tomó un respiro para pensar la respuesta conveniente, la que laboriosamente había preparado, en las noches blancas de los días precedentes. Después habló con voluntaria brevedad que lo eximiera de incurrir en contradicciones.

—Apenas llegué a las ruinas oí un grito desgarrador que no parecía de hombre. Me asusté y salí corriendo. No me detuve hasta que hube alcanzado el camino de Otíñar.

—¿Sabes quién profirió ese grito? —quiso saber ibn Sahid.

—Bueno —repuso Selim—, ya me he enterado de que apareció un cadáver.

—Exacto —admitió ibn Sahid—, no se habla de otra cosa en la ciudad. Mira, Selim, yo estoy detrás del esclarecimiento de esa muerte y cualquier ayuda que puedas prestar al respecto será muy valiosa. —Y luego, después de una pausa, añadió—: ¿Eres buen musulmán? Tengo entendido que ya has memorizado el Libro sagrado.

Selim asintió con la cabeza y miró a su padre, que parecía preocupado.

—Ahora dime una cosa —prosiguió ibn Sahid—. ¿Conocías al difunto? ¿Lo habías visto alguna vez?

Era mejor que no intentase ocultar lo obvio, así que admitió:

—Sí, lo había visto el día del fin del Ramadán, en la plaza de la Malena. Le dio unas monedas al ciego Sahil para que le relatase el cuento del Espejo de Salomón.

—¿Sabías que era cristiano?

Selim hizo un gesto de sorpresa y negó con la cabeza. Intervino ibn Yudan.

—¿Cristiano? Tenía entendido que se trataba de un musulmán.

—Se hacía pasar por musulmán y se hacía llamar Abdalla —dijo ibn Sahid—, pero Ben Chaprut ha examinado el cadáver y resulta que se trata de un incircunciso. Todo el asunto resulta extremadamente confuso. ¿Qué hacía un cristiano disfrazado de musulmán en el palacio de Sara la Goda, donde sólo se crían yerbajos y culebras, y por qué se dejó apiolar, como un cordero en la mesa del matarife, si se trataba, como razonablemente sospecho, de un guerrero experimentado?

—¿Un guerrero? —se extrañó ibn Yudan—. ¿Un guerrero cristiano en solitario a cinco jornadas de su castillo más próximo?

—Así es —corroboró ibn Sahid—. A pesar de que llegó a Jaén montado en una burra sarnosa, el trasero encallecido del cadáver denota que se trataba de un hombre de armas de los que usan la silla alta castellana. La musculatura poderosa y las cicatrices que le adornaban el cuerpo tampoco parecen ser las señales propias de un buhonero que vende baratijas y cintas; y, finalmente, el tatuaje de una cierta señal en el sobaco izquierdo, muestra que el falso Abdalla era, en realidad, un monje templario.

—¡Un templario! —murmuró ibn Yudan, dubitativo, desviando su mirada al jardín. Y allí, detrás de la celosía de ladrillo, descubrió la sombra de su esposa Habiba que, inclinada sobre el arriate más próximo, fingía arreglar unos rosales y no perdía palabra de la conversación.

—Un templario —repitió ibn Sahid—. He descartado la posibilidad de que fuera un espía. Más bien pienso que ese hombre acudió a las ruinas de la Goda porque había concertado entrevistarse allí con alguien. Probablemente el que lo apuñaló era conocido suyo, puesto que recibió la herida de frente y estando sentado.

Esto fue lo que dijo ibn Sahid. Ahora bien, vosotros quizá me preguntaréis: ¿por qué no habló Selim, por qué no dijo cuanto sabía a su padre o al jefe de policía? Bien. Tengo dos respuestas para una sola pregunta. La primera respuesta es: no lo sé. La segunda, que quizá os satisfaga más, es: por miedo. Como sabéis, los templarios son brujos poderosos y Selim estaba convencido de que el templario moribundo había mezclado en su oración, antes de morir, algún sortilegio destinado a sellarle los labios o a acarrear su ruina si traicionaba el secreto que le había confiado. Cuando el jefe de policía se hubo marchado, registró su memoria en busca del nombre que el templario le confiara y descubrió, con alivio, que había conseguido olvidarlo después de escribirlo en el ladrillo. ¡Así es el alma humana, incluso en los negros, que, cuando un peso la abruma, hace cuanto puede por aliviarse de él y deja a Alá (alabado sea) el conocimiento de los arcanos!

Habéis de saber que tres días después de la muerte del templario no se hablaba de otra cosa en los zocos ni en las gradas de la mezquita, ni en los baños, ni en ninguno de los otros concurridos mentideros de la ciudad, cuando un nuevo escándalo vino a conmover al personal e hizo que las especulaciones sobre la muerte del forastero fueran prontamente relegadas a segundo término. El caso fue que dos tumbas de las más antiguas del cementerio de la Alcantarilla aparecieron abiertas y violadas y los restos que contenían esparcidos por el suelo como si hubiesen sido brutalmente desalojados por algún maníaco sacrílego. Lo extraño del caso era que las dos tumbas pertenecían a difuntos que tenían idéntico nombre. Los dos se habían llamado en vida Abdalla Ardón, si bien ninguna relación de parentesco los unió, por lo que la coincidencia de los nombres parecía completamente casual. Los dos habían fallecido antes que sus respectivas esposas, como es normal que acaezca, sólo Alá sabe por qué. Todas las demás circunstancias eran dispares: una tumba pertenecía a un tintorero muerto cincuenta años atrás, la otra a un mercader de higos que falleciera hacía quince años.

Y ahora digámonos selam y que cada cual regrese a su morada, no sea yo causa de que vuestra futura viuda (según la ley natural que acabamos de establecer) os acuse de andar corriéndola por ahí.

ONCE

CUENTAN (pero Alá es más sabio) que ibn Sahid, el jefe de policía, se pasaba los días interrogando a los forasteros en las fondas y haciendo indagaciones, pero era poco lo que sacaba en limpio. Se conoce que el hombre no tenía luces para más, y adivino tampoco era, pues sólo conoce los arcanos Alá (alabado sea). Tened en cuenta que su trabajo habitual consistía en nombrar las rondas nocturnas y establecer los turnos de centinela en la muralla del arrabal e inspeccionar el trabajo de los porteros y evitar los fraudes que dan lugar a riñas en los zocos y que los desaprensivos robaran las toallas en los baños. Pero había más gente tratando de esclarecer el crimen, principalmente los que pasan el día en las barberías arreglando los asuntos ajenos y entrometiéndose en todo lo que no es de su incumbencia. Algunos suponían que la profanación de tumbas había sido obra de ladrones de cadáveres al servicio de alguna hechicera, pero ibn Sahid hizo caso omiso de estas habladurías y advirtió a sus oficiales que velaran para que nadie importunara a las dos o tres hechiceras declaradas que había entonces en la jurisdicción de la ciudad.

Por si fuera poco, el gobernador almohade, que en los últimos tiempos había adoptado la razonable actitud de desentenderse de los asuntos de la ciudad (siempre que los impuestos y gabelas quedasen satisfechos en sus debidos plazos), mostraba de repente un desmedido interés por el asunto de la muerte del templario. Tan es así que comenzó por convocar en el alcázar a todos los notables de la ciudad y a denegar salvoconductos de viaje a los mercaderes, a quienes sus confidentes declaraban poco afectos a la causa africana. Incluso llegó a amenazar al alcalde con colocar guarniciones almohades en cada puerta, a costa del erario de la ciudad, si no se esclarecía pronta y satisfactoriamente la muerte del templario.

Así andaban las cosas cuando ibn Yudan llamó a un criado y le dijo:

—Búscame a ese hijo mío cuyo oficio no es otro que el de darme disgustos y me lo traes.

A lo que el esclavo abrió los ojos y respondió:

—Oír es obedecer, noble amo. Mas, ¿a cuál de tus hijos te refieres, puesto que los tres son como tres alhajas para quitar continuamente el sueño a un padre paciente y sabio al que Alá, alabado sea, guarde luengos años?

A lo que ibn Yudan, admirando en su corazón la buena crianza del esclavo, replicó:

—Esta vez me refería a Selim.

Sabed que el sabio y prudente ibn Yudan había dispuesto que Selim se ausentase de la ciudad por una temporada y que permaneciese en la alquería de Puerto Alto el tiempo que duraba la recolección del azafrán, con el achaque de vigilar las labores. Pero los más discretos (que suelen ser también los más generosos) de esta esclarecida concurrencia que atiende mis palabras adivinarán que el secreto designio de ibn Yudan no era otro que apartar a Selim de la ciudad durante algún tiempo.

¡Día de señalado dolor para los enamorados, día de llanto y de arrastramiento del turbante por el polvo! Selim no pudo ni despedirse de Faye. Tan sólo consiguió dejarle un largo e inflamado mensaje debajo de la piedra donde solían depositar sus ofrendas de amor.

A los tres días de la llegada de Selim a Puerto Alto, Sebas, el esclavo cojo al que ya conocéis, llegó a la casa llevando un juego de cribas y bandejas de secar. Como ya era viejo, descabalgó con gesto cansado de la pollina que lo traía y tomó asiento desmayadamente en el poyo, debajo del emparrado.

—¡Cuánto mejor estáis aquí —respondió a los que le pedían noticias de la ciudad—, aunque os quejéis porque las culebras se os cuelan por las ventanas y los mosquitos no os dejan parar por las noches! En Jaén están sucediendo cosas graves como no habían sucedido en mucho tiempo. Por lo pronto ayer apareció muerto ibn Sahid, el jefe de la policía, un hombre que dos horas antes estaba sano como una manzana y tenía la fortaleza de un toro joven, dicho sea sin segundas.

—¿Que han matado a ibn Sahid? —preguntó una mujer.

—Yo no he dicho tal cosa —replicó Sebas—. No se sabe si lo han matado, si se ha matado él o si ha sido Alá (alabado sea) el que se lo ha llevado. El caso es que ya se cuenta en el número de los que pasaron a la otra vida y el otro día lo enterramos. Se rumorea que lo han envenenado, pero yo en esto ni entro ni salgo.

—¿Y eso?

—También se rumorea que su muerte tiene algo que ver con la del templario y con las tumbas violadas hace días en el cementerio viejo. El alcalde está como loco y los almohades andan molestando a todo el mundo y han cerrado las tabernas del Gorrión y la Manchega y la del pilar del Arrabalejo y amenazan con cerrar los baños. Han promulgado un bando y si se sorprende a alguien bebiendo o vendiendo vino lo crucificarán. No sé qué tendrá que ver lo uno con lo otro, pero ya se sabe que esta gente tan elemental la toma con el pacífico vino cuando algo marcha mal.

Y hete aquí que Selim permaneció en la casa de Puerto Alto por espacio de mes y medio. En este tiempo, Faye acudió muchas veces a la floresta de la Goda y cada día se llevaba una decepción, pues al levantar la piedra siempre hallaba su última carta intacta, lo que le mostraba que su enamorado seguía ausente, lejos de ella, y la muchacha perdía el apetito y alheñaba sus ojos con la alheña del insomnio.

Pero un día entre los días, Selim regresó a la ciudad y su anciano padre lo abrazó y le dijo:

—Hijo mío, el alcalde ha preguntado por ti porque quiere hablarte. Es Mohamed Numayr, un buen hombre y amigo mío. Ve a su casa y mira lo que quiere. No te acompañaré porque ya eres mayor, pero has de tener cuidado con lo que dices.

Selim se lavó los pies, se quitó la sudada ropa del viaje, se puso otra nueva y limpia y acudió al palacio Numayr cuando la hora de la siesta hubo pasado, pues no era de esos que a cualquier hora del día importunan a los conocidos. Al cruzar frente a la cúpula octogonal que cubría el manantial de la Malena permitió que la nube de agua que el chorro levantaba de la fragorosa arqueta le mojase el rostro y la camisa. Tenía conciencia de estar viviendo un momento importante de su vida porque su padre había confiado en él y lo había llamado hombre. Además, el alcalde lo había convocado en su propia casa por lo que estaba a punto de integrarse en el reducido número de los elegidos a los que le había sido dado penetrar en los ámbitos de la antigua mansión de Aqab, el héroe matador del Lagarto.

También vosotros, los que seguís mi cuento, y mis necesidades sustentáis con el bálsamo de vuestra generosidad, disponeos a penetrar de mi mano en pos de nuestro amigo. La puerta de la calle era maciza y pesada, yo la recuerdo bien, y parecía abrumar con su mole la estrecha fachada de piedra de la mansión. No estaba al nivel de la calle, como las otras de la vecindad, sino rehundida un par de codos, de manera que había que descender tres empinados escalones de piedra para pisar sus salitrosos umbrales. Estaba entreabierta. Selim la franqueó y penetró en un umbrío y maloliente zaguán empedrado, una pieza cuadrada en cuya pared del fondo se abría una minúscula puerta pintada de azul y blanco como si fuese continuación de la pared y de su cenefa. En el muro de la derecha había un ventanuco alto de yeso con los tres travesaños en forma de pata de oca o de lagarto, que eran el emblema de los Numayr. Las manchas de humedad cubrían los muros y las desconchaduras los reventaban por doquier formando al pie del muro montoncitos de tierra parecidos a hormigueros. Selim llamó a la puerta con los nudillos, al momento percibió una voz lejana que decía: «¡Ya va, ya va!» Cuando se abrió el postigo apareció Mohamed Numayr en persona. Vestía un viejo chal de lana con refuerzos de piel de conejo. Esbozó una amable sonrisa y le indicó que pasara. Selim había previsto algún protocolo, tratándose de los Numayr, así que tanta llaneza lo sorprendió agradablemente. Siguió dócilmente al anciano alcalde hasta un patinillo porticado de columnas que sostenían grandes zapatas de madera. Al fondo había una sala grande alfombrada de esparto y desamueblada excepto por unos gastados pero cómodos almohadones. Tomaron asiento en ellos y Numayr le habló con sorprendente familiaridad.

—Así que tú eres Selim ibn Abaran, el hijo de ibn Yudan. Eres ya un hombre hecho y derecho. Procedes de una familia honrada. ¿Sabes quién soy yo?

—Mohamed Numayr, señor.

—No sólo eso —dijo el anciano con un suspiro—; también soy el alcalde. Lo que significa que he de ocuparme de muchas cosas desagradables, hijo. Pues bien, ya que nos conocemos espero que nos hablemos con franqueza. ¿Sabes por qué te he mandado llamar?

—Creo que sí, señor —repuso Selim—. Será por lo de hace meses en las ruinas de la Goda.

El alcalde asintió:

—Bien dijo—, ¿puedes explicarme lo que hacías allí? —preguntó.

—Había ido a curiosear, solamente.

Mohamed Numayr movió la cabeza negativamente. No miraba al muchacho. Había apoyado las manos en las rodillas abiertas y contemplaba el cristalino chorro de agua en la lejana fuente del patio.

—Creí que éramos amigos —dijo con desaliento—. Eso es lo mismo que le contaste al jefe de policía, al que Alá tenga en su gloria.

—Eso es lo que sucedió, señor.

—No —dijo el alcalde después de reflexionar por breves instantes.

Su voz se tornó dura y adquirió un tono metálico completamente inédito cuando dijo:

—Tú no pudiste acudir a esas ruinas por tu propia voluntad, alguien tuvo que enviarte. Yo sé quién fue y con qué misión. Sólo espero escucharlo de tus labios. Es inútil que intentes negarlo. Estoy al corriente de todo.

Pero, una vez más, Selim, con la ayuda de Alá (loado sea), negó todo conocimiento del asunto y se mantuvo en sus trece. A lo que Mohamed Numayr suspiró profundamente. Parecía más contrariado que ofendido por el testarudo mutismo del muchacho. Luego, después de contemplar por un instante el chorro de la fuente, la mirada abstraída, como si estuviera considerando la conveniencia de confiarle un secreto, preguntó al fin:

—¿Te suena algo la Lámpara Tapada?

—No, señor —dijo Selim, que en su vida había oído nombrar tal cosa.

El alcalde escudriñó con atención el rostro del joven. Luego, cuando en su corazón hubo admitido la sinceridad de su respuesta, añadió:

—Pues yo te diré lo que es, Selim. Es una hermandad secreta integrada por algunos musulmanes renegados que han pactado con los cristianos para entregar al-Andalus a los alfonsos. —Se detuvo un momento y, bajando su tono de voz al de la persuasión, preguntó—: ¿Eres buen musulmán?

—Creo que sí —respondió Selim con vehemencia—. Ya he memorizado el Sagrado Corán. Soy portador del Libro y guardo sus preceptos en mi corazón.

—Eso me satisface —dijo Numayr—, porque entonces estarás dispuesto a colaborar conmigo. Ese hombre que murió en las ruinas de Sara la Goda era, como sabrás, un fraile cristiano. Venía a entrevistarse con los renegados de la Lámpara Tapada, esos gusanos que labran incesantemente la ruina del Islam. Es posible que algún salteador o algún bandido lo siguiera a las ruinas y le diera muerte para robarlo. En cualquier caso cabe esperar que algún miembro de la Lámpara Tapada quiera interrogarte sobre el templario. Si eso ocurre, acude inmediatamente a mí y denuncia al que lo haga.

El alcalde se alzó de su asiento, dando por terminada la entrevista, y acompañó a Selim a la salida. Al pasar por el patio interior, cuyas bóvedas se caían a pedazos a pesar de estar apuntaladas con vigas, Selim notó que se movía una cortina del piso alto, tras la celosía de madera de la almacería de las mujeres.

Y ahora selam, que mañana será otro día.

DOCE

AQUÍ PROSIGO esta verdadera historia sin nada que ocultar ni desfigurar. ¡Oído! Pues habéis de saber que mientras estas cosas ocurrían en Jaén, Alá permitía que muchas nubes tormentosas se formasen en el horizonte para castigar los pecados de los creyentes. El rey de Castilla, el más cruel y codicioso entre los infieles contumaces que comen carne de cerdo, vulneró nuevamente los pactos que tenía suscritos y pobló un castillo cercano a Cuenca que dicen Moya. Cuando el Miramamolín lo supo, se enfureció y los pelos de su vientre se encresparon como un puercoespín y le despachó en seguida una embajada de protesta. Pero Alfonso ni siquiera se molestó en recibirla, que de modales no andaba más que regular y era de los que añaden insultos a la injuria. A todo esto los espías informaron que en las herrerías de Castilla se trabajaba noche y día en la preparación de espadas, cotas, escudos y todos los otros hierros que son necesarios a la milicia en una larga campaña. Además, los mercaderes de los alfonsos estaban comprando buenas armas en el Languedoc. Y, por si estas calamidades fueran pocas, también se supo que el rey de Aragón pensaba unir sus fuerzas al de Castilla y, para ir abriendo boca, se puso a asolar las labranzas de Valencia con sus huestes, gente dura para los encuentros.

En verdad no cabía esperar otra actitud de los politeístas cristianos, puesto que desde la cuna se educan para la guerra y desprecian todas las otras actividades que entre nosotros dignifican al creyente. Ésta es la causa de que sus reinos sean paupérrimos y de que sus reyes se vean obligados a buscar la riqueza fuera de sus lindes, ora moviendo cruda guerra entre ellos, ora exigiendo tributos, bajo amenazas, a los musulmanes. Por decirlo con las palabras de al-Farasdi, al-Andalus es el pulgón de la miel y los cinco reinos de los alfonsos son las hormigas que acuden a cebarse de su vientre. Y, como suele suceder con los pulgones, algún día las hormigas extraen demasiado jugo o presionan en exceso el blando abdomen con sus fuertes mandíbulas y el pulgón muere. ¡Materia de meditación para el que medite! ¡Reflexión que debiera escribirse con un punzón en el rabillo del ojo!

Sucedió que el Miramamolín almohade, viendo lo que se aparejaba para su daño, se ahogó en el mar de los pensamientos y, después de mucha reflexión, resolvió enviar legados al rey de León, que estaba enemistado con el de Castilla, buscando una alianza con él. Sabido esto, el castellano envió recado al Papa de Roma instándolo a que prohibiera tales acuerdos. Es hora de decir, para ilustración de los ignorantes y recordación de los sabedores y discretos, mas también para iluminación de dudosos y olvidadizos, que los reyes cristianos apenas pueden desobedecer una orden del Papa, al que creen vicario del profeta Jesús en la tierra. Si un rey cristiano lo desobedece, el Papa puede excomulgarlo, lo que automáticamente libera a sus súbditos de la fidelidad debida, lo que permite a sus magnates y visires alzarse contra él y deponerlo o matarlo. Y, como podéis suponer, nunca faltan los descontentos y los envidiosos en aquellos reinos, como en los nuestros, puesto que, como decía Aristóteles, el fenicio, las malas conductas y el desagradecimiento no son productos de la fe ni del Estado, sino de la condición humana que a todos nos es común, incluidos los negros. Lo que, si se escribiera con un punzón en el rabillo del ojo, daría materia de reflexión a los que reflexionan.

Recibió, pues, el Papa de Roma a la embajada de Castilla portadora de grandes preseas, entre las cuales sólo mencionaré un cofre damasceno que si por fuera era un contento mirarlo, por dentro contenía pedrería de precio subido y perlas de rara calidad. Los legados acataron todas las órdenes del Pontífice y, después de unos días de espera, que ellos gastaron en callejear por Roma en busca de mujeres de amplias posaderas fluctuantes al andar (pues nada más humano que aprovechar el viaje para echar una cana al aire), el Papa mandó a sus notarios y escribanos que le redactasen una carta morada dirigida a todos los obispos y dignatarios eclesiásticos de los cinco reinos. En la cual se ordenaba que subiesen a los púlpitos y convocasen la Guerra Santa y que informasen a los reyes y magnates de sus deseos de paz y concordia entre los cristianos mientras durase la campaña. Toda la tierra de los infieles aquende y allende las montañas se llenó de clérigos que predicaban fogosamente la Yihad (que ellos llaman Cruzada) y enardecían a los pobres y a los ricos con promesas de remisión de los pecados y de salvación eterna. Hay que decir que estas nuevas eran recibidas con gran júbilo no sólo por los nobles y caballeros que tienen por único oficio la guerra, sino también por muchos hombres y mujeres del pueblo que estaban deseosos de expiar sus pecados y alcanzar el Paraíso.

Cuando Marraquex se enteró del asunto, el Miramamolín quedó profundamente postrado en la sala del consejo y la luz se volvió tinieblas para sus ojos. Después se repuso algo y confió al oído de su visir: «En verdad te digo que Alá (loado sea), por causa de nuestros pecados, nos ha puesto el dogal en el cuello y que si Él no lo remedia vamos a asistir al fin del Islam en Occidente, así como en Oriente.» A lo que el visir respondió con un dicho que nunca el que lo dice ha de avergonzarse de decirlo: «No hay gloria ni poder sino en Alá.»

Os diré que los juristas, alfaquíes y entendedores

del Libro aconsejaron al Miramamolín que convocase la Yihad para que los creyentes acudieran a la Guerra Santa en continuo tropel, pues no había que achantarse por nada y él no iba a ser menos que nadie, y lo exhortaban para que hiciera la guerra a los alfonsos, pero el jeque Abu Muhammad al-Walid, señor de Ifriqiya, uno de los generales más prestigiosos del imperio, se opuso vehementemente a la guerra y pronunció estas palabras:

—¡Por la gracia de Alá sobre ti y la tuya sobre nosotros! Al-Andalus está ya enferma de muerte. Lo más juicioso es dejar que se pierda ese miembro y amputarlo del cuerpo del imperio antes de que la gangrena se propague al resto y también veamos en peligro el Magreb. Los alfonsos no se atreverán a llegar hasta aquí pues su escuadra no es lo suficientemente poderosa como para cruzar el estrecho.

Pero al-Nasir, el Miramamolín, era joven y fogoso y a la postre se inclinó por aquellos que aconsejaban la guerra. Envió cartas bermejas a los gobernadores y aliados más lejanos y la compleja máquina del reclutamiento se puso en marcha. En los días siguientes, en todos los alminares del imperio se escuchó la voz del almuecín que exhortaba a los fieles a la Guerra Santa. Sobre esto sabréis que la mayoría de los gobernadores obedeció con presteza y, reuniendo a los soldados disponibles y a los voluntarios de la fe, los enviaron hacia Marraquex.

Cuando tales cosas ocurrían en tierra, en los puertos de la mar salada reinaba la misma actividad. Los almirantes recibieron órdenes de llevar la flota a Alcazaseguir y se les autorizó para que confiscasen o alquilaran todas las embarcaciones hábiles que se encontrasen en los puertos y atracaderos del imperio, exceptuando tan sólo las genovesas y griegas. Tales miramientos se comprenden porque al-Nasir no deseaba agraviar a las poderosas repúblicas del mar, cuyo comercio era vital para los almohades.

Mientras estas cosas sucedían en el ancho mundo

llegó la fiesta del Mihrayan, que es de las más sonadas en al-Andalus, aunque, con más frecuencia de la necesaria, la necia costumbre de mojar a los transeúntes arrojándoles calderos de agua deja las calles embarradas, lo que no la hace tan agradable como otras para las personas de orden. Lo mismo digo de los que en tal fiesta beben inmoderadamente y pescan grandes cogorzas y regresan a sus casas deambulando por ambos lados de la calle y equivocándose de puerta e importunando a todo el mundo. Y entre éstos cabe destacar a los que al salir de casa, todavía sobrios, se exhortan unos a otros diciendo: «Hagamos algo de lo que podamos avergonzarnos.» ¡Sabed que la flecha del sino vuela sobre ellos y muy a menudo, cuando van mamados, resbalan en el barro que ellos mismos contribuyeron a formar y dan grandes talegadas y se descuernan! ¡Escarmiento a los que tienen ojos y saben ver! Pero esta Mihrayan de la que ahora os hablo fue, por lo triste, más señalada que las otras que guardo en la memoria. Las borracheras habían empezado por la mañana, y al caer la tarde los ánimos estaban bastante caldeados. Como todos los años, la casa de Nasr se enfrentaba con la de Dubyan en las carreras de caballos y el populacho no hacía sino echar leña al fuego con sus canciones y sus apuestas. Aquel año la mejor baza de Nasr era *Hatal*, una yegua que ya había ganado la competición del año anterior, montada por Mohamed. Habéis de saber que recientemente ibn Yudan se la había regalado a Gazal. Por parte de los Dubyan participaba Sulimán, el jefe de la casa, el hermano de Faye, el soberbio, con su caballo favorito, un hermoso ejemplar tostado de altísimo precio que había adquirido en Utrera sólo con el propósito de derrotar a la yegua de Nasr.

Ya en la vuelta de la primera carrera, Sulimán sacaba casi medio ramal de ventaja a la yegua de Gazal. En la segunda vuelta ocurrió la desgracia: Gazal fustigó tanto a su montura que el animal acabó rodando por el suelo y se fracturó una pata. La yegua de Nasr quedó postrada en el polvo de la explanada mientras que todos los demás corredores pasaban por delante, con el orgulloso Sulimán a la cabeza.

Siguiendo la antigua costumbre, el vencedor recibió de manos del alcalde el trofeo, que consistía en un venablo de avellano y una ajorca de oro. Aunque Sulimán se metió la ajorca por la muñeca y la mostró triunfalmente a la multitud que lo vitoreaba, todos pudieron percibir que su mirada sólo atendía al desventurado Gazal y que el gesto de la victoria iba especialmente dedicado a él. Es posible que Gazal no lo notase siquiera. Se había arrodillado junto a su yegua caída y le acariciaba compungidamente el sudoroso pescuezo.

Como os podéis figurar, los ánimos habían quedado soliviantados, y después de los certámenes fueron encrespándose aún más. Corría liberalmente el vino en corrales y tabernas. Reparo me da reconocerlo, pero, a la caída de la tarde, hasta los celadores de la mezquita estaban completamente borrachos. La ciudad se hacía lenguas del incidente de la carrera y de la enconada rivalidad entre Gazal y Sulimán. Los partidarios de Dubyan andaban chanceándose de los de Nasr y hacían toda clase de bromas alusivas a los acontecimientos del día. Algunas cuadrillas de mozalbetes y mozos de cuadra recorrían las calles cantando ruidosamente —completamente ebrios— improvisadas coplillas desenfadadas y obscenas. Y piropeaban con piropos subidos a toda mujer que encontraban, tanto a las de cuerpo cimbreante como verde palma, como a las que asemejan saco de cebollas, e igual melindre soltaban a las cortesanas que a las honestas, las que no se abren de piernas por menos de cinco dinares.

Por la mañana el cielo había permanecido completamente despejado para que luciera un sol espléndido. Luego aparecieron unas tímidas nubes por la parte del Guadalbullón, como si la tempranera niebla fluvial se alzara a destiempo. Eran pequeñas y blancas, que pareció que un rebaño de baladoras ovejas cruzaba la cañada del cielo en busca de los pastizales de Puerto Alto. El rebaño llegó a Jabalcuz desordenado y disperso, pero en la linde de la montaña se topó con la pizarrosa escarpadura y se agrupó indeciso ante las poderosas cortadas de su falda. Fue oscureciéndose el cielo y se remansó sobre la ciudad, ya revenido y lento, masa informe y no rebaño, la mullida blancura vuelta gris pesadez. El viento se cargó de impulsos eléctricos y se puso a soplar cada vez más fuerte. Los animales se inquietaban en los corrales al barrunto de la tormenta. Luego cayeron cuatro goterones dispersos, adalides de la lluvia. Retumbó, solitario y solemne, un trueno lejano, como el timbal que convoca a la distante batalla. ¡Día señalado para la desgracia, día que acude a mi memoria en las tormentas de mi ancianidad! De repente se abrió el cielo y se puso a llover. No es cosa de creer, pero en un momento el cielo estaba despejado y al siguiente llovía tan furiosamente como no se había visto nunca. Desde los soportales del corral donde Selim se guarecía, la lluvia bajaba tan espesa que no se distinguían las palmeras detrás de la veladura del aguacero. Un confortante olor a tierra mojada se adueñó del ambiente y lo limpió de los vapores de fritanga del día. Los sumideros no dieron abasto a beber el caño que les suministraban los arriates. Con deciros que el muladar y la parte baja del patio de Nasr quedaron sumidos en un creciente charco pardusco.

Con la lluvia, el clamor de los cantores callejeros cesó súbitamente y las calles quedaron despejadas de borrachos. Bajo el inesperado diluvio, la ciudad replegó sus contornos y se sumió en la reflexiva tristeza que aguarda, agazapada en la íntima quietud de puertas adentro, al regreso de la fiesta, cuando hombres y mujeres se arraciman silenciosos junto a las ventanas y se quedan contemplando la lluvia horas y horas, sin cambiar palabra, cada cual ensimismado en sus pensamientos, sin nada que decirse.

Y ahora viene lo malo. ¡Día de luto y aflicción, día

para no ser recordado, día negro como uña de carbonero! En el puente de la Alcantarilla, sobre el perfil espadeño de la alta ojiva que salva el abismo del barranco (en cuyo fondo empezaba a engordar turbio y rugiente el Arroyo Frío) se encontraron de nuevo Gazal y Sulimán. Gazal regresaba del campo, de enterrar a *Hatal*; Sulimán salía de la ciudad con algunos criados cargados de viandas y odres de vino, pues iba camino de Uribe, la casa de campo, donde pensaba celebrar su triunfo y pasar la noche rodeado de amigos y cantoras, las de las rotundas caderas y cimbreantes vientres, y músicos, los de los bien afinados instrumentos. Cuentan (pero sólo Alá conoce la verdad que anida en el corazón de los hombres) que Gazal pretendía pasar de largo ignorando a su rival, pero Sulimán, el malvado, el soberbio, no podía desaprovechar aquella nueva oportunidad de humillar al abatido adversario. Así que detuvo su cabalgadura en medio del puente, alzó con dos dedos la caperuza encerada de su capa pluvial y, mostrando su rostro sonriente, espetó a Gazal cuando pasaba por su lado:

—¡Selam alikun, amigo Gazal! Veo que cabalgas en un tordo plateado. Me alegra verte, animoso jinete. O me han informado mal o yo creía que tu favorito era una meca sanguina de pasable presencia y no penca del todo, aunque, al decir de las malas lenguas, algo floja de remos. Por cierto, ¿en qué pastizal has dejado al tal jamelgo que no lo veo en tu compañía?

Gazal había pasado todo el día llorando desconsoladamente por la pérdida de su yegua y, aunque era hombre de mucho aguante, estaba ya muy quemado. Así que cuando escuchó los sarcasmos de su contrincante rechinó los enfurecidos dientes y alzándose sobre la silla descargó un fustazo iracundo sobre Sulimán. El vergajazo alcanzó a Sulimán en pleno rostro, tirándole hacia atrás la caperuza y casi descabalgándolo. Se produjo un tremendo altercado. Criados de una casa y otra empezaron a dar voces y los más jóvenes echaron mano de sus estacas de avellano, las prevenidas, con las que un golpe bien dado es capaz de tumbar a un elefante, y aquellos que tenían cuchillos los desenvainaron. Antes de que nadie pudiera llamar a la concordia, Sulimán y Gazal arremetieron el uno contra el otro y cruzaron las espadas. Y por segunda vez en aquel día aciago, la casa de Nasr llevó la peor fortuna. A las primeras fintas, Sulimán, el consumado esgrimidor, asestó una estocada honda que alcanzó a Gazal en pleno vientre, por debajo del ombligo. En el estertor de la herida, Gazal logró entrar a su enemigo por el hombro, pero ya sin fuerza: la cuchillada que recibió Sulimán fue tan superficial que pudo regresar a su casa sin ayuda. Otros cinco hombres resultaron malheridos, tres de ellos de los Dubyan, de los que uno moriría al otro día.

A todo esto no cesaba de diluviar sobre las heridas sangrantes. Cuando retiraron del puente a los caídos, dicen que el barro parecía azafrán, de tanta sangre como se había amasado en él.

Un yegüero corrió a llevar la noticia a ibn Yudan. Desde su refugio del corral, Selim asistía, sin comprenderlo, al desconcierto de la casa y veía salir esclavos y criados provistos de angarillas, los cuales corrían a recoger a los heridos calle abajo sin esperar siquiera a la escolta armada que había de acompañarlos. A poco salieron detrás los de la escolta con lanzas y espadas, chapoteando sobre la charca del corral que crecía por momentos. Algunos se iban abrochando los perpuntes y trastabillaban sin dejar de correr. Esta imagen casi cómica quedaría cincelada en la memoria de Selim hasta su achacosa ancianidad, por algún inescrutable designio del Todopoderoso.

¡Día de la mala sombra! El cielo se había oscurecido prematuramente, anticipando la noche, y el espíritu de la tormenta señoreaba el aire soliviantando corrales y cuadras. En un aposento alto de su palacio, Faye se había acurrucado sobre un diván y abrazaba una almohada. La luz fosforescente de los relámpagos iluminaba de vez en cuando la oscura sala. En la almacería baja, frente a la chimenea, ardían leños de olivo calentando una gran caldera de agua y los médicos cosían y vendaban la herida de su hermano. Y Faye percibía el trasiego de la casa y los ayes y lamentos de las criadas, que corrían por las escaleras y pasillos estorbándose mutuamente en su atolondramiento, y lloraba el infortunio de haberse enamorado de un Nasr y se lamentaba por la suerte de sus aciagos amores ahora que las antiguas guerras y enemistades entre las dos estirpes reverdecían de nuevo después de parecer casi olvidadas. El poderoso trueno, el que empequeñece con su bramido los ámbitos del mundo, bajó rodando desde Jabalcuz y arrastró consigo la lluvia feroz e interminable, como si todos los pulsos de la bóveda se hubiesen desatado sobre la ciudad.

En la sala baja del palacio de Nasr se montaron tres catres para recibir a los heridos. Un criado había ido a avisar a Ben Chaprut, el médico, así como al herbolario y a la sahumadora. Femeninos ayes y lamentos llenaban toda la casa, pero Habiba no había perdido la calma. Daba órdenes a las criadas y proveía la improvisada enfermería con todo lo necesario: agua caliente, vendas, morteros y emplastos. Del cobertizo de las mujeres llegaban los terribles alaridos, sólo a veces apagados por los truenos y el ensordecedor clamor del desaforado aguacero que rebotaba sobre las pieles puestas a orear en el patio.

A poco se abrió la puerta del zaguán y penetró, con una ráfaga de lluvia nocturna, el criado que había ido a buscar a Ben Chaprut. Lo seguía el médico y su hijo Hasday. Selim reconoció a su amigo y su corazón se alegró de verlo. Se admiró del pausado continente con que el muchacho se despojó de su capa pluvial, imitando el elegante gesto profesional de su padre y la entregó a un criado. Ben Chaprut llevaba debajo de la capa la caja de los medicamentos y de los instrumentos quirúrgicos. Cuando lo vio aparecer, ibn Yudan se levantó de la cabecera del moribundo y acudió a abrazar al judío. No intercambiaron palabra alguna los viejos conocidos. Ben Chaprut, con gesto grave, pidió que le acercaran más las lámparas y, desasiéndose suavemente del abrazo del anciano, acudió a la cabecera de Gazal. Posó su delgada mano transparente, casi femenina, sobre la sudorosa frente del herido y apartó cuidadosamente la manta que lo cubría. Debajo apareció el cuerpo desnudo y tembloroso de Gazal. Sudaba, estaba pálido como el marfil y aun en la antesala de la muerte resultaba hermoso como una estatua pagana, como la verde rama. Los labios que hacían suspirar a las mujeres eran una costra blanquecina, pues ya la vida escapaba de ellos. Sobre la herida del vientre le habían puesto una toca blanca, ya casi por completo empapada de una sangre oscura y tumultuosa. ¡Cierro los ojos y percibo, en la espesura del aire de la habitación, sobrepuesto a aquel mareo de emplastos, mirras y sahumerios, el pesado olor de la muerte!

El médico examinó la herida pasando el dedo por los bordes. Luego levantó una mirada sombría hasta el rostro de Habiba y negó lentamente con la cabeza.

—Algo podrá hacerse —urgió la madre con los ojos todavía secos, pero la voz quebrada y ronca.

—No hay nada que hacer —respondió el judío—. Sólo aliviarle el dolor para que el tránsito sea dulce.

Gazal estaba inconsciente. Respiraba con dificultad y a veces movía la cabeza de un lado para otro, entornando la vidriosa mirada.

Al anochecer se alejó la tormenta y murió Gazal. Llegaron plañideras vestidas de negro que unieron sus alaridos a los de las mujeres de la casa. La ululante salmodia de la muerte, hecha ya un desgarro sin palabras ni música, escaló las altas bardas, sorteó los dompedros desmayados por la lluvia sobre el empedrado de los patios desiertos y fue invadiendo las casas de la vecindad y la triste explanada de los alardes, al otro lado de la muralla, donde los tablones pintados de los palenques se habían hinchado bajo la lluvia, y salvó el barranco del arroyo, bajo el puente de la Alcantarilla, por donde rugían las renovadas aguas, arrastrando matojos e hinchados cadáveres de aves, y luego salió a las huertas y al campo y a los montes hasta que pareció que los ámbitos del mundo, los que finalmente habían contenido la tormenta como un cáliz contiene el rojo vino, iban a ser insuficientes para contener el dolor de la muerte.

Así murió Gazal, y Alá permitió que esta muerte abriera una brecha profunda como el río del infierno entre los Nasr y los Dubyan, para que Selim y Faye no pudieran salvarla. ¡Que en esta vida perecedera los pecados de unos son penitencia de otros! ¡Materia de entendimiento para el que entienda y de cogitación para el que cogite!

TRECE

CUENTAN (pero Alá es el más sabio) que en los días siguientes al gran estropicio, los Nasr y los Dubyan se prepararon para la guerra, como en los viejos tiempos, y cada cual allegó a sus primos y clientes e hizo los aprestos para defenderse del otro, mas, por una vez, el gobernador almohade las vio venir y actuó con rapidez y firmeza. Llamó a un heraldo y convocó en el alcázar, por separado, a los jefes y consejeros de cada familia, así como a Mohamed Numayr, a Ahmed Uqail, a los notables de las otras estirpes preclaras de la ciudad y a los que, teniendo amistad tanto con Nasr como con Dubyan, podían actuar como moderadores. Y al cabo de las deliberaciones hizo saber, solemnemente, que si alguno de los dos atacaba a su vecino, la pena sería confiscación de bienes y destierro perpetuo. Después de esta advertencia se apaciguaron los ánimos, y aunque Mohamed Nasr juró solemnemente que la muerte de su hermano no iba a quedar impune, pareció que nuevamente discurrían las aguas por su cauce y que las antiguas banderías no volverían a teñir de sangre las calles de la ciudad.

Aquellos días fueron de angustia y aflicción para Selim. Por una parte sentía que la sangre de su querido hermano Gazal despertaba en él viejos odios que nunca había sentido hacia la familia rival, pero, por la otra, la rememoración del dulce rostro de Faye, tan víctima de los acontecimientos como él, y tan ajena a su cruel hermano, lo inclinaba al perdón y al olvido. Y en la alternancia de estos encontrados sentimientos consumía nuestro amigo sus lentos días, sintiendo la quemante llaga de un desgarro interior entre la llamada del odio y la venganza y la llamada del amor y el perdón.

Y acaeció que, un día entre los días, Habiba mandó llamar a Selim a la cámara alta donde a veces cosía o hilaba en tiempo invernal y cuando lo tuvo ante ella despidió a las criadas y le mandó cerrar la puerta para que quedaran a solas. Entonces le dijo:

—Tu padre no sabe que te orinas sobre la sangre de Gazal cada vez que te juntas con la ramera de los Dubyan en el sitio de la Goda.

Selim quedó espantado en el ápice del espanto al verse descubierto, hasta el punto que no supo qué decir. Lo que hizo fue bajar la mirada al suelo, confundido, pues no podía resistir los ojos iracundos de su madrastra, que eran como venablos buidos. Ésta volvió a hablar y dijo:

—Sé que la estirpe no puede esperar nada de ti puesto que llevas en las venas la sangre aguada de tu madre, pero al menos debes aceptar que esa relación debe terminar mientras yo viva. Si vuelves a encontrarte con esa puta yo misma le haré saber a Sulimán Dubyan que andas con su hermana, y ya puedes imaginarte lo que le ocurrirá a ella. Ahora vete y déjame sola.

Esto fue lo que sucedió y aún no eran pasados tres días cuando ibn Yudan mandó llamar a Selim y le dijo:

—Hijo mío, ya estás en edad de acometer más profundos estudios, puesto que al-Samit dice que no puede enseñarte más de lo que sabes. He determinado que marches a Córdoba, donde la sabiduría brilla tanto en las escuelas como en la calle, y estudies bajo la tutela de mi primo ibn Anas, sobrino en segundo grado de mi abuelo. Es hombre temeroso de Alá y será un buen preceptor, pues no en vano los sabios le devuelven el saludo por su recto juicio y virtud, y se ha comprometido a tutelar tu educación el tiempo que permanezcas en Córdoba.

—Oigo y obedezco —respondió Selim, y besó la mano de su padre.

Así fue cómo, sin poder despedirse de Faye, a la que tan sólo pudo dejar un apresurado mensaje debajo de la piedra que les servía de estafeta, Selim se vio camino de Córdoba, donde le entraron ausencias y no sabiendo en qué distraer su pena se dio al estudio y a los pocos meses era el discípulo más aventajado de la escuela coránica que regentaba el famoso calígrafo al-Hartala, cuyas copias del Libro sagrado se subastan, y alcanzan altos precios, hasta en los mercados de libros de Bagdad y El Cairo.

Mas un buen día le llegó aviso de que ibn Yudan, su padre, estaba enfermo de una grave dolencia estomacal y se moría. Precipitadamente regresó a Jaén, y cuando llegó el viejo agonizaba en la cámara baja, todo hueso y apergaminada piel. Sabed que impresionaron grandemente a Selim la calva cerúlea, los hombros esqueléticos y el mínimo pecho, como de niño desnutrido. La habitación olía densamente a excremento humano y a remedios de boticario, a pesar de que Ben Chaprut, el médico, había ordenado mantener las ventanas abiertas a todas horas. Ese denso y nauseabundo olor acudiría al recuerdo de Selim con más viveza que cualquier otra sensación de aquel día, incluso después de transcurridos muchos años. Ibn Yudan estaba tan débil que casi no hablaba ya. Se quedó mirando con ojos vidriosos el bulto de Selim y cuando lo reconoció le hizo una débil seña para que se aproximara. Selim se arrodilló a la cabecera. El anciano levantó pesadamente su trémula mano y se la colocó sobre la cabeza, descansándola con desmayo. Delante de los ojos del muchacho latían las abultadas venas azules que corrían por la depilada y pálida muñeca del moribundo.

Es conveniente que sepáis que Habiba había entrado detrás de Selim y asistía atentamente a la escena desde el asiento de la ventana, donde la pestilencia era menor. Cuando ibn Yudan impuso la mano sobre su hijo, ella cruzó una mirada alarmada con Saqati, el mayordomo, mas el rostro del mayordomo habíase tornado mudo e inexpresivo como el de un pez. A poco, la mano del anciano resbaló sobre el hombro del muchacho y, después de intentar decir algo, un desmayo sobrevino al moribundo. Entonces Aixa, cuya presencia Selim no había advertido, salió de su rincón, llorosa, y fue a humedecer los labios del agonizante con un paño mojado. Pareció que ibn Yudan se adormilaba. Saqati tomó del brazo, suavemente, a Selim y le hizo seña de que saliera.

Ibn Yudan falleció sin haber podido hablar con Selim. Su muerte tuvo graves consecuencias para el muchacho. La jefatura de la familia Nasr quedaba en manos de Mohamed, que era el primogénito. Esto significaba que en adelante sería Habiba la que dirigiera a su arbitrio los destinos de la casa. Estos tristes pensamientos frecuentaban la mente de Selim mientras contemplaba, en la capilla ardiente de su padre, a las personas que se habían reunido al fondo de la sala para llorar y endechar, pero también para beber tazas de caldo y comer tortas gratis, como suele ocurrir en los velatorios de postín, qué os voy a contar que no sepáis. Habiba, sentada en el centro del estrado, erguida, inmóvil y majestuosa como una esfinge, llevaba el rostro cubierto por un espeso velo negro que impedía comprobar si se había embadurnado la cara de hollín como las otras mujeres de la casa y las plañideras a sueldo llegadas de fuera. En cualquier caso no profería gritos desgarradores ni se arañaba los desnudos pechos ni las mejillas según la respetable costumbre. Aixa, a su lado, estaba sentada sobre un almohadón bajo y como en un pasmo inmóvil tan sólo dejaba escapar, con voz entrecortada y ronca, una triste cantilena más parecida al gruñido de un animalito herido que al lamento de una persona. Y cuando recordaba que ibn Yudan la llamaba cariñosamente «el báculo de mi vejez» y «las sopitas de mi desdentada ancianidad», le entraban arranques de llanto y soltaba un alarido tal que partía el alma a los que asistían al velatorio. Por lo demás, hubo poco que contar.

Pasados los lutos y las endechas llegó el notario y escribano y abrió el testamento a su custodia confiado y resultó que entre las mandas se decía que Selim había de proseguir la carrera de las letras bajo la tutela de ibn Anas. Antes de partir de nuevo para Córdoba, Selim logró verse una vez más con Faye, en las ruinas de la Goda, si bien, desde la muerte del templario, los jóvenes enamorados evitaban encontrarse dentro del palacio y habían vuelto al sitio entre las higueras, como al principio. Habéis de saber que Faye acudió a esta cita vestida con su mejor traje, una túnica azul bordada de lentejuelas y adornada con dorados que había sacado de la alquería de Uribe en un cenacho para ponérsela en medio del olivar. De esta guisa ataviada, acudió a despedir a su amado como si fuera a una boda, y estaba tan bella que era un contento mirarla y su contemplación arrastraba a los virtuosos a pensamientos torpes.

—¿Es fiesta de sacrificios para que comparezcas tan guapa y elegante? —intentó bromear él.

—Contigo siempre es fiesta de sacrificios —dijo la voz de ella, al tiempo que lo abrazaba y se estrechaba contra su cuerpo como un gato cálido y mimoso.

Selim la tomó de la mano y la besó largamente y chupó su lengua como el amor manda y entornaba los ojos para contemplar, en la semioscuridad, sus largas pestañas, que le cosquilleaban en las mejillas. Aquel día se dejó embriagar por el delicado perfume que exhalaba el aliento de su boca y alcanzó el paraíso de las delicias supremas cuando, doblándola lentamente sobre el lecho de áspera hierba seca, levantó sus vestidos y la penetró tierna y ferozmente y mientras lo hacía no olvidaba tomar sus pechos, turgentes como granadas, y los amasaba entre sus manos y se iba de uno a otro con la lengua chupándolos, porque cada pecho era mejor que el otro. Cuando acabaron, quedaron satisfechos, pues ya conocéis lo bien que se queda uno después, y permanecieron sentados espalda contra espalda, en silencio, hasta que Faye preguntó:

—¿Cuánto tiempo permanecerás ausente?

—No lo sé —dijo Selim—. No sé nada. Años quizá.

Tras de lo cual nuevamente permanecieron en silencio largo rato. Ya atardecía por los montes de Baeza, allá a lo lejos, y las recuas de hortelanos comenzaban a regresar a la ciudad por el camino del barranco de los escuderos y la Senda de los Huertos. La humareda negra de una hoguera se levantó tímidamente cerca de la cumbre del Zumel. Selim pensó que tenía que marchar, pues le quedaba un largo camino hasta Castro.

En la despedida se besaron largamente, con fruición, y se dieron saliva y lágrimas hasta que sintieron correr la sangre entre los dientes. Luego Faye se incorporó y se fue, más bella que la luna llena en su oriente. Antes que se perdiera entre el olivar, Selim contempló su cuerpo cimbreante y se mareó con el rítmico balanceo que ella imprimía a sus caderas al saberse observada. Y Faye hubiera querido decirle selam desde lejos, como otras veces, pero no volvió la cabeza porque iba llorando. Rodeó la fronda de las higueras y se perdió para siempre.

¡Día negro y cruel para los enamorados! ¡Día de la honda pena, día del principio de la larga ausencia! Selim permaneció todavía un buen rato sentado donde estaba, contemplando el lento y rojo atardecer a través de las veladuras de sus lágrimas y, como quería hacer un día de eterna recordación y perdurable duelo, se fijó y le pareció que la luna estaba más grande y roja que otras veces.

Esto es cuanto hay, por ahora, del asunto de Selim y Faye.

Ahora bien, en otro orden de cosas, habéis de saber que por aquellos días se predicaba la Yihad en todos los alminares de al-Andalus, mientras que en todas las herrerías se trabajaba frenéticamente, a un lado y otro del mar. Las industrias de los flecheros recibían altos precios por sus productos y otro tanto ocurría con los que comerciaban con la carne y el cereal. Grandes gratificaciones, procedentes del tesoro privado del Miramamolín, se distribuían entre los que contribuían a la preparación de la guerra. Como es natural, los impuestos aumentaron, lo que dio alas a la rapacidad de gobernadores y recaudadores. Los funcionarios esquilmaron a los pobres y el descontento creció. No quedó ciudadano en todo el imperio que no fuese contrario a los almohades y que no desease secretamente su humillación y su derrota. Pero, como la policía estaba más activa que nunca, había que guardarse de manifestar abiertamente las opiniones adversas al Miramamolín. El espectáculo de infelices muertos a latigazos por los esbirros no era infrecuente. Nunca se vieron mejor alimentados los perros de los caminos y los cuervos. Sin embargo, con ser tiempo de aflicción, todavía era poco si lo comparamos con lo que había de venir. Los más ancianos entre vosotros lo recordarán y saben que no miento ni exagero. ¡Que el Altísimo nos conceda su misericordia!

Pues habéis de saber que en las afueras de Marraquex se iba juntando un ejército tan grande como jamás se viera otro igual en los días de los creyentes. Cuando se entrenaban los regimientos, grandes nubes de polvo rojo se elevaban al cielo, lo que era digno de ver desde las murallas de la capital imperial, a medio día de distancia. Por este motivo los asmáticos de la ciudad se alegraron y se dieron mutuos parabienes cuando, en febrero de 1211, al-Nasir decidió partir con el ejército y dispuso que los contingentes rezagados que fueran llegando lo alcanzaran antes de embarcar en los puertos. Echó al ejército a andar y empezaron los problemas con el aprovisionamiento, lo que costó la cabeza a algunos funcionarios del Visirato de los granos, los que tan acostumbrados están a robarle la harina a los pobres y a las viudas. Además, los hombres de seso que recuerden los detalles del caso atestiguarán que muchas oficinas imperiales estaban notablemente desorganizadas, pues la disciplina se había relajado en años anteriores después de la muerte de Yaqub (la bendición sobre él) y a la hora de la verdad eran incapaces de despachar todo el trabajo acumulado.

Cuentan (pero Alá es más sabio) que después de tres meses de penosa marcha, en la que ya se produjeron algunas deserciones y ahorcamientos, el ejército llegó a las playas de Alcazarquivir, donde la mar salada, y el Miramamolín dispuso que las tropas embarcaran inmediatamente. De este modo quería solventar un nuevo problema: en el puerto se había concentrado tanta multitud de embarcaciones, así grandes como pequeñas, que no quedaba ya espacio disponible para acoger a las que cada día llegaban sin cesar. Así que al-Nasir se reservó la guardia personal y la zaga y envió por delante al resto de sus tropas. Los que lo vieron no olvidarán fácilmente el cruce del estrecho por tal muchedumbre de guerreros: duró más de quince días, con eso queda dicho todo. Había que transportar más de cincuenta mil hombres y grandes cantidades de impedimenta y animales, principalmente caballos, camellos, bueyes, cabras y ovejas. Por fin, ya asomando la estación lluviosa, al-Nasir desembarcó en Tarifa con su guardia personal. Todos los caídes, alfaquíes y gobernadores de al-Andalus habían acudido a recibirlo y llevaban muchos días de paciente espera en sus tiendas y posadas. Cuentan (pero Alá es más sabio) que cada vez que se avistaba una vela corrían todos al puerto, cada cual cargado con sus regalos, pensando que el Miramamolín llegaba. Pero cuando comprobaban que se trataba de una falsa alarma, regresaban a sus alojamientos, avergonzados y cabizbajos, fingiendo que no oían las abiertas risotadas y las chanzas de los oficiales almohades del puerto.

CATORCE

¡OÍDO! Sabed que la travesía del Miramamolín al-Nasir fue tan desafortunada como lo demás. Antes de partir, cuando todo estaba dispuesto en el amarradero y al-Nasir había embarcado ya, se produjo un agüero funesto: una cigüeña solitaria apareció volando por el lado del mar y, después de chocar con los cordajes altos del bajel imperial, cayó muerta sobre cubierta, delante del palio del Vicario. La examinaron y resultó que la causa de su muerte no había sido el golpe, sino una bellota y un sarmiento de vid que, obstruyéndole el gaznate, la habían ahogado. Ahora bien, los más discretos entre vosotros (aunque aquí todos me lo parecéis) saben que la bellota y la vid son símbolos de Castilla, la criadora de cerdos, la cultivadora de viñas. ¡Abominación sobre los cristianos, los infieles contumaces, los comedores de jamón curado, los bebedores de vino añejo! ¡Creyentes que me escucháis, por el movimiento de vuestros gaznates al tragar saliva infiero que la evocación de estos productos pecaminosos os causa desagrado! Os pido disculpas y os prometo no volver a mencionar las porquerías que comen y beben los infieles.

Pues, volviendo a lo que contaba, sabréis que la flota abandonó puerto ordenadamente y se aventuró por la mar marinera, la de las olas azules y los peces grises, pero, a las pocas millas de navegación, uno de los faluchos delanteros creyó advertir velas enemigas a barlovento e izó la bandera de alarma poniendo en conmoción a todos los que lo seguían. Afortunadamente se trataba de un error del vigía, al que luego sacaron los ojos para que no confundiera más a los creyentes, pero, en cualquier caso, durante las febriles maniobras que provocó la alarma, dos faluchos colisionaron al intentar proteger al navío del Miramamolín y uno de ellos se hundió con su carga de grano y unos treinta hombres de la yemaa, de los que ninguno sabía nadar ni había visto el mar en su vida, los cuales, de este modo, pasaron a ser inscritos en el número de los bienaventurados que gozan del Paraíso. A todo esto un navío de carga que estaba cerca maniobró para recoger a unos cuantos náufragos, con tan mala fortuna que se ensartó bajo la flotación el mástil del falucho siniestrado. La bodega se le inundó inmediatamente y la fuerza del mar hizo saltar a las tablas, que estaban medio podridas de los gusanos, y se fue a pique con toda su preciosa carga de lorigas persas, las que Yaqub (que el Altísimo le conceda su misericordia) adquirió para su guardia, y fardajes de acampada y otras menudencias que sólo Alá (loado sea) conoce.

En el puerto de Tarifa se había congregado una muchedumbre para aclamar al Miramamolín, pero debido a los accidentes de marras, al-Nasir desembarcó de muy mal humor, conque hizo un feo a los notables andalusíes que lo aguardaban y pasó ante ellos a caballo, sin siquiera mirarlos, y los dejó plantados con sus discursos de bienvenida y sus encomiásticas composiciones. Ya sabéis, además, que al-Nasir era poco comunicativo y que carecía de la natural simpatía que distinguió a su padre.

Para los jóvenes que me escucháis y de mis palabras deducís que vuestros abuelos fueron unos mentecatos, os diré que no hubo tal, aunque ciertamente en ninguna generación han de faltar los romos, que siempre abundarán más que los discretos, por designio de Alá que así lo ha dispuesto. Sabed que el pueblo, que suele ser más sabio que sus gobernantes, se preguntaba qué ganancia era la nuestra: los magrebíes acaparaban los mejores cargos, nos despellejaban con sus impuestos y llenaban al-Andalus de castillos y guarniciones, que luego eran incapaces de atajar las espolonadas de los alfonsos. Y en cuanto a la antigua aristocracia, aunque a veces confraternizara con ellos movida por el interés, no es menos cierto que los despreciaban en su corazón y se burlaban de los zafios beréberes recién venidos del desierto cuando los veían soportar estoicamente, reprimiendo bostezos y simulando interés, sus largos recitados de poesía. Hay que decir que muchos beréberes se esforzaban por adaptarse a las costumbres andalusíes, incluso a las depravadas costumbres de algunos que no quiero señalar para que tengamos la fiesta en paz. A este propósito os referiré el caso que acaeció a uno de estos beréberes que estaba deseoso de ser admitido en al-Andalus y a ello se aplicaba mediante la imitación indiscriminada de los usos que veía. ¡Ejem!, convendría que esos niños de ahí se fuesen a dar un paseo, pues lo que voy a contar quizá no sea apto para sus oídos... Bueno, bueno, tampoco era necesario echarlos a cogotazos. Pues bien, ahora que estamos los cabales os diré que uno de estos jóvenes beréberes criados en la rusticidad del desierto, entre berreantes camellos y solitarias dunas, entró en conocimiento de algunos nobles jóvenes de su edad en cierta ciudad de al-Andalus y ellos le dijeron:

—Esta noche participaremos en una orgía. ¿Te interesa acompañarnos? Debes saber que asistirán mujeres complacientes de posaderas amplias y grávidas, las dotadas de grácil talle de palmera y pechos grandes y turgentes, que sonará el laúd tañido con un estilo capaz de fundir el hierro, que correrá en abundancia el vino, tanto el blanco como el tinto, y que los cebados pebeteros embalsamarán el aire con su perfume y sahumerio y, finalmente, que, cuando estemos achispados, nos entregaremos colectivamente al ejercicio del amor hasta que alcancemos anticipo de los goces del Paraíso. Y no te decimos más porque somos hombres de pocas palabras que no pecamos de redundantes. Eso es lo que hay. Ahora tú dirás.

A lo que el joven beréber repuso:

—¡Eso es lo que toda mi vida he soñado, participar en una orgía y poder gozar a muchas mujeres de firmes caderas y grávidos pechos y mostrar mi encendida virilidad en todo su esplendor, tanto en lo tocante a la longitud como al calibre y a la dureza, a las que sepan apreciarla! ¡Toda la vida os quedaré agradecido por esta oportunidad que me brindáis! Y os prometo no decepcionaros, puesto que he leído libros de urbanidad y conozco las reglas.

—Pues, en tal caso —dijeron ellos—, ven esta noche a tal sitio a tal hora, y te sumergirás en el agitado estanque del placer y probarás un anticipo de los goces del Paraíso.

Dicho y hecho. Se ocultó el sol a su hora y llegó la noche sin luna, negra como los cojones de un grillo, y cuando llegó la hora acordada, el joven se presentó en la alquería ajardinada donde lo habían citado y un esclavo lo introdujo en una sala espaciosa a lo largo de cuyos muros cubiertos por tapices de precio se alineaban los mullidos divanes y las cómodas almohadas. Y había allí congregados hasta quince o veinte hombres y hasta treinta mujeres que conversaban y se acariciaban mientras los coperos circulaban entre ellos con sus jarras de dulce vino cuidando de que a ninguno le faltase el néctar de las vides. Y cuando hubo pasado un rato, empezaron a apagarse los candiles, que nadie cuidaba de espabilarlos, hasta que, de la discreta penumbra, la sala pasó a la completa oscuridad y ya nadie hablaba sino que tan sólo se percibían suspiros y besos y roces y los otros sonidos que se producen en la gozosa coyunda de los cuerpos. Mas, a poco, se escuchó la voz del joven beréber que tímidamente sugería:

—Digo yo que habría que organizarse un poco.

A lo que nadie atendió, sino que todo el mundo seguía a lo suyo y subían de tono los suspiros y los besos y los rumores de la carne. Así pasó otro buen rato, hasta que por segunda vez se escuchó la voz del joven beréber que decía:

—¡Ejem!, perdón, pero digo yo que habría que organizarse un poco.

Y uno de sus amigos, de los que lo habían invitado a la fiesta, sacó la boca de la mordaza de pelo donde a la sazón la tenía y le preguntó, desde el otro extremo de la sala, molesto ya por tanta insistencia:

—Vamos a ver: ¿qué te pasa? ¿Qué bicho te ha picado ahora?

—Hombre, digo yo —contestó el beréber— que habría que organizarse un poco porque hace media hora que se apagaron las luces y desde entonces he estado aquí, en el rincón, atento al negocio, y sólo he podido tocar dos tetas pero ya me han sodomizado tres veces.

Mas no penséis que todos los almohades eran tan simples. Eran más los que se enriquecían en los puestos de la administración que ocupaban, pues sangraban al pueblo con abusivos impuestos, gabelas, fielatos y toda clase de triquiñuelas fiscales. Y las quejas de los gremios de comerciantes y de las cofradías de mercaderes nunca llegaban al distante oído del Miramamolín o él se hacía el sordo. También hay que decir que, aunque la aristocracia andalusí despreciase secretamente a los almohades, por su barbarie e incultura y por el excesivo rigorismo islámico de sus costumbres, por otra parte los aceptaban como mal menor porque ellos eran los únicos garantes de la supervivencia del país frente a la rapacidad de los cristianos.

Tocante a Selim, después del desembarco de los almohades, su preceptor, ibn Anas, prosiguió por espacio de unos meses, su trabajo para la Mesa de intendencia. Y en estos días Selim viajó mucho con él, aprendiendo de la vida y de los hombres, e ibn Anas fue para él como un padre y lo instruyó en los conocimientos esenciales para la vida, los que no se adquieren en la escuela.

En este tiempo Selim no dejaba de recordar a Faye

y hasta le escribió algunas cartas, que entregó a trajinantes de los que decían ir a Jaén, mas ellos, cuando se percataban de la dificultad y el secreto con que habían de entregar las misivas, aceptaban el encargo, se guardaban la propina y luego se olvidaban de dar las cartas por no complicarse la vida haciendo de correveidiles de amores clandestinos. Con lo cual, Faye, en sus angustias, sufría en silencio pensando que Selim se había olvidado de ella en cuanto salió al ancho mundo.

Un día ibn Anas fue a visitar a un antiguo amigo suyo, el turco Firouz, que estaba al frente de un taller de fabricación de flechas en un lugar que llaman Castro del Río, no lejos del rumoroso Guadalquivir. Y como los dos hombres hablaran sobre la guerra que se avecinaba y la gran batalla que cristianos y creyentes preparaban, el turco condujo a sus visitantes al corral de la casa (donde de nadie fueran vistos para lo que había de mostrarles) y sacando de una talega de cuero un trozo de loriga de malla, dejó que lo examinaran y dijo:

—Éste es el tejido de las lorigas que están haciendo los cristianos de un tiempo a esta parte para defensa de todos los caballeros y de muchos peones, los que antes iban casi desnudos. Incluso para los caballos las hacen.

Y les hizo notar que la malla se componía de anillos entretejidos no por parejas según antes se estilaba, sino mucho más espesamente, de cuatro en cuatro, de modo que los intersticios resultantes eran mínimos. Luego Firouz tomó la muestra y fue al otro lado del corral, donde la dispuso sobre un tablón a guisa de blanco. Regresó a donde quedaban sus invitados y armando su arco, que era de los llamados muquba, de vara de arce, cuerno y tendones, quiero deciros el arco más potente que existe, el que usaban los turcos a sueldo del Miramamolín, hizo con él tres disparos sucesivos. Las tres flechas eran de cabeza piramidal, de las que se usan para traspasar cotas de malla: dieron sobre la loriga y quedaron clavadas en ella, aunque, al parecer, algo flojas.

—Acercaos a ver —invitó Firouz mientras descordaba su arco y lo devolvía a su estuche de cuero.

Y llegándose al tablón comprobaron que las flechas habían atravesado las mallas, entrando por el centro de los aros, pero dos de ellas tenían la punta algo doblada, pues habían dado sobre el hierro, y la tercera sólo había penetrado dos dedos antes de que su progresivo grosor se atascara en el reducido espacio que quedaba entre los anillos.

—Veis —dijo Firouz—: de estas tres flechas, las dos torcidas no habrían causado ningún daño al caballero y la tercera habría quedado en el acolchado de su camisa sin llegar a la piel o en todo caso lo habría herido venialmente. Y no podemos fabricar flechas más delgadas porque se quiebran al lanzarlas. Así que los cristianos tendrán ventaja sobre nuestros arqueros y desde los tiempos de Yusuf (la bendición de Alá sobre él) la fuerza del ejército almohade reside, como bien sabéis, en los arqueros.

Aquella noche Selim se quedó dormido frente al chisco de la cocina y alguien lo cubrió con una cálida zalea. Cuando despertó, ya de madrugada, los últimos tizones se habían apagado en el lar pero se distinguían los brillosos ojos del gato, que parecía vigilarlo atentamente desde su cálido cubículo.

Apartémonos por hoy del camino del estilo sublime y dejemos que el manantial de mi elocuencia rebase en su artesa después del merecido descanso para pasmo y deleite de los que me oigáis mañana. Y selam.

QUINCE

¡OÍDO, que luego no os enteráis y no me gusta repetir! Y los nuevos, mostrad vuestra generosidad y depositad vuestro óbolo en el platillo del recitador que después adornaré vuestras orejas con la perla de mi cuento y os pondré al tanto de lo que llevamos andado.

Pues, en lo tocante al Miramamolín y sus huestes, numerosas como estrellas del cielo y como arenas del mar, sabréis que, a los tres días de desembarcado, fuese de Tarifa, harto ya del levante que sin cesar soplaba, y anduvo hasta el lugar de Fayya Ibrahim, donde acampó y moró en su tienda espaciosa y bien pertrechada. Y a los pocos días volvió a los caminos y ya no descansó hasta llegar al campamento frente a Sevilla, junto a los castillos de Buharia de bab Yahwar. Si estuvierais más viajados sabríais a qué me refiero.

En cuanto a los cristianos, no vayáis a pensar que temblaban de miedo ante la presencia del Miramamolín y del poder todo de los almohades. Si no, juzgad: el rey de Castilla y su hijo fueron contra Játiva y el Levante y lo devastaron y sembraron el luto por doquier y por donde pasaban lo dejaban todo hecho una pena pues sus estropicios eran como los del camello ciego que se espanta en el zoco de los ceramistas. Y hete aquí que Sancho, el rey de Pamplona, envió embajada al Miramamolín con los sabios de su reino y los más discretos y le prestó obediencia. Y dicen que entre los regalos espléndidos que le envió figuraba una carta escrita por el Profeta (sean con Él la oración y la paz) de su puño y letra. El Profeta (loor a Aquel que lo envió) la había dirigido a Hércules, rey de los griegos, y Sancho había heredado esta reliquia de sus antepasados. Y hasta dicen que se había transmitido celosamente guardada en un estuche de oro lleno de almizcle. ¡A saber dónde andará ahora esa carta que es más preciosa al corazón de un musulmán que toda la biblioteca de Alejandría y que las naranjas de oro de la negra y que las maravillas guardadas en las pirámides de Egipto! Y ahora dejaremos en paz a los cristianos y tornaremos con al-Nasir.

Días sobre días, los de aquende como los de allende, todos se fueron juntando en Sevilla y muchas gentes que acudían por el alarde pregonado. ¡Barullo, alboroto y gentío! y Selim con ellos, siempre en el séquito de ibn Anas. Los hombres de mundo y de edad que me escucháis certificaréis que no miento si os describo, para ilustración del ignorante y pasmo del discreto, cómo y de qué manera es el alminar de Sevilla que en el ancho mundo no hay otro igual ni mucho menos nada que lo exceda en cuanto a belleza o magnificencia. La torre se levanta hasta afligir las estrellas o un punto menos y, en lo más alto, tiene una barra de bronce o de hierro, ancha como muñeca de leñador, en la que hay insertadas tres bolas de bronce chapadas de oro, de magnitud decreciente y la más grande de las tres, la que soporta las otras dos, es tal que dentro cabe cómodamente un hombre de pie. Creedme si os digo que, cuando el sol hiere en ellas, estas bolas doradas lucen como si ardieran y su brillo se advierte a dos jornadas de distancia. ¡Jamás se vio cosa semejante!

Y estando en la ciudad vino a saber ibn Anas que su amigo Firouz, el turco de las flechas, andaba por allí. Con lo cual se alegró, pues mucho lo apreciaba, y fue a verlo y Firouz se puso como un cascabel y los abrazó, a Selim también, y los invitó a comer con él pues ya tenía preparado todo lo necesario en punto a viandas, bebidas y demás, con lo que pasaron la tarde muy agradable hasta que vino la noche y se encendieron los candiles. Y al día siguiente lo acompañaron al alarde, pues él conocía al guardián de la puerta Macarena, desde cuya terraza podrían asistir más cómodamente al desfile.

¿Cómo os pintaré aquel alarde que lo podáis ver y os pasméis como yo me pasmé? ¿Cómo podré recorrer el camino del estilo sublime para describiros lo que la lengua es incapaz de describir? Imaginaos un día soleado y bonancible, todavía sin esas grandes calores que levantando olores en las muchedumbres mucho ofenden al oliente. Imaginaos una multitud innumerable de personas de toda clase y condición, toda Sevilla y los muchos de fuera que habían acudido a ver el desfile, chicos y grandes, tanto hombres de juicio, varones prudentes, como liantes y enredadoras mujeres, en honesto y curioso revoltijo. Y ahora imaginaos a los oficiales beréberes, a los de la mesa imperial y a los enchufados del ayuntamiento, con toda su cohorte de primos, vecinos y amiguetes, abarrotando las terrazas de los torreones del muro, menos la torre Blanca, que estaba reservada al palco imperial del Miramamolín, con su estrado pintado de rojo y su palio quitasol igualmente rojo. Allí vio Selim al Miramamolín, a dos tiros de piedra como quien dice: le pareció que era un hombre alto, de clara tez y de rojiza barba. Lo que no distinguió fueron los ojos, que los tenía azul oscuro. Tampoco notó que tartamudeaba, por eso hablaba poco. Y porque los gobernantes imbéciles cuando callan o se limitan a leer lo que el secretario les ha redactado, pueden pasar por discretos.

Entre dos almenas se instaló Selim y presenció el desfile que nunca olvidaría en su vida cargada de años y de gentes. Porque aquel día vio pasar delante de sus ojos las ocho cabilas almohades que eran como ocho poderosos pilares de piedra de grano firmemente concertados para sostener la pesadumbre de un imperio que se extendía de la hierba fresca a la abrasada arena, con el mar en medio. Os diré sus nombres: Harga, Kumia, Tinmel, Hintata, Yanfisa, Yadmina, Sanhaya y Haskura, en el preciso orden que instituyó el Maghdí el día que entraron por vez primera en Marraquex después de la gloriosa conquista. Allá se vieron los estandartes grandes y pesados como tapices de abigarrados colores, llevados por alféreces a caballo, allá la memorable espada Fatah, de ibn Tumart, desenvainada, en la diestra de un fornido espadero vestido de blanco lino de pies a cabeza; y en la siniestra llevaba el Libro, con su estuche pendiente del hombro mediante humilde frazada de cordel, como ibn Tumart, el profeta, solía llevarlo.

Allí se vio el tropel de hasta treinta dromedarios, a cual más jorobado, con timbales grandes, uno a cada lado, como serones, y el timbalero detrás, en silla púrpura dale que te pego al cuero, que parecía que el aire atronado iba a levantar la cúpula del cielo.

Allá vierais el tropel de más de mil jinetes magníficamente montados y armados, con lorigas francas y otros perpuntes ajedrezados, los descendientes del Sanhay, de la sangre del califa (Alá tenga misericordia de él) ordenados según el grado de parentesco.

Y a todo esto, el gentío que se agolpaba a uno y otro lado de la carrera del desfile aplaudía y jaleaba con entusiasmo.

Allá se vio la Yamaa por orden de categorías, el ejército permanente, los que viven en cuarteles fuera de Marraquex y reciben paga en días señalados, y los familiares de los cincuenta que aconsejan al Miramamolín y gobiernan el imperio y luego la abigarrada multitud de los imesebelen, los fanáticos arrastrados por las predicaciones de los faquíes, los que anhelan el martirio con las armas en la mano porque tienen prisa por alcanzar los goces del Paraíso (sobre ellos la bendición). Y después de los imesebelen que, como rebaño balador, levantaron gran polvareda, llegaron ya las tribus almohades: delante la de Harga, cuya enseña es un odre de piel de cabra lleno de viento, en recuerdo de los fuelles que usaban los antiguos miembros del grupo, que solían ser herreros, los de pómulos huesudos, brillante mirada, boca apretada y aspecto feroz. Después vino la palma amarilla en el extremo de una vara, al frente de la gente de Tinmel, la más urbana de las cabilas, cuyos hombres poseen excelentes mulos y huertas y molinos. Algunos son camelleros y otros pocos caravaneros, los que emparentan entre ellos para preservar la paz y las ganancias. A los que sucedió un joven señalero, vestido de la cabeza a los pies de blanco lino de Egipto. Y el joven era hermoso, de estos que encienden a las mujeres nada más verlos, y sostenía una larga pértiga teñida de alheña en cuyo remate se balanceaba una mano de cobre grande como adarga y en los dedos de la mano, cincelados en bella cursiva, sendos principios del Islam, los que nadie tiene que arrepentirse jamás de repetirlos y llevarlos escritos sobre el corazón. Y el bruñido cobre brillaba al sol de mediodía como una lámpara.

—Los que veneran la mano de Fátima —explicó Firouz— son los de la cabila de Kumia, la más poderosa de todas, aunque humilde en sus orígenes. Cada uno de sus jeques costea de su hacienda privada seiscientos equipos de lanza y perpunte herrado, adquiridos de los genoveses en Saló.

Después desfilaron los Hintata, cuya enseña es el halcón, porque el primero de ellos fue pajarero, según dicen, en tiempos del Profeta (oración y salvación para Él), gente belicosa, noble y rapiñadora, que a poco que te descuides te robarán el cerumen de la oreja. Una vez al año se reúnen en el oasis de Tuarfzeta para la fiesta de la Luna, donde eligen caudillo de la asamblea al que consigue (en dura competencia con los campeones y en medio de un desconcierto de puñetazos, patadas, fustazos y recias palabras) el cadáver de un carnero que previamente ha degollado, en medio del campo de carreras, el caudillo saliente. Es un juego brutal que da bastante trabajo a los concertadores de huesos y algebristas y, a veces, a los enterradores.

Allí vierais llegar a los Yanfisa, cuya enseña es el turbante verde con el anagrama de la profesión de fe bordado en negro. ¡Unas palabras de las que ningún musulmán que las dice tiene que avergonzarse! Cabila ilustre aunque venida a menos, ya entonces, por los adversos avatares de los tiempos, cabila de genealogías rancias de recitadores y de elegante dicción en su dialecto propio. Los Yanfisa fueron dueños, en otro tiempo, de todas las caravanas que iban al sur, pero con la decadencia dejaron de viajar y se estuvieron en sus miserables aldehuelas donde envidiaban a los Kumia con el desprecio dolido con que el rico mira al pobre que lo suplanta en el disfrute de la riqueza.

Vierais allí, lo más extraordinario de todo, en la zaga de los Yanfisa, a un gigante hercúleo que sostenía, con un solo brazo extendido en horizontal, un pesado mástil rematado en media luna plateada. Y a su lado un adalid a caballo para que los veyentes pudieran ver y comprobar que la cabeza del negro todavía sobrepasaba en altura a la del jinete, si bien es cierto que el caballo era un qarami, corto de talla, y que el que lo montaba no se podía decir que fuese aventajado de estatura, pero con todo y a pesar de ello el efecto del contraste era espectacular. Las mujeres miraban al gigante con la boca abierta, ya se sabe en lo que están pensando siempre.

—Ése es Zolas, del que habréis oído hablar —ilustró Firouz a sus acompañantes—. Es el guerrero más alto y fornido del ejército almohade. El califa lo ha distinguido personalmente asignándole la paga de un sargento y cuatro raciones, puesto que engulle como un mulo suelto y sus necesidades son proporcionales a su cuerpo. Merece estos regalos porque en el combate suple a muchos hombres y por donde él pasa blandiendo su maza y abatiéndola sobre las cabezas va dejando un reguero de enemigos muertos. De su fuerza sólo os digo que se entretiene en abrir herraduras con las manos desnudas y que es capaz de desarraigar un árbol tan grueso como el muslo de un hombre. Pero tiene los pies bastante delicados y no le toleran grandes caminatas, por lo que ha de viajar en un carro de los que llevan los bagajes.

Detrás del gigante llegaron en tropel los guerreros de la cabila Yadmina, de aspecto fiero, de tez oscura y brillante, que pasarían por negros si no fuera por las rectas narices y los ojos claros de muchos de sus elementos, lo que delata berbería.

—Éstos son los más guerreros de todos —dijo Firouz—, de los que cuando llegan a una ciudad poblada la dejan convertida en un erial. Sólo por ello mantienen los almohades las rutas del Sur que traen el oro.

Luego vinieron los imesebelen de al-Andalus, los que ni armas tenían con que luchar sino el resplandeciente escudo de su fe que es la corona del Islam, y, detrás de ellos, las recuas, los fardajes y las otras gentes que donde hay ejércitos van a ellos pegados como ladillas, ya se sabe, los buhoneros y las mujeres de la vida y los vendedores de empanada y masa frita y los revendedores de todo lo que revenderse puede. Al paso de los cuales ya nadie se quedó, sino que la muchedumbre, visto lo vistoso, despejó el lugar y entrando por las altas puertas de la ciudad fuéronse cada cual a su casa, que ya era la hora de la oración de la tarde y de irse a dormir.

Y Selim y los otros fuéronse a la casa de un amigo de Firouz, donde éste posaba, y allí, tras postrarse en el patio para la oración, brindaron con vino joven y entraron en conversación al olor de la dama de noche. Pero, como toda felicidad es transitoria en este mundo de duelos y desdichas, hete aquí que entra uno por la puerta, que era amigo del dueño de la casa, y que al ver a Selim se va hacia él y le dice:

—Holgura y prosperidad. ¿No eres tú Selim Nasr?

—Yo soy —dijo Selim, devolviendo el selam—. Y tú debes ser, si no me equivoco, de los Hafez que habitan en la calle Espartería. ¿No eres hijo del talabartero?

—El mismo —confirmó el otro. Y, como eran paisanos, se saludaron y a poco Selim lo tomó aparte para que le diera noticias de Jaén y no sabía cómo preguntarle lo que le quería preguntar, pues, por timidez, le daba vueltas al asunto. Mas el otro, notándolo, como estuviera bien informado, le dijo:

—Algunas cosas han ocurrido que no sé si te harán gracia pues ha llegado a mis oídos que estabas enamoriscado de Faye Dubyan, no sé qué habrá de cierto.

A lo que Selim puso una cara que no pudo disimular la emoción que le causaba oír aquel nombre que era santo para él, pues las lágrimas se le saltaron de los ojos al escuchar lo que era a sus oídos música celestial y ambrosía a sus narices, si los nombres olieran. Así que, echándose hacia adelante, puso una mano en la rodilla del otro y le dijo:

—Por tu vida te suplico que de ella me des noticia, si la tienes.

—Oír es obedecer —repuso el otro, el hijo del talabartero—. Noticias tengo y son malas: pues has de saber que hace cosa de un año casaron a la muchacha con un tal Mohammed Bayasi, que es de los principales de Baeza y buen amigo de su hermano Sulimán, a lo que entiendo. Y es un hombre soberbio que, por su edad, podría ser padre de la muchacha.

Al oír esto, Selim perdió color en su rostro y se desplomó en tierra y se le juntaron los pies y la cabeza y dio muestras de ir a echar el alma. A lo que acudieron todos, los alarmados, y lo rodearon solícitos y le espurrearon agua de rosas en el rostro hasta que volvió en su juicio, acalorado y pesaroso, y estaba tan trastornado que pidió que lo dejaran solo y, sin hacer caso a los ruegos de los que lo instaban a que se quedara, salió a la calle y estuvo merodeando por muchas partes de la ciudad, dando vueltas en torno como lo da lo negro del ojo, y perdido, mientras fuertemente lloraba y un mar de amargura se instalaba en su corazón para oprimirle el pecho y no lo dejaba vivir.

Mañana seguiremos. Pasadlo bien y gastad poco.

DIECISÉIS

¡ESCUCHAD AL SUELTO de lengua y de dicción amena! Aquí os cuento esta verdadera historia sin nada que ocultar ni desfigurar, ¡oído!

En los días de Sevilla, después que Selim supo que su amada Faye estaba casada con Bayasi y ya encinta de un hijo, se ennegreció el mundo a sus ojos, la melancolía se apoderó de su alma y andaba triste y cabizbajo y apenas probaba bocado y buscaba la soledad, pues el pecho oprimido lo que necesita es retraimiento.

Con lo que ibn Anas, el discreto y prudente, sabiendo de qué mal estaba aquejado su pupilo, quiso distraerlo y sacarlo al mundo y una noche lo llevó a conocer a ibn Jaldun, que era un letrado famoso por la magnitud de su talento y por la solidez de su mollera, para que de sus labios escuchara palabras de sabiduría. Y después de ir al baño y de adquirir en el zoco perfumes y aguas de olor, con las que se sahumaron y acicalaron convenientemente, vistieron sus mejores trajes y así ataviados llegaron a la casa de ibn Jaldun, que estaba en el Aljarafe, en un lugar deleitoso asomado al Guadalquivir, donde un esclavo los introdujo en el jardín, allá donde la fuente dejaba escapar su fresco murmullo entre los oscuros cipreses poblados de piadores pájaros. Y en aquel momento estaba la tertulia armada y se hablaba de política y uno de los contertulios preguntaba al maestro:

—¿Quieres decir que la postración de al-Andalus es voluntad de Alá y que nada pueden hacer por evitarla sus príncipes y linajes?

—Por favor —dijo ibn Jaldun—, no introduzcamos a Alá en todas nuestras conversaciones. De otro modo nos veremos obligados a traer a un alfaquí para que haga de moderador y seguramente desaprobaría el uso que aquí se hace del vino. Siempre he creído que el recurso del necio consiste en introducir a Alá en todos los designios de la naturaleza, sin procurar explicarse el sentido de los acontecimientos ni cómo funciona el mecanismo de la vida que rige las relaciones entre los hombres.

—¿A qué mecanismo te refieres?

—Mirad esa hoja —ibn Jaldun tomó una hoja que acababa de caer a sus pies—. Llegada su estación, ha muerto y la brisa del atardecer la arrancó de su tallo en el árbol y la ha convocado a nuestra docta asamblea para que nos sirva de ejemplo. Pasado el otoño, con las primeras lluvias y los primeros soles de la próxima primavera, otra hoja aparecerá donde ésta estuvo primero y cuando muera a su vez dará paso a otra y a otra. Cada una de ellas no será al principio más que un leve brote apenas perceptible, pero luego irá creciendo hasta el límite de la lozanía y, cuando lo haya alcanzado, irremediablemente se irá marchitando, se secará y morirá. Éste es el orden de las cosas en la naturaleza. Lo mismo cabe aplicar a la vida del hombre.

—¿Quiere eso decir que al-Andalus es como una hoja muerta?

—En cierto sentido, sí —respondió ibn Jaldun—. El Estado más poderoso es semejante a la verde hoja. Es hermoso en primavera pero no es eterno: envejecerá, morirá y dará paso a otro, regido por gentes distintas. Y os digo que cuando un pueblo funda ciudades y levanta murallas es señal de que está maduro para dejar su puesto a otro más vigoroso. Esta misma tierra que ahora pisamos estuvo, en los tiempos más antiguos, poblada por aquellos romanos tan famosos cuya sólida cultura aún admiramos. Levantaron puentes y edificios para la eternidad y muchos de ellos aún perduran y nos asombran, pero, como dice el Libro Santo en su sura XXVII: «Ves los montes y crees que son inamovibles y, sin embargo, pasarán como las nubes.» Ocurrió que llegaron los godos, que no habitaban ciudades, gente errabunda y analfabeta cuyos conocimientos se limitaban a la equitación y la guerra. Pues bien, estos godos tan inferiores arrasaron las ciudades romanas. Toda la obra de los romanos se vino abajo con estrépito como la hermosa viga carcomida por la polilla que arruinará la casa y sorprenderá mortalmente el sueño de sus moradores.

—He de convenir en que todo eso que dices parece razonable —intervino ibn Anas—, pero no sé a dónde quieres llegar.

—Donde estuvieron los romanos se asentaron los godos, en sus mismas casas y alquerías. Pero al asentarse perdieron la costumbre de guerrear y se aficionaron a la comodidad y el regalo de la vida ciudadana, al vino y a los demás placeres, adquirieron instrucción y dejaron de tirarse cuescos en medio del banquete. En una palabra, se fueron puliendo y se hicieron sedentarios. Entonces llegamos los árabes, que éramos nómadas, habitantes de tiendas de piel de cabra, y de un solo sablazo conquistamos el Guadalquivir y toda la tierra hasta los montes del norte. Nosotros somos los descendientes de aquellos nómadas analfabetos que ignoraban lo que era un baño. Mirad ahora a lo que hemos llegado sus hijos: no podemos vivir fuera de nuestras cómodas moradas con jardín y pozo, rodeados de tapices raros de abigarrados colores, pisando gruesas alfombras, echándonos en muelles divanes y con la despensa bien repleta de las que criar apretadas panzas en las que presionando con la uña puede matarse un piojo. Nuestros antepasados fundaron su preeminencia en una sola virtud: el valor militar. Del ejercicio de esa virtud por hombres singulares proceden los actuales linajes que señorean al-

Andalus. Pero fijaos si hemos evolucionado que ahora despreciamos esa antigua cualidad sin advertir que es la única que asiste a los beréberes almohades que nos afligen por el Sur y a los alfonsos cristianos que nos ahogan por el Norte.

Estas y otras razones oyó Selim de labios del sabio aquella noche, las que darán que pensar a los pensantes y darán que hablar a los parlantes y merecerían ser escritas con una aguja en el rabillo del ojo.

Pero volviendo al asunto del Miramamolín, os diré que pasaron los días con sus noches en la rueda del tiempo y un día entre los otros, el ejército almohade abatió sus tiendas, que toda la llanura llenaban, y prosiguió su camino hacia el Norte en lentas jornadas.

Pasaron meses y el resto de los andalusíes se fue juntando al ejército almohade y el día que acamparon cerca de Baños de la Encina, después de la oración de mediodía, llegaron, con muy lucida caballería, los antiguos del Quinnasrin, entre los cuales venían los Nasr. Salió Selim a buscar a su hermanastro Mohamed y, en viéndose, descabalgó Mohamed y se abrazaron efusivamente y dijo Mohamed:

—¡Por Alá, Selim, que te encuentro robustecido y hecho ya un hombre y con esa barbaza que si fuera de noche darías miedo!

Mas, aunque bromeaba con él, no había acritud en sus palabras ni mala sorna, sino camaradería, porque lejos de Habiba, su madre, Mohamed se hacía más campechano y en el fondo no era mala persona. Y, estando en esto, llegó ante ellos Alhamar Nasr, el arjonero, y aunque había crecido y se había robustecido y ahora era ya hombre musculoso y hecho, Selim lo reconoció y los dos primos se abrazaron efusivamente e intercambiaron las zalemas y parabienes que son al caso. Y ya de allí en adelante, en los días que siguieron, cada vez que ocasión había buscaban la mutua compañía por el consuelo de la amistad, aun siendo tan disparejos en todo lo demás, pues Alhamar era hombre de armas que sabía justar a caballo como guerrero experimentado, en tanto que Selim no pasaba de ser secretario de cartas y amanuense, lo cual, en tiempos de guerra, es bien poquita cosa. Y esto, por ser mozo y andar en la edad de pavear, le ponía otro punto de tristeza que sumar a lo que ya sabemos de su amor imposible. Y sobre lo de Faye, ya que ha vuelto a salir, habéis de saber que Selim pudo ver a aquel Bayasi que la había desposado y ya la había hecho madre acertándole en la preñez dentro de los tres primeros días, como es de ley en hombres viriles. Era este Bayasi hombre soberbio y henchido de viento, pero rico y hábil en la guerra, a lo que se decía, y valeroso. Os cuento todo esto para que lo vayáis conociendo porque de aquí en adelante va a aparecer a menudo en esta historia.

Sabed también que entre los otros de Quinnasrin que allá comparecieron estaba el jurista al-Shaslubin, el cual, aunque no sabía combatir ni estaba en edad de hacerlo, acudió para prestar auxilio espiritual a los muchos imesebelen de la comarca que por su virtud y jurisprudencia y por sus predicaciones lo veneraban. Sólo que los más descreídos le gastaban bromas pesadas, pues, a causa del frenillo que tenía en la lengua, pronunciaba la *s* y la *sh* como si fueran *z* y cuando en el ápice de su sermón enumeraba los votos, llegado a la fórmula que dice «Sallamaka al-lahu wanassanaka» (Que Alá os proteja y conceda la victoria), lo que le salía era «Zallamaka al-lahu wa-naththaraka» (Que Alá os divida y os disperse por todas partes), lo que provocaba la general irrisión de los bromistas y el escandalizado desconcierto de los hombres de juicio que, por no conocer al sujeto, ignoraban de qué iba la cosa. Y él se enojaba mucho, pero usaba del disimulo, como prudente.

Y hete aquí que un día entre los días los almohades tomaron Salvatierra a costa de grandes pérdidas y de grandes retrasos. Mientras tanto, en el campamento de los andalusíes crecía el descontento y arreciaba la murmuración, pues las humillaciones y desplantes de los beréberes y de consejeros de al-Nasir eran continuos. Y cada noche, Selim, mientras sus amigos hacían tertulia para deleitarse con el relato de las hazañas de héroes tribales y antepasados de las más preclaras estirpes (pues muchos recitadores viajaban con el ejército para solaz de los discretos) como él no tenía ánimo para ninguna distracción que mitigara sus pesares, retirábase más allá de los abrevaderos, hasta donde comienza el campo, y dábase a pensar en Faye y a suspirar de amor y a sentir lágrimas calientes que le corrían por las mejillas y le mojaban la barba incipiente y no quería hallar consuelo sino en ahondar su pena. Y luego, como la estación era calurosa, se echaba a dormir al sereno sobre su manta y mientras acudía el sueño a sus párpados, contemplaba la bóveda celeste y la miríada de brillantes nenúfares que flotaban en el tranquilo estanque de la noche y se daba a repasar constelaciones, recordando los días felices de la escuela de al-Sumit, y en llegando a Casiopea dibujaba imaginarios senderos entre sus cinco luminarias antes de quedarse dormido.

Así llegó el día triste, el día aciago, el día que cubre de luto y de lamento el corazón de los creyentes, el día negro como uña de carbonero, el día fatal de la batalla de las Navas. Pero este pobre narrador tiene hoy colmada la copa de su melancolía y necesita dar consuelo a su voz y sustento a su estómago. Dadme subsidio, generosos oyentes, que luego proseguiremos el cuento y, con la ayuda de Aquel que todo lo puede, os aseguro que quedaréis complacidos y será mi elocuencia perlas en vuestras orejas, zarcillos en vuestro entendimiento.

DIECISIETE

¡PRESTAD OÍDO, creyentes, porque el grácil sendero de mi cuento nos introduce ahora en el día aciago, el día de la aflicción, el día cuyo solo recuerdo me hace barrer el suelo con el turbante y mesarme las barbas, el día, en fin, de la batalla de las Navas de Tolosa, cuando Alá (alabado sea), el oidor, el sabio, el que a toda cosa pone su razón de ser, había decretado, por nuestros pecados, la renombrada victoria de los infieles y que el luto y el encogimiento de ombligo alcanzasen los más remotos lugares del Islam!

Sabed que el ejército del Miramamolín pasó la sierra con tan grandes calores que del mucho sudar la mitad de los negros se le destiñeron y dieron en mulatos, lo que fue muy admirado y comentado por los discretos, pues tal cosa nunca antes se había visto, y algunos hicieron mientes de ponerlo por escrito para que fuese recordado por las generaciones futuras y guardado en las alacenas de los reyes.

Y cuando los adalides que corrían la tierra trajeron noticias de la proximidad del ejército de los alfonsos, el cual en su marcha levantaba una nube de polvo tan alta que alcanzaba el cielo y tan espesa que tapaba el horizonte, los ombligos se encogieron debajo de las camisas al conocer que venían tantos de ellos que parece mentira que puedan juntarse más en el día del Juicio. Y de entre los voluntarios, los que días antes bromeaban animosos, más de cuatro se volvieron taciturnos y ya flaqueaban en su fe y se despedían, en su corazón, de los hijos, del asno, de la mujer y de las otras cosas que dejaban atrás, pensando que no volverían a verlos.

La noche antes del combate, noche de susurros, noche de vigilias, noche cálida de merodeantes paseos, y de profundos pensamientos, ibn Anas se acercó a Selim, el que tumbado sobre el tapiz de la añoranza sólo sabía velar noche y día contemplando las silentes estrellas, y le dijo:

—Un encargo he de hacerte, hijo mío.

A lo que Selim, levantándose prestamente, respondió:

—Oír es obedecer.

Mas ibn Anas le mandó sentarse y se sentó él mismo a su lado y luego, mirándolo francamente a los ojos, le dijo:

—La batalla de mañana pudiera sernos adversa. He consultado al astrólogo y por ese y otros signos así parece que será. Y tanto si lo es como si no lo es, hay muchas posibilidades de que los andalusíes llevemos la peor parte, por lo cual yo pudiera alcanzar el galardón de ser inscrito en el número de los bienaventurados que gozan del Paraíso. Por eso te quiero decir ahora cosas que guardaba para decirte más adelante.

Selim miró a su padrino e iba a decirle algo, pero él contuvo sus palabras con un gesto y prosiguió:

—Ya has oído hablar en una ocasión de la Lámpara Tapada y en el futuro es muy posible que vuelvas a saber de ella. Tu padre (al que Alá tenga en su compañía) pertenecía a la Lámpara Tapada. Yo pertenezco también, por eso te envió conmigo, para protegerte de los que te podrían hacer daño, pues algunos te creen depositario de cierto secreto que muchos buscan. No, no creas que te voy a pedir que me lo reveles ahora. Ya lo harás a quien debas, llegado su momento. Pero, por si mañana pereciera en la batalla, te quiero instruir acerca del sentido de la Lámpara Tapada. En esta hermandad hay hombres de las tres religiones e incluso algunos que profesan no pertenecer a religión alguna. Tiene por objeto el establecimiento de la sinarquía universal.

—No entiendo eso —se atrevió a decir Selim.

—Quiere decir —explicó ibn Anas— el gobierno de la razón, pues cuando el hombre se remonta en el camino de la sabiduría y trasciende las apariencias de las actuales religiones enfrentadas advierte que más allá existe un punto donde todas las líneas confluyen, motivo por el cual una misma realidad justifica y ampara a todas las creencias de los hombres, aunque parezcan distintas y hasta irreconciliables y enemigas. ¿Comprendes? Pero esta doctrina es vista con sospecha por las autoridades eclesiásticas, tanto musulmanas como cristianas, pues en la religión (tal como ellas la entienden) se mezclan intereses económicos y políticos ajenos a Alá. Por este motivo persiguen a los miembros de la Lámpara Tapada. Debes saber que a cualquiera de ellos, sea musulmán o cristiano o judío, podrás acudir en el futuro cuando necesites protección, si bien mi consejo es que no te confíes fácilmente a nadie, pues la hermandad ha sido infiltrada y existen traidores en ella. Por eso murió el templario que encontraste en las ruinas de Sara la Goda (todas estas cosas las conozco por tu padre) y por esto morirán todavía seguramente algunos hombres. Tocante a los cristianos, la Lámpara Tapada está muy extendida entre los frailes templarios, pero no todos pertenecen a ella ni saben del secreto, así que, llegado el caso, no te confíes a cualquiera. Y ahora regreso a mi tienda pues he de prepararme para mañana. ¡Qué el Altísimo te conceda su misericordia!

Dijo ibn Anas y se levantó y marchó y Selim quedó sumido en graves pensamientos, con el corazón dividido entre la preocupación por el día que se avecinaba y la de las revelaciones que su padrino acababa de hacerle, mas, con todo, como era joven y estaba cansado de las caminatas y trajines de la víspera, a poco fue venciéndose de sueño y se quedó dormido y padeció diversas pesadillas que piadosamente no recordaría al despertar.

Amaneció el día y la luz del sol se esparció por los montes y los llanos, y los dos ejércitos enemigos, cristiano y musulmán, que habían pernoctado tan cerca el uno del otro que veían sus respectivas fogatas, se pusieron en marcha, ordenados según la costumbre de cada cual, y se acercaron al lugar donde la batalla había de librarse. En lo alto de una colina montaron la tienda roja del Miramamolín y delante de ella clavaron un palio a cuya sombra tendieron un tapiz sobre el que al-Nasir tomó asiento, entre almohadas, y abriendo el Corán de ibn Tumnart, con su espada sobre las rodillas, pasó el día recitando las suras señaladas para favorecer la victoria. Y entre sura y sura levantaba los ojos al cielo y decía aquellas palabras que nunca el que las dice tiene que abochornarse: «Sólo Alá es vencedor.» Y en torno a la colina había una muchedumbre de imesebelen semidesnudos portando largas lanzas, que voluntariamente se encadenaban los unos a los otros para asegurarse el martirio si la batalla era adversa. Y con aquel muro de pechos robustos como peñas querían salvaguardar al Miramamolín de las cargas de la caballería de los alfonsos. Los cuales fueron formándose a lo lejos, sobre otra colina alargada, en filas y escuadrones, y había tantos hombres que la tierra resultaba estrecha para albergarlos. Y los que iban a caballo, vestidos de cota de malla de la cabeza a las rodillas, brillaban al sol como lunas que surcasen la noche oscura. Habéis de saber que éstos se apretaban tanto en sus filas que no se lanzaría una manzana contra ellos que no golpease a hombre o a caballo. Y embrazaron las lanzas, como un apretado bosque, y apuntaron a los fieles con sus moharras, listos para partir a la carga, sedientos de sangre. Íbanse juntando en una parte y en otra los distintos escuadrones y unos pasaban delante de los otros en admirable concierto y se desparramaban por cerros y llanadas yendo a situarse en los lugares donde los maestros de armas los colocaban, detrás de los distintos estandartes y señales. En lo que se fue una parte de la mañana hasta que ya el sol despuntó sobre los montes y comenzó a calentar. Iba a ser un día de mucho calor, y el sudor de muchos, favorecido por el miedo, comenzaba a criar piojos.

A todo esto, Selim se había situado detrás del palenque del Miramamolín, con los otros escuderos, esclavos y criados que en la batalla no participaban, y desde allí seguían con curiosidad y emoción cuanto en el campo pasaba así a lo lejos como de cerca. Y vieron a un adalid cristiano magníficamente armado y caballero en soberbio palafrén que se destacó de las filas de los alfonsos y vino hacia las nuestras con un trotecillo suave. Imaginadlo: apoyaba su lanza en la estribera y en la punta del astil tremolaba una alegre banderola azul. A prudente distancia refrenó su caballo y, alzándose sobre la silla por dar más ímpetu a sus voces, se puso a insultarnos en pasable árabe y en castellano y con la mano libre hacía gestos obscenos. Como nadie se moviera de nuestras filas, luego hizo corcovear a su cabalgadura y situándola con la grupa hacia nosotros le levantaba la cola para que le viésemos el ojo del culo, del que no tardó en defecar copiosamente. El clamor de una gran risotada se elevó del ejército cristiano y sus alféreces se pusieron a tremolar estandartes y los otros golpeaban rítmicamente los escudos con la mano o con el mango del cuchillo.

Así iba la cosa cuando un clamor se elevó de nuestras filas porque un jinete aceptaba el reto y salía a castigar el insulto. En cuanto lo vio, el adalid cristiano abatió su lanza, la hizo girar para enrollar la banderola y, clavando espuelas en los ijares de su caballo, se lanzó a todo galope contra nuestro campeón. ¡Día de aflicción desde por la mañana temprano, señal de que nada iba a salir derecho antes de que el sol se pusiera! Pues habéis de saber, firmes creyentes hasta en la adversidad, que el nuestro apenas tuvo tiempo de levantar la lanza cuando el infiel se llegó a él y lo ensartó con un chasquido siniestro, a pesar de la cota de malla que vestía. La moharra de la lanza le salió un palmo por la espalda, con un chorro de sangre oscura y el musulmán se contó en el número de los que en el Paraíso gozan de los placeres que están reservados a los mártires.

Pero no vayáis a pensar que ése fue todo el estropicio. El vencedor recuperó la lanza y volvió a insultarnos con voces y gestos, con lo que el desaliento cundía en nuestras filas y muchos se mordían el labio y miraban para abajo. Entonces nuevo clamor se alzó del campo y todos miraron para donde se producía, porque Zolas, el gigante almohade, salía al encuentro del campeón cristiano. Siendo demasiado pesado para cabalgar, iba a pie. Visto lo cual, el cristiano descabalgó también y se acercó a Zolas llevando dos venablos en la mano. Zolas se cubría con un escudo de piel de rinoceronte, grande como la rueda de un carro, y en la diestra llevaba su maza acostumbrada, que dos hombres se verían negros para levantarla, con la que era invencible. Cuando la distancia que mediaba entre los contendientes no excedía de seis pasos, se detuvieron y empezaron a girar en círculo, algo agazapados, escudriñándose. Mas el taimado cristiano, en cuanto se hubo puesto de espaldas al sol, cuidando de que le diera a Zolas en la cara, lanzó rápidamente un venablo. Zolas estaba esperando esta acción, de manera que sólo tuvo que levantar un poco el escudo para desviarlo, pero mientras lo hacía ya había lanzado el cristiano su segundo venablo, que atravesó la pantorrilla del negro y se clavó profundamente en el suelo. Zolas hizo una mueca de dolor y desamparó su guardia para arrancarse el dardo. No advirtió que el cristiano se le había colocado a la espalda. Con gran dolor lo vimos trabar con mano firme los cabellos de Zolas, echarle la cabeza para atrás con un violento tirón y degollarlo limpiamente con la otra mano. Le abrió en la garganta un tajo tan profundo que parecía una tajada de sandía. Creedme que la tierra retembló al recibir el corpachón sin vida del gigante. Luego el cristiano le cortó la cabeza con la destreza de un carnicero que despieza un novillo y con tan sangriento trofeo regresó a sus filas, y con el escudo de Zolas, entre los vítores de los alfonsos. ¡Mal comenzó el día, pero acabó peor!

¡Día aciago en que giró la piedra del molino de la muerte por encima de la apretada muchedumbre de los creyentes! Otros recitadores que en aquella triste ocasión no estuvieron os la pueden contar con todo lujo de detalles y añadirán mentiras a las mentiras, pero yo no soy de ésos. Por lo tanto me permitiréis que abrevie y pase por alto los pormenores de aquel descalabro, cuyo recuerdo aún conservo en esta ancha cicatriz que me cruza el pecho. Nada os diré de la ingente muchedumbre que llenaba valles y colinas y no dejaba ver la tierra, nada de las sucesivas cargas de la caballería cristiana, ni de las espesas nubes de flechas que los nuestros les enviaban y que, como había vaticinado Firouz, el turco, sirvieron de bien poco; nada de la mortandad, nada de los tumultos de creyentes que acometían con los pechos más recios que piedras, nada del mellamiento de las espadas, del abollamiento de los escudos, del astillamiento de las lanzas, nada de los regueros de sangre que corrían por el campo, de los montones de cadáveres que iban quedando esparcidos como gavillas en barbecho, tan espesos en algunos lugares que la caballería había de dar un rodeo para salvarlos, nada de la confusión de muertos con heridos agonizantes, sin que nadie acertara a distinguirlos, nada de los clamores de los heridos, de los estertores de los moribundos, del piafar de los caballos desventrados, con las tripas fuera enredándoles las patas; de los hombres atónitos que vagaban desangrándose con un brazo o una pierna de menos o el blanco hueso asomando fuera de la carne rota después de recibir un mazazo, o de caer debajo del caballo que montaban; nada del horror, de los que morían de sed y de fatiga, sin una herida, con los rostros hinchados como perros, después de combatir durante horas y horas sin sentir dolor, como bestias; nada diré de los hombres robustos criados para morir en este día, de los nacidos de madre en algún lugar preciso, con gentes que los amaban, a las que no volverían a ver. Nada os diré, en fin, de la anónima muerte, de la locura colectiva, del heroísmo y de la cobardía. Todo eso lo pasaré por alto, que no soy de los que andan por el mundo contando fatigas y al verlos llegar se disuelven las asambleas y cada uno se va por su lado fingiendo quehaceres y temiendo que el pelma los alcance y les dé la tabarra.

En medio del día cruel y de la mortífera batalla, estaba Selim en la zaga con los otros y ayudaba en los menesteres de curar a los heridos que iban llegando. Y detrás de su campo, en una corraliza que defendían los imesebelen magrebíes, se iban juntando los caballeros de nota que caían prisioneros, a los que es costumbre no degollar inmediatamente, pues se puede exigir por ellos un crecido rescate. Y entre aquéllos descubrió Selim a uno de como cincuenta años, que vestía el hábito blanco de los templarios, con su cruz en el hombro, y tenía un brazo en cabestrillo, que se lo habían dislocado, y señales manifiestas de pesar en el semblante. Y en notando que tenía una ancha cicatriz sobre el ojo derecho se acercó más a él para examinarlo y comprobó que también le faltaban dos dedos de la mano izquierda, en lo que reconoció haber encontrado al hombre que dijera el templario de las ruinas de Sara la Goda. Y sin pensarlo dos veces se fue a él y le dijo:

—Holgura y prosperidad, señor. ¿Podéis entenderme?

El templario levantó la cabeza y miró al muchacho que tenía delante de él. Luego volvió a bajar la mirada y respondió con desgana:

—Puedo.

—Hace mucho tiempo —dijo Selim—, un moribundo me dio un encargo para vos. Era un templario al que asesinaron en Jaén.

El hombre levantó la cabeza y escrutó el rostro de Selim, en el que leyó sinceridad y buena disposición.

—¿En Jaén?

—Es una ciudad de al-Andalus. El hombre se hacía pasar por musulmán, e iba disfrazado de buhonero.

—¿Quién lo mató?

—No se supo.

—¿Qué te dijo?

—Me dio un nombre. Un nombre de musulmán que había de deciros a vos y a nadie más. El caso es que lo escribí en cierto lugar y luego lo olvidé, pues no confiaba en poder guardarlo.

El templario pareció reflexionar. Luego dijo:

—Gracias, hijo mío. Cuando todo esto pase, si puedes, haz llegar ese nombre a Gonzalo Ramírez, el maestre de los templarios. Él te recompensará.

En esto estaban cuando uno de los oficiales del Miramamolín vio a Selim platicando con el prisionero y le gritó:

—Tú, borrico, ¿no ves que estás haciendo falta aquí arriba? Deja a los perros y ve a donde las cubas y tráeme un odre de agua. ¡Rápido!

—Oír es obedecer —respondió Selim. Y sin despedirse del templario salió por pies y fue al recado que le encomendaban. Después de lo cual anduvo ocupado en otras cosas y no pudo volver junto al corral de los prisioneros como pensaba.

Mas Alá, en su infinita misericordia, el que teje y desteje los destinos de los hombres, había dispuesto que Selim y el templario volvieran a encontrarse al final de aquel día.

Al caer la tarde el campo estaba cubierto de cadáveres de musulmanes y los caballeros cerraron filas en el llano y se tomaron un breve descanso para que algunos cambiaran de caballo antes de acometer el corral del Miramamolín. Y el rey Alfonso de Castilla, el asolador de naciones, el hendidor de escudos, el perforador de corazas, el expugnador de lugares inexpugnables, el destetador de infantes, el forzador de fortalezas, el quemador de sembrados, el hijo de la gran puta, puesto al frente de ellos tremoló el estandarte y les gritó: «¡Por Castilla y santa María, no dejéis ni uno con vida, destripadlos a todos, arreadles fuerte en las cervices!» Tras de lo cual abatieron las lanzas y cargaron. Nada pudo detenerlos, pues ni los muros de Babilonia hubieran bastado para frenar aquella avalancha de hierro. Viendo que todo estaba perdido, el Miramamolín y su consejo escaparon a uña de caballo para poner a salvo las reliquias de ibn Tumart y de al-Mumín y todos los grandes almohades, no fueran a caer en manos cristianas, por las que serían profanadas. Y los que vivos quedaban en el campo, cuando vieron que los jeques se ponían a salvo, pensaron cada uno para su corazón: «Más vale que digan aquí huyó que aquí murió», y cada cual escapó por donde pudo, desamparando armas y estandartes, aunque algunos tuvieron vergüenza y se quedaron a morir como creyentes, por lo que Alá los colocó en el cielo a su diestra aquel mismo día.

Y, en la parte donde Selim estaba, los que pudieron se dieron a la huida como los otros, pero Selim, menos avisado, cuando fue a su tienda la encontró saqueada y los caballos robados y aún no había salido del campo, tratando de huir a pie, cuando una patrulla de alfonsos lo tomó y viéndolo joven lo maniataron y lo añadieron a una cuerda de cautivos que conducían a un corral cercano donde había otros muchos, ricos o jóvenes, y algunas mujeres.

Así se iba aparejando el asunto y Selim veía la cosa más negra que tiznada y ya se contaba en el número de los de la otra vida, cuando, a la caída de la tarde, llegóse al corral un jerifalte de los alfonsos al que decían Alvar Pérez de Castro, el cual vestía sudada túnica de lino marcada con las herrumbres de la cota de malla que había vestido todo el día y que aún tenía teñidas las mangas de la mucha sangre que le resbalara por la espada, el brazo abajo. Mas cuando Selim lo vio, sólo llevaba en la mano un junquillo con el que iba señalando a éste quiero a éste no quiero y los sicarios que lo acompañaban degollaban allí mismo a los que él designaba. Y viendo que Selim tenía los brazos delgados, poco aptos para el trabajo, lo señaló y un sargento de armas le dio un golpe para que se arrodillara y levantó el sable sobre su cerviz. Selim cerró los ojos y comenzó a musitar la Fatiha dándose ya por inscrito en el número de los mártires. Pero como velaba sobre él Aquel que nunca duerme y que siempre está despierto, de pronto escuchó una voz familiar que decía:

—¡Detente y no mates a ese muchacho!

Abrió Selim los ojos y desarrugó el semblante y vio que el que había hablado era el templario de la cicatriz sobre el ojo y los dos dedos de menos. Habéis de saber que este hombre lo había estado buscando afanosamente entre los prisioneros desde que la batalla tocara a su fin. Y como el verdugo se quedase mirando para Alvar Pérez, su amo, con el sable todavía en el aire, éste se sonrió y dijo:

—No lo mates.

Y dirigiéndose al templario lo saludó:

—Albricias, Berenguer de Peramola, ¿qué te trae por aquí? ¿Es que conoces a este moro? Te advierto que lo que nos va a sobrar van a ser esclavos más fornidos y mejor criados que éste. Por eso estoy desechando a los más endebles y canijos.

—Pero yo quisiera que me hicieras merced de éste, pues a los comienzos de la batalla, cuando me cautivaron, él me ayudó y de él recibí merced que quisiera pagarle ahora.

Alvar Pérez se encogió de hombros y dijo:

—Es tuyo.

Berenguer de Peramola tomó a Selim y lo condujo a un lugar donde los templarios estaban instalando sus cuarteles. Y pasaron ante la tienda del maestre, a cuyas puertas había gran duelo de caballeros vestidos de blanco pues el maestre había recibido una gran herida de la que agonizaba. Berenguer de Peramola y Selim no pararon de andar hasta que llegaron a donde estaban más de quinientos caballos atados a una soga larga, fija con estacas al suelo. Y allí llegados, Berenguer habló con uno de los que guardaban aquel hato y le dijo:

—Saca un caballo que sea bueno y corredor y le pones silla sarracena y se lo das a este moro y escoge a tres escuderos de confianza que salgan con él al camino, a una legua o más de aquí, y allá lo dejen marchar libremente, pues conviene mucho al servicio de la Orden que este hombre se salve y no perezca.

—Oír es obedecer —dijo el otro.

Y fuese a hacer lo que se le había mandado y Berenguer puso su mano sana en el hombro de Selim y le dijo:

—Aquí nos despediremos por ahora, hijo. Marcha a Jaén y no digas a nadie lo pasado entre nosotros, pues te conviene ser discreto. Si las cosas no se tuercen es posible que antes de una semana estemos allí y conquistemos la ciudad. En tal caso no temas por tu familia, que la Orden os protegerá. Sólo te ruego que veles por ese nombre que debes a la Lámpara Tapada. En cuanto a tu padrino ibn Anas, con el cual estabas, debes saber que ha perecido y se cuenta ya en el número de los justos que gozan del Paraíso. Dirás a los suyos que un amigo se encargó de que fuese inhumado para que no lo profanasen las alimañas del campo.

Tras de lo cual se dijeron el selam, pues llegaba la escolta con el caballo, y Selim montó y partió con ellos debajo de la noche que ya empezaba a extender su negro manto sobre el mundo tapando tanto dolor y sangre vertida como allí se veían.

Toda la noche cabalgó Selim por caminos inciertos, guiándose por las estrellas, con la diligencia del que sabe que escapa de la muerte, y no se detuvo ni miró para atrás hasta que, cuando el claror ceniciento del amanecer empezaba a adivinarse por donde el sol sale, llegó a una arboleda donde otros fugitivos de la batalla se habían detenido a descansar y tenían una fogata sobre la que estaban asando los cuartos de un burro, de los cuales le ofrecieron y él, sentándose en el corro, comió de buena gana, pues estaba desfallecido. Y en aquella triste colación nadie hablaba y no se percibía más sonido que los ayes lastimeros de ciertos heridos echados a morir sobre la hierba y abrasados de la fiebre que dan las heridas infectadas sobre las que pastaban negros enjambres de moscas. Nuevos fugitivos llegaban sin cesar, todos portadores de contradictorias noticias sobre dónde los cristianos estaban. Unos decían que habían puesto sitio a los castillos de las Navas de Tolosa y de Vilches, donde se había acogido una multitud de fugitivos de la batalla; otros, que, pasando de largo, iban contra Úbeda y Baeza y ya estaban cerca sus adalides. Temiendo verlos aparecer en cualquier momento por la raya del horizonte, muchos reemprendieron la huida, entre ellos Selim, que a evitador de percances no había quien le ganara. El joven cabalgó por espacio de otras cinco o seis horas, con todo el cuerpo dolorido como si lo hubiesen apaleado, y pasó por muchas alquerías abandonadas y desiertas, algunas de ellas incendiadas. Pero estaba tan quebrantado que antes de que llegara la noche se apartó del camino a un lugar solitario por donde discurría un regatillo de agua y, trabando el caballo para que pudiera pastar, se acurrucó en el hueco de una encina caída y se quedó dormido. Cuando las hormigas lo despertaron, a la mañana siguiente, ya estaba el sol en lo alto y el caballo no apareció por mucho que lo buscó, pues otros fugitivos se lo habían robado mientras dormía, así que hubo de resignarse a continuar el camino a pie. Todavía tardó tres días en llegar a Jaén, extenuado y medio muerto de hambre, pues en este tiempo sólo se alimentó de moras silvestres, hinojos y unos pocos higos que pudo ir recogiendo por el campo. Entró en la ciudad por la puerta de las Campanas, junto a la mezquita, y antes de ir a la casa Nasr penetró en el oratorio un momento para rezar la Fatiha en acción de gracias por haber escapado con vida del desastre. Y luego descendió por el adarve hasta que llegó a Nasr y al empujar el portón del corral, que encontró abierto, se le llenaron los ojos de lágrimas y un nudo se le puso en el corazón.

DIECIOCHO

¡DÍA DE LA BUENA SOMBRA, día de la gracia de Alá! Pues habréis de saber que una esclava chica que vio llegar a Selim entró corriendo en la casa y fue a darle a Aixa la noticia de que su hermano había regresado y estaba vivo y Aixa, la que hilaba en la almacería, la que varios días llevaba bebiéndose las lágrimas y sin pegar ojo por la noche, la afligida, la de la nariz como un pimiento morrón, profirió un grito y desamparó su costura y salió corriendo a abrazarlo y tomándole la cabeza lo contemplaba y le besaba el rostro y la frente y lo bañaba de sus muchas lágrimas y no paraba de palparlo y remirarlo, como si con los ojos se lo quisiera comer, pues muy tiernamente lo amaba y era mujer de mucho corazón, incapaz de refrenar sus sentimientos. Y a su algarabía cundió por toda la casa con sus corrales la noticia del regreso de Selim y se alzaron gritos de criados y esclavos que dejando sus quehaceres salían a recibirlo y a abrazarlo y holgábanse grandemente profiriendo exclamaciones de parabién y alegría, más aún al verlo sano y entero y más robusto y hombre que cuando marchó. Y detrás de los criados apareció Habiba con un chal de luto sobre los hombros, porque los primeros fugitivos llegados el día anterior habían difundido la noticia de que su hijo Mohamed había muerto en la batalla con muchos otros caballeros de Jaén. Y en viendo que Selim estaba vivo dio un grito que a todos confundió y llegándose a él, en el centro del patio, lo increpó como loca.

—¡Justicia de Alá! ¿Por qué este escuerzo enfermo, de pecho flaco y hundido y de brazos tan delgados que no sería capaz de levantar una alcarraza ha de vivir mientras que mis dos hijos que eran como dos minaretes están muertos?

Y después se echó a llorar y se mesaba los cabellos y se arañaba la cara, con lo que tenía confundidos a todos los presentes y no sabían qué decir ni qué hacer. Pero Saqati, el mayordomo, el discreto, hizo seña a una criada vieja y a otras esclavas de la casa para que la llevaran adentro, a la almacería de las mujeres, y luego se fue a Selim, que había quedado como alelado y no sabía qué decir, y abrazándolo le dijo:

—Tienes que disculpar a Habiba. Por Alá que se alegra de que estés vivo y sin daño, pues a ti te corresponde ahora desempeñar la jefatura de los Nasr. Ella ha obrado como madre que está enloquecida de dolor, pues ya sabemos cuánto amaba a su hijo Mohamed (Alá tenga misericordia de él).

A lo que Selim respondió:

—La entiendo y la disculpo, y si el Todopoderoso ha dispuesto que yo sea cabeza de los Nasr, me prometo honrarla como si hijo de su vientre fuera y ser corona de su ancianidad.

Con lo cual entraron en la casa y Aixa no dejaba de llorar, pues se sentía conmovida hasta los abanicos de su corazón, y a todas partes seguía a su hermano, a él abrazada.

Por la tarde se difundió por la ciudad la noticia de que Selim había regresado y algunos amigos y clientes de la familia acudieron a decirle selam y a darle parabienes como cabeza de los Nasr, al tiempo que daban el pésame a Habiba por lo de su hijo Mohamed.

En casos como éstos recuerda uno que no hay gloria ni poder sino en Alá (exaltado sea). No os quiero recordar a los viejos que aquí me escucháis, los que estáis pendientes del sartal de perlas entreveradas de coral que son mis palabras, las angustias que pasamos en aquellos días, pero los jóvenes que no los vivieron deben saber que todos creíamos que el ejército de los cristianos aparecería de un momento a otro delante de nuestros muros para acuchillar y matar a todo lo vivo que la ciudad encerraba. Esto fue, por cierto, lo que hicieron en Úbeda, que estaba atestada de refugiados, y lo que hubieran hecho con nosotros de no apiadarse Alá de sus hijos. Pero el Todopoderoso vio que ya había castigado lo suficiente a sus descarriadas ovejuelas y envió a los contumaces cristianos una plaga de la que muchos perecieron y los alfonsos, viendo en aquella calamidad la mano de Aquel que todo lo puede, dispersaron sus huestes y tornaron a Castilla, todavía no saciados de sangre y de ganancia, pero hartos como lobos carniceros que a su cubil regresan después de sacar el vientre de mal año.

Amaneció otro día y Selim, que no había dormido, cavilando los arbitrios para ver a Faye, fuese a una vieja entendedera, una de traza devota que remendaba virgos y hacía apaños y, poniéndole una moneda de plata en la mano, le dijo:

—Ve a Dubyan con cualquier pretexto y le entregas a Faye esta carta.

Fue la mujer a donde los Dubyan, a la casa de muchas ventanas, la de la puerta grande y ferrada, y se informó de que Faye estaba en la alquería de Uribe. Sabido lo cual, Selim se hizo ensillar un caballo y partió a Castro y aquella misma tarde fuese, cruzando el camino de Pero Codes, al higueral de Sara la Goda y se sentó en el lugar donde en otro tiempo solía encontrarse con Faye y allí se puso a rumiar su soledad y sus penas de enamorado.

No hay gloria ni poder sino en Alá (exaltado sea). Estaba escrito que los dos enamorados habían de encontrarse ese día. Sabed que Faye estaba muy cerca de allí, pues desde sus bodas desdichadas había adoptado la costumbre de ir paseando al higueral y de sentarse a llorar y a recordar a Selim en aquel mismo lugar donde él ahora estaba. Con lo que aquella tarde, al acercarse, le pareció verlo y pensó que era un aparecido, de manera que llevándose la mano al pecho lo conjuró con estas palabras:

—¡Por Alá y la bendita mano de Fátima que si eres efrit te vuelvas a Satán y no atormentes a esta desdichada que ya tiene bastante con lo que tiene!

Alzóse Selim al oír estas palabras y se volvió y vio a Faye, cuyo gesto espantado y cuya reciente maternidad habían añadido belleza sobre belleza, de manera que le pareció más bella que la luna en su catorceavo día. Y acercándose a ella la tranquilizó con estas razones:

—No soy efrit ni cosa parecida, sino tu enamorado Selim que en todo este tiempo no ha podido olvidarte y te ha llevado cada instante sobre su corazón y sobre su cabeza y delante de sus ojos.

A lo que Faye replicó:

—Así has estado tú delante de los míos y ahora mi corazón se alegra de verte pero se entristece por las mudanzas que desde la otra vez nos han separado. ¿Sabes que mi hermano me casó y que soy madre de un hijo?

—Lo sé —respondió Selim bajando sus contritos ojos. Tras de lo cual se abrazaron los jóvenes y cada uno lloró en los brazos del otro tiernamente y durante largo rato mientras los pájaros con sus trinos y gorjeos llenaban la fronda de deleitosos sones.

Habéis de saber que el marido de Faye, aquel Bayasi que vimos en el campamento andalusí la víspera de la batalla de las Navas, combatió en la batalla entre los buenos y no se portó mal, mas al final, perdido el caballo y descorazonado de su corazón, aflojó y huyó con los otros de la casa del Miramamolín y metiéndose por las espesuras de la sierra en los sitios más escarpados y por los collados más ásperos, donde no fuera cautivado por los alfonsos que registraban el campo, anduvo perdido por espacio de varios días hasta que saliendo a los caminos de la parte de Santisteban, descalzo y medio muerto de hambre, fue socorrido por unos pastores y de allí, declarando al alcaide almohade de Santisteban su nobleza y calidad, consiguió que le prestaran un caballo con el que se dirigió derechamente a Jaén. Llega a Uribe y después de ver a su hijo, que al cuidado de una nodriza estaba, pregunta por Faye, su esposa, y le dicen que por distraer sus ausencias ha salido a dar un paseo por el higueral de la Goda. Y él, cuidando darle una sorpresa, pues Faye no sabía de cierto si estaba vivo o muerto ni si ella era ya viuda en la flor de la edad, se refrescó la cara de las fatigas del viaje y, tomando un sahumerio de olor en la florida barba, fuese en busca de su esposa seguido de sus dos mesnaderos que con él se habían salvado, como de perros. Si hay entre la distinguida audiencia que estas mis palabras escucha alguno al que la santa esposa, en algún momento de debilidad, haya dejado de guardarle la fidelidad debida, sabrá cuán dolorosa resulta la cabroncía. ¡Allá vierais demudarse el color de la cara del Bayasi cuando distinguió, al pie de una torcida higuera, un bulto sospechoso que, al acercarse más, resultó ser de su mujer abrazada a un mancebo que le bebía el aliento y le chupaba la lengua y los pechos, alternativamente, y cuando por azar separaba un poco el rostro, para tomar aire, la miraba con ojos lánguidos y enamorados arrasados en lágrimas!

—¡Así guardas mis ausencias, canalla y mala mujer! —gritó Bayasi, más colérico que el Todopoderoso en el Sinaí, saliendo de entre la espesura. Y dirigiéndose a sus sicarios les ordenó—: ¡Atrapadme a ese ladrón y cortadle ahora mismo los cojones para que aprenda a respetar a las mujeres casadas y guardar el luto de las viudas!

Oído lo cual por Selim, y sospechando que su integridad física corría peligro, sintió alas en sus pies y escapó de una desgracia irreparable perseguido por los dos criados, que sin duda le hubieran dado alcance de no haber estado muy trabajados de las fatigas y caminos pasados los días de atrás.

En cuanto a Faye, el celoso Bayasi se quitó allí mismo el cinto militar que le ceñía los lomos y le dio una paliza de las de marca mayor.

Aquella noche Selim no quiso dormir en Castro, como había pensado, por miedo a que los hombres de Bayasi pudieran buscarlo allí para matarlo, pues sólo había media docena de criados y esclavos viejos que no podrían defenderlo, así que obrando con prudencia se fue a Jaén, ya de anochecida, aprovechando el regreso de los hortelanos para viajar en compañía, de manera que nadie pudiese tomarlo en el camino y matarlo sin testigos. Y como algunos sabían que había estado en las Navas, se juntaron muchos a su paso y le preguntaban noticias de la batalla y él se las iba dando y disimulaba el poco placer que recibía de rememorar aquel día tan triste.

En cuanto a los demás, habéis de saber que en aquellos días revueltos fueron muchos los fugitivos de la batalla que se habían ocultado en las espesuras de la sierra, en espera de que los cristianos pasaran adelante, antes de salir de sus escondrijos y regresar a sus lugares. Y hete aquí que, como uno entre los demás, desmayado y tundido, con un brazo en cabestrillo, regresó Mohamed Nasr, el hermanastro de Selim, con lo cual la cabeza de la casa Nasr siguió siendo la suya. No hay palabras con las que contaros pueda las alegrías y zalemas que Habiba, su madre, le hizo al verlo vivo, ni cómo batieron los panderos y demás musicales instrumentos en aquella casa, ni los pastelillos de miel y manteca que mandó hacer para agasajarlo, ni los corderos de pingües rabos que mandó matar para celebrarlo. A todo esto, Selim, como era de buen corazón y nada rencoroso, se alegró sinceramente de que su hermanastro estuviese con vida y hubiese regresado, mas Habiba, pensando que todos eran como ella, lo despreciaba y le decía:

—Quita allá, perro falso y traidor, que vienes meneando la cola a besar la mano de mi hijo cuando en tu corazón te prometías su hacienda.

Y esto es, por ahora, lo que había que decir de Selim. Tocante a lo demás, cuando se pasaron los temores de que el ejército de los alfonsos estragara la tierra, fueron regresando los refugiados y fugitivos a sus lugares de origen y los hombres se juntaban por los caminos y en las asambleas de los pueblos y todos parecían ser de una misma opinión. Hay que poner coto, decían, a los malos tiempos pues si prontamente no reaccionamos muy pronto seremos carne muerta colgada en los palos del camino. Y lo primero que tenemos que hacer es librarnos de los almohades que ordeñan las ovejas y no las defienden del lobo. Y algunos decían que Fulano sería un buen jefe contra los almohades, pensando en que Mardanish (Alá tenga misericordia de él) lo fue bueno contra los almorávides, y otros que Zutano, otros que Perengano, y en lo concerniente a quién sería el jefe había poco acuerdo. Todo lo cual llegó a oídos del Miramamolín por sus espías, y los jeques de los almohades, los que por su virtud y buen juicio fueron llamados a consejo y consultados, se preocuparon y le dijeron:

—Lo mejor que puedes hacer es reclamar rehenes de las principales estirpes andalusíes, con lo cual los poderosos no se atreverán a unirse a la rebelión y te evitarás más de un dolor de cabeza.

Apreció el Miramamolín este consejo y a los pocos días mandó órdenes selladas de que mil vástagos de las principales estirpes de al-Andalus se trasladaran al Magreb, a su sombra.

Y de las familias de Jaén, una de las que hubo de dar rehén fue la de los Nasr, que envió a Selim, con lo cual Habiba se confortó en su corazón pensando: «Si luego los rebeldes hostigan a los almohades en los castillos y los caminos (como es de esperar) es muy probable que sacrifiquen a algunos rehenes.» Y se alegraba pensando que no volvería a ver a Selim.

La víspera de su partida fuese Selim a ver a la vieja de marras y le entregó otra moneda de plata y una carta.

—Le das a quien tú sabes este correo en mano —le dijo— y te prometo recompensarte con cinco monedas más al regreso.

A lo que la vieja miró de hito en hito a Selim y le dijo:

—Dame ahora dos monedas más y ahórrate las de la vuelta, que yo daré tu correo como quieres porque he oído que vuestro regreso no es cosa cierta, y perdona que te lo diga claramente, pero ya soy vieja y estoy necesitada y no estoy para confiar en promesas.

Con lo cual Selim le dio otra moneda y se volvió a Nasr a disponer las cosas pertinentes a su partida. Y entrando por la puerta encontró a su hermanastro Mohamed que salía y que, tomándolo aparte del brazo, lo llevó a las cuadras y le dijo:

—Hermano, no sé qué suerte te espera en el Magreb con los almohades, aunque yo espero que sea buena como tú te mereces. Mas lo que sea queda en manos de Alá. Toma este cinto que fue de nuestro padre y que él se ceñía en sus lomos cuando iba de ferias, en cuyo forro he escondido ciertas monedas de oro que te serán menester cuando estés lejos de aquí. Y a ver si te despabilas para que no te las roben antes de tiempo. En cuanto a mi madre, Habiba, no sabe nada de este asunto, ni tú le mencionarás nada cuando ella te dé el dinero del viaje, que presumo será bien poco. En cuanto a ti, es mejor que te vayas al destierro pues el noble Bayasi, que es amigo mío, te busca para matarte por lo de su esposa, que lo de marras fue muy gordo y no se puede andar por ahí poniéndole los cuernos a la gente de esa manera, máxime con la cantidad de mujeres complacientes y libres que hay, sin contar las vírgenes sin detrimento que esperan la primera arada. Lo digo también para que te guardes de volver por la tierra de Uribe, no sea que tengamos que lamentar una desgracia.

A otro día, de mañana, los cuatro rehenes que Jaén daba al Miramamolín salieron por el camino de Martos y algunos familiares, entre ellos Aixa, la llorosa y compungida, la suspiradora inconsolable, fueron a acompañarlos un trecho con muchas lágrimas y expresiones de dolor de las mujeres y graves semblantes y pocas palabras de los hombres, como corresponde a la viril gravedad, aunque más de uno de ellos lo que iba pensando para sus adentros era: «De buena me he librado, que por mi familia va Fulano y no yo.» ¡Así es la vida, distinguida concurrencia!

No os fatigaré con el relato del viaje, en el que hubo pocas incidencias aparte de que en una posada Selim supo de cómo ibn Anas, su tutor, había muerto como los buenos, después de algunas hazañas notables, el día de las Navas. Y con ello hizo promesa en su corazón de no visitar a sus primos de Córdoba pues se avergonzaba de estar vivo cuando su señor había muerto. Lo que hizo fue escribirles una carta en buen estilo y mejor caligrafía dándoles cuenta de que el difunto quedaba sepultado honrosamente por otros hermanos suyos (aunque se guardó de mencionar la Lámpara Tapada), como le dijera Berenguer de Peramola.

En Córdoba, los rehenes se juntaron a otros muchos que allí concurrían de algunos pueblos de aquellas tierras y, ya bajo custodia de los almohades y mantenidos a sus expensas, prosiguieron viaje pernoctando en los puestos militares que había Guadalquivir abajo, a lo largo del arrecife, hasta Sevilla y luego hasta Tarifa, donde embarcaron en un falucho que los llevó al otro lado de la mar, la encrespada, la agitada por las olas. Y desembarcados en el Magreb, después de siete días de fatigoso viaje por el polvoriento camino de Marraquex, llegaron por fin a su último destino, al campamento de Elbora.

Elbora distaba mucho de ser el ordenado cuartel de la guardia imperial que Selim había imaginado. Para su decepción encontró tan sólo un abigarrado conjunto de chozas destartaladas que descendían penosamente por los barrancos de una pelada sierra. Abajo, en el ancho valle, verdeaban algunas huertas raquíticas en torno a los pozos de agua clara. En el límite de las huertas, en la tierra parda y estéril, donde el arenal daba sus primeras tarascadas, los almohades habían levantado pabellones militares de adobe que, en la distancia, se confundían con los tonos pardos del entorno. Cerca de las barracas estaban las cuadras y detrás, los almiares de forraje que parecían, de lejos, un campo de pirámides egipcias, como montañas. Ahora bien, si alguno de vosotros alza la mano y me pregunta cómo son las pirámides egipcias yo os diré que en mis dilatados viajes he cruzado varias veces la tierra de Egipto y allí no hay tal cosa como cuentan, sino que todo es pura fábula y embuste urdido por los posaderos del camino de La Meca, que así desvían a los peregrinos de su santo objetivo y los introducen unas millas en el arenoso y pelado desierto para mejor robarlos. ¡Queda dicho para aviso de discretos y escarmiento de imprudentes! Y ahora vuelvo a lo que os contaba: esparció Selim su vista por el entorno y advirtió que enfrente, en la cresta más alta de las colinas, la silueta de un puesto atalaya se recortaba en el cielo azul. Caía un sol que derretía las piedras y no había más sombra que la que uno daba ni más agua que la que bajaba de la frente sudada, ni más viento que el suspiro del apesadumbrado. Cuando Selim consideró que en aquel lugar desolado le tocaba pasar no se sabe cuántos años se le vino el alma a los pies. No obstante, echó a andar y examinó su nuevo pueblo. Por todas partes hormigueaban los soldados. Los que tenían sus mujeres en la aldea iban y venían por el veredón de las huertas. Preguntaron a uno por el general Ahmed Ban y el interpelado les señaló un pabellón que tenía mejor aspecto que los otros. El hombre llevaba el torso desnudo y tenía la espalda marcada por cicatrices de látigo.

—Reconoceréis al general porque le falta la nariz —dijo, y luego dio media vuelta y se marchó.

Al general Ahmed Ban le decían «el Mono» porque un sablazo le había segado la nariz en Alarcos, según unos, o en una reyerta tabernaria, en el puerto de Salé, según otros, pero él disimulaba su mutilación usando una nariz de cuero que llevaba atada a las orejas con una cinta de lo mismo, algo tapada por la barba y las patillas. Era un hombre como de cincuenta años, robusto y no muy alto. Los nuevos contables se presentaron ante él y le entregaron su credencial. Ahmed el Mono mandó llamar a su secretario para que la leyera en voz alta. Cuando quedó enterado del contenido de la misiva se propinó un fustazo en el calzón de cuero y pareció que iba a echar fuego por los ojos. El secretario dijo el selam y se esfumó prudentemente.

—¡Soldados es lo que necesito —gritó paseando por la cámara a grandes zancadas, como fiera enjaulada—, soldados y caballos, no secretarios! Guerreros curtidos y no contables de culo blando. ¡Sois sanguijuelas, os conozco bien! Venís a la guardia del Miramamolín con el deliberado propósito de enriqueceros en poco tiempo robando del rancho de la tropa, pero, ¡cuidado!, es posible que os salgan mal las cuentas. Aquí la justicia la dicto yo, nada de dados, nada de préstamos a usura, nada de comerciar con mujeres a mis espaldas, nada de monedas faltas de peso, nada de retrasar las pagas, ¿comprendido?

Los recién llegados asintieron vivamente con la cabeza y él se propinó otro fustazo y los despidió. En la puerta los estaba esperando el secretario de marras con una media sonrisa y les dijo:

—Ya habéis conocido al Mono. Andaros con cuidado. Ahora venid conmigo que os enseñaré dónde dormiréis.

Y cuando iban por el camino, aguantando la solanera, escupió una yerbecilla seca que iba mascando y comentó:

—Creéis que por saber garabatear los números cualquier marica de al-Andalus puede venir a enriquecerse a la mesa del califa.

—De eso nada —dijo uno que era de Lucena—. Nosotros somos rehenes y estamos aquí a la fuerza.

El secretario no dijo nada porque ya habían llegado a una choza que era su escritorio. Los hizo pasar y les entregó las cuentas de los distintos regimientos, a cada cual la del suyo. Luego llamó a un esclavo y le encomendó que los alojara. Cada contable se alojaba en las barracas de su regimiento, en el chozo destinado a los suboficiales.

Allí se separaron y cada cual fue a su cuartel. Selim se sintió más desamparado que nunca, pero procuró disimular sus sentimientos. La más infecta cuadra de la casa Nasr habría resultado un palacio comparada con aquello. Los adobes estaban tan desmoronados que era imposible arrimar a la pared las tarimas donde dormía el personal, por lo tanto las habían agrupado en el centro de la estancia, entorpeciendo el paso. El techo era de paja amasada con barro pero la lluvia había abierto algunos boquetes a través de los cuales se veía el cielo ceniciento de la tarde. Los que casi todo lo ignoráis habéis de saber que la lluvia es infrecuente en aquellas latitudes, pero a veces cae en forma de violentas tormentas, particularmente en la estación cálida, después de días muy ardorosos.

Selim hizo de tripas corazón y comenzó a extender su manta sobre una tarima que le pareció que tenía pinta de no albergar tantos piojos como las otras. En ello estaba cuando, de pronto, un hombre apareció en la entrada y le dijo:

—¡Esa cama es la mía! ¡Largo de ahí, moro!

El tono de la voz no admitía réplica, el aspecto del que así interpelaba tampoco. Era un tipo alto y fornido, cuyos rasgos faciales expresaban la dureza de su carácter. Aparentaba ser de la edad de Selim, pero, a pesar de su juventud, tenía ya los ojos hundidos y algunas arrugas le surcaban la frente, que había empezado a extenderse por la incipiente calva. Era bastante feo: labios carnosos, nariz partida, mentón prominente y macizo, piel quemada por el sol, aspecto salvaje. Me demoro mucho en su descripción porque de aquí en adelante lo vamos a traer a colación muchas veces. Por el acento con que hablaba un árabe salpicado de palabras beréberes, supo Selim que era castellano. Lamentó en lo más profundo de su corazón tener a aquel sujeto por compañero de contubernio y, para aplacarlo, le dijo, mientras se apresuraba a recoger sus mantas:

—Perdona. Creí que esta tarima estaba vacía.

El gigante entró y tomó asiento en su yacija recién despejada.

—Me llamó Ferrán Suárez —declaró, ya con otro tono menos enemistoso—: Soy castellano, gracias a Dios. La casa de mi padre está en un pueblo cerca de Palencia. Mi padre es rico. Tiene una heredad con viñas y más de veinte mil caballos. Hace dos años que sirvo al emir. ¿Tú hablas cristiano?

Selim asintió con la cabeza. Entonces Ferrán continuó en su propio idioma:

—Prefiero hablar castellano. Como habrás notado, el árabe no se me da nada bien, gracias a Dios. Yo me llevaba bien con el contable anterior, que era un judío muy apañado, de Meknes, pero lo han despedido, junto con los otros. Corren por aquí tiempos revueltos y los almohades prefieren tener contables andalusíes, creen que vosotros no andaréis metidos en las taifas y partidos de Marraquex. Pero esto no es cosa mía. Los asuntos de los moros no me importan. Lo que yo quiero es llevarme bien contigo para que me escribas cartas para mi hermano. Tengo un hermano que se llama Lorenzo, el mejor caballero de Castilla. A veces, él también me escribe. Está sirviendo al Miramamolín en un castillejo del desierto que llaman Tagrazunet, donde Cristo dio las tres voces. Yo me tiré allí seis meses, a poco de llegar aquí, por la paga, que es doble. Te voy a dar un consejo: no se te ocurra apuntarte nunca para ir a tal sitio. Allí no hay agua ni árboles y hace más calor que en el infierno y te comen los tábanos, pero lo peor de todo es que no hay mujeres, aparte de una vieja de setenta años, y si uno quiere hembra, tiene que escoger entre ella y una burra que tienen para el servicio de aguada. Como es natural, cuando me apretaron las ganas, hube de optar por tirarme a la vieja, pero eso no quiere decir que la burra se escapara, que también cayó, por variar. ¿Estás de acuerdo en escribirme cartas para Lorenzo?

—Lo haré con mucho gusto —se apresuró a contestar Selim, sintiéndose aliviado ante la perspectiva de tener agradecido y de su parte a aquel tipo. El otro pareció leerle el pensamiento.

—En ese caso es posible que seamos amigos —dijo—. Vas a necesitar un amigo como yo.

Luego siguieron conversando hasta que se hizo de noche y llamaron al rancho, y el castellano contó cosas de su tierra y en los días sucesivos, cuando se encontraban, tornaban a conversar y pareció que Ferrán buscaba la compañía de Selim, lo uno por ganarse su oficio como amanuense y lo otro porque prefería conversar en castellano. Y Selim, cortésmente, procuraba no defraudarlo, si bien los temas de conversación comunes que podían abordar eran muy limitados, pues la charla del cristiano tenía pocos registros aparte de la guerra, las mujeres y la caza. Hasta que un día en que Selim notó que se le llenaban los ojos de lágrimas al describir la dolorosa agonía de un ciervo malherido, descubrió en su corazón, con gran sorpresa, la sombra de un afecto verdadero, nacido no del miedo de aquel coloso impuesto sobre su natural pusilanimidad, sino de las compartidas confidencias en el destierro de aquellos roquedos. Y después de aquello, lo miró ya de otro modo y llegaron a ser buenos y verdaderos amigos.

Pasó el tiempo y vinieron unos meses sobre otros así como suelen y giró como noria la rueda de las estaciones con los fríos del invierno y los calores del verano y siguió viviendo Selim en los campamentos entre aquellos que tienen por techo el cielo y se tocan con el duro yelmo, ¡lindo sombrero!, y entrando en los saberes de los contables del Miramamolín fue medrando algo, y como invirtiera sabiamente sus ganancias, a poco pudo comprarse una casa decente en el pueblo, donde recibía muchas tardes a Ferrán Suárez y a otros amigos que iba haciendo y allí bebían vino, y conversaban y jugaban a los dados y a las otras diversiones propias de militares y de hombres solos. Pero también gustaba de rodearse, otros días, de personas de juicio y fundamento que al pueblo llegaran, con las que conversaba de poesía y jurisprudencia. Y eran muchas las noches en que, en quedándose solo, subía Selim a la terracilla que su casa tenía y tendía una raída estera de oración y se sentaba sobre ella y se pasaba las horas contemplando la luna y acordándose de Faye, a la que tiernamente amaba. Y muchas veces le rodaban cálidas y saladas lágrimas por las mejillas hasta la barba, que se le había ido poblando, y entre profundos suspiros que le hendían el pecho se iba quedando dormido hasta que el relente de la mañana lo despertaba y lo echaba a dormir a su aposento de abajo, tornándole a recordar, en la duermevela, sus cuitas y contrariados amores.

Habían pasado así tres años cuando el Miramamolín designó a Ahmed el Mono para que condujese una caravana al país de los negros, en calidad de arraez. Para lo cual había que cruzar el desierto y el Mono se puso en camino llevando consigo, entre los contables, a Selim, y entre los escoltas armados, a aquel Ferrán Suárez, su amigo.

Si se encuentra entre vosotros alguno que haya conocido una caravana sabe que no miento en lo que voy a decir. El día en que la Osa Mayor llega al nivel del horizonte, el Miramamolín da la orden de partir a la caravana de la sal. Si queréis imagináros la tenéis que pensar en no menos de veinticinco mil camellos y otros tantos hombres levantando polvo hasta cubrir con él el cielo y la tierra en el descampado que hay en las afueras de Marraquex. Y entre ellos, muchos que no viajan en la caravana pero que van a suministrarle sus necesidades, a ver a los amigos, a despedir a los primos o simplemente a curiosear y molestar. Unos con burros, otros con cántaros, otros con cenachos de viandas, como en feria feriada. Y luego, el día del trompetazo y la tamborada, sale la caravana, que tarda diez meses en atravesar el arenal, y empiezan las fatigas y sudores y se padecen tormentas de arena y bichos ponzoñosos como para que un quinto de los hombres y un séptimo de los camellos muera en el empeño, con eso queda todo dicho. Y por no hacerme prolijo, puesto que aún nos queda mucha tela que cortar en este cuento, dejo de hablar de los hombres del desierto, los embozados que se pintan la cara con alheña azul y son fieros y rapiñaderos pero dejan pasar sin daño a las caravanas que les pagan un tanto, y gustan de bailar levantando mucho las piernas y haciendo molinetes de espada sobre sus cabezas y algunas veces se echan al suelo de espaldas para levantar los pies con gran celeridad, al son del tambor, y los cantos que sus mujeres ululan. Cosa curiosa de ver, ya lo creo.

Eso es todo por hoy. Que Alá, el que hizo los caballos y las otras bellezas del mundo, no os deje de su mano. ¡Selam!

DIECINUEVE

PUES HABÉIS DE SABER QUE, después de muchos días de caminar por la ruta de la sed y del espanto, llegó la caravana a un oasis que llaman Targa, donde hay un pozo grande con su palmeral alrededor, lugar muy deleitoso a la vista y muy refrescante para el que llega del arenal, el frito como chicharrón. Y, en entrando al palmeral, el arraez de la caravana, Ahmed el Mono, al que ya conocéis, el de la nariz cortada, mandó descansar y hacer aguada por los turnos acostumbrados. Y estando Selim a la vera del pozo, cuando le llegó su vez, hete aquí que se le acerca otro rehén andalusí al que llamaban Hud el Lobo, mala persona, de estos que más vale darles de lado, el cual, por hacerse el gracioso delante de unos compinches de su calaña que lo estaban mirando, hizo como que chocaba con Selim y le dio un golpe en el codo a resultas del cual toda el agua que en el jarrillo llevaba se le derramó por el pecho. Y Hud el Lobo rióse la gracia a más no poder, que parecía que se le doblaba la espalda. ¡Teníais que haber visto a Selim! Trasudando ira por sus ojos, asió al otro de la camisa como si lo quisiera zarandear mas, viendo que Hud el Lobo era más fuerte que él y hombre de armas tomar, se calmó en seguida y lo quería arreglar con palabras, a lo que el Lobo, que era gran camorrista, no atendió ni poco ni mucho, sino que lanzó un puñetazo al rostro de Selim que dio con él en el suelo con la boca bañada en sangre. En esto acudieron caravaneros que se interpusieron poniendo paz y la cosa quedó así. Pero a la tarde, cuando llegó a oídos de Ferrán Suárez lo que había ocurrido, aunque Selim no le dijo palabra, el castellano fuese a donde Hud el Lobo paraba y aunque lo halló rodeado de sus amigos no por ello se achantó, sino que le espetó con muy recia voz:

—¿Eres tú el que le atizó a Selim, mi amigo?

—Yo soy —respondió el aludido. Y empezó a levantarse calmosamente, como si se aprestara para la pelea, con la cachaza que da la costumbre de ganar—. ¿Es que pasa algo? ¿Tienes tú, por ventura, que venir a defenderlo, a ese marica?

—Es que —respondió Ferrán muy tranquilo— Selim y yo tenemos un trato de amistad. Él me atiende las escribanías y las cuentas y yo lleno la boca de estiércol al que le toca un pelo de su ropa. Así que vete abriendo la boca, te comes el estiércol y quedamos tan amigos.

Al oír esto, Hud el Lobo se encendió en ira y respondió:

—¡Por la tumba de mis padres y la de mis abuelos que eres tú el que va a mascar estiércol, perro cristiano politeísta!

Y sin más conversación ni florituras de estilo, se enzarzaron en una lucha como no se ha visto otra, dándose grandes mamporros y patadas, como si fueran a matarse. Mas las manos de Ferrán eran como mazas y en seguida dio con el Lobo en el suelo, donde, asiéndolo por la nariz fuertemente, cuando le faltó el aire no le quedó más remedio que abrir la boca y Ferrán se la llenó de estiércol de camello, como le había prometido.

De este escarmiento se habló mucho en la caravana y, cuando el suceso llegó a sus oídos, Ahmed el Mono comentó:

—Le está bien empleado al Lobo por camorrista y peleón y ya va bien librado cuando además no le impongo una multa por alborotador y por quebrantar el ayuno del Ramadán.

Y dijo esto porque la mascada de estiércol había sido antes de ponerse el sol; cuando aún no es lícito a los creyentes ingerir alimento alguno.

No fue ésta la última vez que Ferrán Suárez hubo de salir en defensa de Selim en el transcurso de aquel viaje. Hubo otra que fue mucho más grave y que ahora mismo referiré a la culta y generosa concurrencia.

¡Prestad oído, porque mi elocuencia será sarta de perlas en vuestras orejas y adornado zarcillo en vuestros lóbulos! Niño, hazme el favor de irte a otra parte con el camaleón, que estás molestando y me distraes a los oyentes. Mira a ver si te lo compran en el zoco de los perfumistas.

Pues el caso fue que, al regreso del viaje al país de los negros y Tomboctú, ya de vuelta en el Magreb, cuando llegaron al corral que llaman Timactuza, que está a tres jornadas de Marraquex, encontraron gran multitud de mercaderes, tratantes, taberneros y mujeres de la vida, todos los cuales es costumbre que acudan a recibir a las caravanas con ánimo de medrar ofreciendo lo que tantos hombres anhelan después de las muchas calamidades del arenal: ganancias y placer. Pues bien, entre ellos había un cristiano que a todos pareció sería de los que sirven al Miramamolín. Según luego se supo, había llegado días atrás sin otro quehacer que esperar a Selim y andaba preguntando por él muy insistentemente a todo el que lo conocía, con el achaque que le traía una carta de su familia, y cuando hablaba de la misiva se tocaba la zamarra como si la llevara allí guardada entre los pliegues. Lo menciono porque la gente se fija en estos detalles y luego, cuando hay un muerto, los comenta y mi obligación es no dejarme nada en el tintero.

Y cuando la caravana hubo llegado, uno de los que conocía a Selim se lo señaló y le dijo:

—Aquel mancebo un tanto canijo, que las botas que lleva valen más que su persona, es ese Selim a quien buscas.

Fuese el cristiano a él y le dijo:

—¡Te saludo, Selim Nasr, que el Altísimo te conceda su misericordia! Has de saber que hace tres meses vine de al-Andalus y que soy portador de una misiva de tu gente, mas antes de entregártela he de hablar contigo, en privado, de un asunto que te interesa mucho.

Y con ese pretexto condujo a Selim a su posada, en unas casillas miserables que había en la otra parte de la corraliza. Y por el camino iban hablando de unas cosas y de otras y Selim le preguntaba sobre la gente que dejaba en Jaén, mas, como el otro respondía con evasivas o titubeaba, Selim empezó a sospechar que en todo aquel asunto había gato encerrado. Quiso entonces su suerte que se cruzaran con un mozo de cuerda beréber conocido de Selim y dirigiéndose a él en lengua del arguiz, que pensó no sería entendida por el cristiano, como así fue, le dijo:

—Por tu vida si te quieres ganar un dinar o más síguenos con disimulo y mira dónde me lleva este infiel, y luego busca a mi amigo, el cristiano ese alto y fornido que cuando habla es como si rebuznara un borrico, y se lo dices, que no me fío de las intenciones de este que me lleva.

A lo que el otro guiñó el ojo dándole a entender que así lo haría.

Prosiguieron el camino sobre el polvo y no pararon de andar hasta que al fin llegaron a una mediana choza y el cristiano empujó la puerta y se apartó y Selim no tuvo más remedio que pasar encomendándose a Aquel en cuya mano está nuestro destino, porque cada vez veía la cosa menos clara. Entraron a un cuarto iluminado por un agujero abierto en el techo, que era de paja amasada con barro, y el cristiano, viéndose ya en seguro, se metió en el pecho la mano y sacó un puñal de los de Cuéllar, los de la hoja ancha y filosa, que puso en la garganta de Selim y le dijo:

—Ahora me vas a responder a unas cuantas preguntas o ya puedes darte por inscrito en el número de los de la otra vida.

A lo que Selim, con el pecho oprimido por la congoja, respondió:

—¡Por los sepulcros de mis padres, pregunta lo que quieras que me has persuadido y estoy deseoso de hablar!

—Hace unos años, en la batalla de las Navas, mi señor Alvar Pérez de Castro iba a degollarte cuando un templario llamado Berenguer de Peramola intercedió por ti y te llevó consigo. ¿Te acuerdas de aquello?

—Sí que me acuerdo, ¿cómo no me iba a acordar de aquel chasco? —dijo Selim.

—Bien —díjole el otro, aprobativo, y como si fuera un regalo aflojó un poco la filosa sobre el gaznate, para mostrarle buena voluntad—. Entonces, ahora que nos empezamos a entender, vas a contestarme una pregunta muy sencilla: ¿por qué te salvó ese templario?

A lo que Selim respondió:

—Has de saber que no tuvo ningún motivo particular, sino que una hora antes había caído prisionero de los almohades y yo le di de beber, detalle por el que me quedaría agradecido.

—¡Estás mintiendo, boñiga de camello! —gritó el cristiano presionando otra vez el filo de la daga sobre la nuez de Selim—. Y yo estoy perdiendo la paciencia. Sé que llevabas un mensaje de la Lámpara Tapada. También conozco el contenido del mensaje: era sobre un espejo de oro de los godos que está escondido cerca de Jaén, y otras cosas tocantes a la magia. No tienes más remedio que decirme lo que sabes del asunto o darte por pasado a los de la otra vida. ¡Escoge lo que prefieras y acabemos de una vez! Te advierto que no me pienso ir de vacío después de todas las penalidades que me he visto obligado a soportar para encontrarte: he dejado a los míos, he cruzado el mar en una barquichuela miserable, he atravesado medio mundo por tierras de infieles, me han picado tábanos como bellotas, he padecido fiebres, he vadeado charcas asquerosas donde me han chupado la sangre las sanguijuelas, llevo dos años sin oír misa y sin comulgar, con grave deterioro de mi alma, me han robado el hato en el camino de Fez, cuatro negros generosos de instrumento me han sodomizado en una fonda de Meknes, y he sufrido toda clase de estafas y trapacerías por parte de la morisma asquerosa, así que no me vayas a decir ahora que todas esas fatigas y privaciones no me han servido para nada. Mira que no te amenazo en balde: o lo confiesas todo o te mato aquí mismo, por la gloria de mi padre, que Cristo tenga en su seno. Es la última vez que te lo advierto.

En estas angustias estaba Selim, invocando para él la vida eterna que Alá promete a los creyentes, y el otro echaba fuego por los ojos y tenía toda la pinta de disponerse a cumplir lo que prometía, cuando Ferrán Suárez, al que había dado aviso el porteador de marras, se llegó a la choza y echó abajo la puertecilla de una patada, en la que se llevó, de camino, media pared. Y el otro, al verlo aparecer, apartó a Selim de un empellón y fuese para el intruso con el cuchillo por delante. Fue cosa de ver la pelea en la que se enzarzaron los dos cristianos. Cortita, eso sí, pues, aunque los dos eran buenos luchadores, no llevaban adarga ni cosa parecida que parara los golpes. En menos de un suspiro, Ferrán Suárez agarró el brazo del otro y de un tajo le cortó limpiamente la mano izquierda, de la que salió un chorro de sangre que se estrelló contra el techo y los bañó a todos. No le dio tiempo ni de que le doliera, porque a continuación le metió el cuchillo por el vientre y se lo vació y le echó fuera todos sus redaños con los restos de la última comida. Y el cuitado se vino abajo con todo su peso, de manera que antes de llegar al suelo ya se contaba en el número de los que han pasado a la otra vida. Ferrán Suárez se quedó un momento mirando los estertores del agonizante y, cuando lo vio quedarse inmóvil, resopló y miró a Selim y le dijo con enfado:

—¿Sabes lo que te digo, Selim? Que para ser un jodido escribiente te metes en muchos líos con jaquetones y bravos. ¿Se puede saber a qué venía el secreteo con éste y por qué te dejaste traer a la losa del matadero?

Explicó Selim lo que ya sabemos de la carta que el otro dijo que traía de Jaén, mas no mencionó lo referente a la Lámpara Tapada y el Espejo de Salomón porque, aunque se fiaba de su amigo, no quería comprometerlo. Además, algunas veces Ferrán Suárez tenía el defectillo de que se volvía loco por un trasero bien hecho y cuando se emborrachaba se iba de putas y le contaba todos sus secretos, que eran pocos, a la furcia de turno. Sobre esto os diré mi opinión: ¡que el que esté libre de culpa tire la primera piedra, como decía el profeta Jesús!

Pues bien, más por curiosidad que por codicia, los dos amigos registraron las ropas del cadáver y le encontraron una bolsa llena de dirhemes de oro, que Ferrán Suárez se guardó, pero ninguna carta ni cosa parecida. Y Ferrán tomó la daga del difunto, la filosa, y examinó con atención un relieve que traía en la empuñadura y dijo:

—No era un muerto de hambre, ciertamente, porque éstas son las armas de don Alvar Pérez de Castro.

Y pareció que esto lo preocupaba, pero luego sacudió la cabeza y dijo como para sí:

—¿Qué iba a hacer en el Magreb un Pérez de Castro, que son todos ricos, aunque gente agarrada y capaz de quitarle su bolita a un escarabajo? Seguramente este individuo había robado el puñal.

Selim no dijo nada, pero pensó que aquel hombre había venido a buscarlo desde el otro confín del mundo para arrancarle el secreto del templario. Y se espantó al pensar que la Lámpara Tapada, o quienquiera que fuese el que lo buscaba, tuviese tanta fuerza y lo buscase tan ahincadamente. Pero retuvo para sí estas angustias y no dijo palabra.

Al otro día Ahmed el Mono convocó a Ferrán Suárez y a Selim a su tienda y los miró severamente y les preguntó:

—¿No habéis ganado suficiente oro en la caravana que os dedicáis ahora al bandidaje? Lo digo por el muerto que apareció anoche. Y no me contéis cuentos porque sé lo que pasó: Selim lo llevó a la choza y tú lo apiolaste.

A lo que Ferrán Suárez respondió:

—Así como dices ocurrió, sagaz Ahmed. Y no tenía más remedio que hacerlo porque en otro tiempo, en Castilla, ese hombre desgració a una hermana mía que era virgen, perla sin horadar, montura sin cabalgar. Tenía con él esa deuda de honor. ¿No hubieses tú obrado de igual modo?

—¡Yo no tengo hermanas! —gruñó Ahmed el Mono ajustándose su nariz de cuero—, pero si las tuviera y alguien me las hubiera desgraciado, por Alá que hubiese obrado de igual suerte. Estás disculpado. Pero no le contéis a nadie más el motivo de vuestra justicia porque, como el cónsul de los cristianos es tan quisquilloso, no se conformará con esa explicación y a lo mejor se pone a indagar si tú tienes hermana o si el otro la desgració como dices. ¡Problemas, líos! Y yo no quiero líos, que ya tengo bastantes con los que me dan la caravana y los contables del Miramamolín, esa partida de mangantes (salvando al presente). Mañana ahorcaremos a algún mendigo con el achaque de que mató al difunto y le daremos carpetazo al asunto. Favor que me debéis. Y ahora solamente quiero la bolsa que le robasteis al fiambre, porque habrá que decir que la encontramos en poder del que va a pagar por ese asesinato.

Sacó Ferrán la bolsa, que en el seno la llevaba, y se la entregó a Ahmed el Mono con una media sonrisa. Y el Mono tomó la bolsa, la sopesó apreciativamente, y no se quedó con todo, que devolvió la sonrisa, y luego los despidió con un gesto displicente. Ya habían salido cuando les gritó:

—Y no os preocupéis por esto, que, si no lo reclama ningún familiar, lo repartiremos entre los menesterosos, pues Alá bendice a los que los socorren. ¡Será como un depósito que Alá me confía!

—Así verán los menesterosos un óbolo de esa bolsa como yo soy sultán del Cairo —dijo Ferrán, de buen humor, palmeando la espalda de Selim.

VEINTE

DÍAS SOBRE DÍAS pasó el tiempo y por la voluntad de Alá (alabado sea), Ahmed el Mono mudóse a una ciudad que llaman Rabt y llevó con él a Selim, en el que confiaba más que en ningún otro, y en tanto que los demás escribientes y secretarios eran todos unos mangantes. Y es el caso que todos ellos habían amasado grandes fortunas, incluso los que habían llegado al Magreb después que Selim, y poseían casas y huertos y mulas enjaezadas y esclavos, mientras que Selim sólo una casa pequeña poseía y una mula mediana a la que se le notaba todo el costillar, que a cualquiera le hubiese dado vergüenza lucirse con ella por la calle, y no más ropa que la que cabe en una arquilla que fácilmente se transporta. Tenía también un esclavo falto de palos y perezoso, de los que madrugan para estar más tiempo sin hacer nada, que le sisaba descaradamente de la despensa y a menudo se hacía el sordo cuando era llamado, virtudes por las cuales su anterior propietario le había cortado el labio superior dejándolo feo y mal encarado como os podéis imaginar, aunque, a causa de su mengua, parecía que se estaba riendo siempre, lo cual era de gran consuelo a los melancólicos. Y viendo la modestia en que Selim vivía, Ahmed el Mono le tomó aprecio y se compadeció de él y, como sus asuntos marchaban prósperamente, un día lo llamó y le dijo:

—¡Demos gracias al Altísimo por los dones y beneficios que nos dispensa sin tasa alguna! Selim, amigo, me has servido bien y honradamente estos años y te he tomado aprecio como se le toma a un hijo. Por ese motivo te hago un regalo que te distraiga de tu soledad. Ve a tu casa y mira lo que te he comprado.

Fue Selim a su casa y encontró la puerta abierta y el esclavo ausente, como solía, lo que no lo afligió mucho pues había poco que robar, pero, en pasando al patio, escuchó que alguien suspiraba y lloraba muy quedamente en la alcoba de al lado. Fuese a ella y halló a una muchacha como de quince años, más bella que la luna en su noche catorcena, la que, en notando que alguien llegaba, se apresuró a enjugarse las lágrimas, como si la hubiesen cogido en falta, y quiso disimular, mas viendo que el que llegaba era un joven, tornó al llanto y a la endecha.

—¿Por qué lloras? —preguntó Selim sin acercarse a ella.

—Porque me han traído de Cartago y presiento que ya no veré más a mi madre ni a mis hermanos —respondió ella.

Selim asintió gravemente.

—Si eso te consuela —dijo—, yo también llevo ya años sin ver a los míos y ni siquiera sé si los veré algún día.

La muchacha levantó la cabeza y miró a Selim como si lo viera por vez primera y se olvidó del llanto y le preguntó:

—¿Pues de dónde eres tú?

—De una ciudad andalusí que llaman Jaén.

—Es triste ser esclavo —reflexionó la joven.

—Yo no soy esclavo —repuso Selim con suavidad, como si tuviera que disculparse por no serlo—. Estoy aquí como rehén del Miramamolín.

—Y nuestro amo, ¿cómo es?

—Si te consuela saberlo —respondió Selim—, te diré que es joven y no mal parecido, piadoso y paciente.

Con estas y otras razones continuaron departiendo por espacio de un rato y con la charla la muchacha se iba distrayendo de sus anteriores congojas y hasta se reía de algunas gracias que Selim le contaba, hasta que entró en la casa un criado de Ahmed el Mono y dio una voz en el patio y dijo:

—¿Quién vive, es que no hay nadie en la casa?

A lo que Selim repuso:

—Sí hay, por Alá, que aquí estamos.

Y el otro, viendo que Selim hablaba desde la cámara, pensó que ya estaba gozando de la muchacha, con lo que, por discreción, no quiso pasar de donde se encontraba, así que depositó en el suelo una capacha que traía y dijo:

—Mi señor Ahmed te envía estos dulces y estas viandas para que hagas colación con tu esclava y me encarga que me informe sobre si te ha gustado, pero ya veo que sí.

A lo que Selim se puso colorado y miró a Fátima, que no comprendía nada, y contestó al del patio:

—Dile al ilustre Ahmed que beso sus manos por todas las atenciones y dádivas que sobre mí derrama, y ahora vete.

Sonrióse el otro y dio el selam y marchó y quedaron otra vez solos en la casa Selim y Fátima. Y ella dijo:

—¿Qué es lo que he oído? ¿Quiere eso decir que tú eres mi amo?

Y Selim se ruborizó otra vez y asintió. Teníais que haber visto la barraquera que cogió la muchacha y cómo lloraba cubriéndose el rostro con las manos mientras Selim, nervioso y acusándose de haber provocado todo aquello con su torpeza, no sabía qué hacer y acudía a consolarla sin saber qué razones aducir para restañar el caño suelto del llanto. ¡El simple no sospechaba que Fátima lloraba de felicidad pues había temido durante muchos días que la vendieran a algún viejo baboso de estos que en cuestión de mujeres no tienen ya dientes que clavar pero marranean los manjares (los varones de juicio que me escuchan entenderán que si no hablo más claro y recurro a las metáforas es porque hoy tenemos delante a mujeres de respeto y niños). Así que Fátima estaba contenta porque había dado, por la gracia de Alá, con un hombre joven y bondadoso y en su corazón se propuso inmediatamente servirlo más como esposa que como esclava y ganar su voluntad y hacerlo feliz para ser feliz también ella.

Y a la tarde fuese Selim a la casa de Ahmed el Mono y después del selam le hizo reverencia y le dijo:

—Señor, sólo Alá es dueño de la recompensa y el castigo, pero yo no sé cómo podré pagarte las mercedes que me haces y los bienes que continuamente derramas sobre mí. ¡Tu bondad no conoce límites!

A lo que el otro contestó:

—En verdad que sólo te he devuelto una mínima parte de lo mucho que me has hecho ganar desde que estás a mi servicio y el afortunado soy yo de tener secretario tan honrado y cabal. Puedes creerme si te digo que si hijas tuviera te casaría con una de ellas, pero como no tengo he querido darte compañía que alegre tus noches y atormente tus días. En este punto no tendrás queja pues me he gastado mis buenos dineros en comprártela virgen intacta, que no he querido darte, por escatimar plata, una de esas esclavas que son como fruta manoseada y estrujada por cien manos cochinas y tienen la raja dada de sí, como bebedero de patos, y, aunque sean jóvenes, están ya ajadas como alfombra a la que ha pasado por encima toda una caravana.

Se ofreció Selim otra vez y renovó sus protestas de fidelidad y su agradecimiento y luego fuese a dar una vuelta por los zocos, e iba tan contento que no quería más compañía que el alegre pensamiento de lo que dejaba en casa y de su concluida soledad.

Habéis de saber que aquella noche, cuando Selim regresó de rezar la zalá de la tarde, pues era viernes y no se excusaba ir a la mezquita mayor, encontró a Fátima ya en la cama fingiéndose dormida y, aunque se llegó a ella y notó, por su alterada respiración, que no dormía, no hizo nada sino que, tendiendo un camastro en el patio, se echó allí y se puso a contemplar las innumerables estrellas, sintiéndose feliz, hasta que, sin darse cuenta, se quedó dormido. Y durante las seis noches que siguieron a la de marras hizo lo mismo y trató a la muchacha con delicadeza y respeto. Y como notara que ella no salía nunca de casa, le dijo:

—Has de saber que yo no soy de esos que quieren tener a la mujer encerrada como si de vidrio fuese. Desde ahora te concedo que salgas y entres como en casa tuya, lo mismo que hace mi esclavo, el del labio de menos.

A lo que ella, bajando los ojos, repuso:

—¡Ay, mi señor, es que no tengo más que este vestido y está ya tan remendado que me da vergüenza lucirlo y que lo vean las otras mujeres!

A lo que Selim se recriminó en su corazón por no haber advertido la mengua que la muchacha padecía, pues siempre estaba preocupado con los asuntos de Ahmed el Mono y de los otros muchos que a él recurrían y paraba pocas mientes en las cosas domésticas y en las otras menudencias que las mujeres tienen en cuenta. Pero aquella misma tarde salió con Fátima y la llevó al zoco de los pañeros y le compró dos piezas de tela para que el sastre le cortara sendos vestidos. Y ella se puso tan contenta que se pasaba el día cantando con una dulce voz, más melodiosa que el gorjeo de los pájaros del Paraíso, y entre eso y la ordenada limpieza que iba introduciendo en la casa y las flores y tiestos que por todos sitios ponía, iba notando Selim que su vida se había tornado más placentera desde que Fátima llegó. Y a la noche séptima de su llegada, que era de luna llena y luciente y el aire se perfumaba de dama de noche y azahar, estando durmiendo Selim en el camastro del patio, sintió un como leve roce en los labios y despertó y vio que era Fátima que, vestida solamente de su sonrisa, se inclinaba sobre él y lo había besado suavemente. Y la muchacha hizo ademán de retirarse al sentirse descubierta, mas Selim la retuvo por el brazo y delicadamente la atrajo hacia él y le devolvió el beso salado y largo. Y ella aflojó su talle y se fue dejando caer encima de él y le hizo sentir sobre el pecho sus turgentes tetillas, de las que él bebió con cierta sed antigua, y luego cerró los ojos cuando sintió que Selim acariciaba los pezones rosados con las pupilas de sus abiertos ojos, y así jugando, entre muy profundos y vehementes suspiros, llegaron a lo que hay que llegar entre hombre y mujer y sólo diré que la hendidura de la muchacha exhalaba el perfume de la miel y se lubricaba de tal manera que producía un chapoteo suave a cuyo acompasado arrullo los dos naufragaron en el mar del amor y pasaron la noche gozando de las delicias de la vida hasta que amaneció y vino otra vez la luz.

Los días que siguieron, ya durmieron juntos Fátima y Selim y él conoció otra vez la felicidad en su destierro. Mas, a los pocos días, estaba él acodado en la terraza contemplando el crepúsculo violeta cuando llegó Fátima a su lado sin ser notada y le preguntó:

—¿Por qué a veces te quedas tan triste, amo y dueño mío? ¿Es que hay algo en lo que yo no te complazca, o alguna grave preocupación te roe el ánimo? Si se trata de eso, déjame compartirla contigo como comparto tu pan y tu sal.

Y él le abrió su corazón como nunca lo había abierto a nadie y liberó su congoja y estuvo hablando de cuanto había dejado en al-Andalus y de Faye, cuyo recuerdo lo acompañaba constantemente para llenar sus horas de melancolía y de añoranza. Y Fátima sufría al oír aquello porque el hombre al que amaba estaba enamorado de otra, mas, recordando su condición de esclava, nada dijo.

Huyó el invierno con su frío y se aposentó la primavera con sus rosas, y Fátima, habiendo notado que los otros escribanos del Miramamolín eran ricos mientras Selim continuaba siendo pobre, cada noche le preguntaba por sus asuntos y haciendas y de esta manera se instruía sobre las razones de su falta de prosperidad. Y de allí a poco, con sus consejos y perseverancia y buena administración, lo iba inclinando a obrar más por su bien (como mujer paciente que mira por su marido y procura aconsejarlo rectamente) a que cobrara el tanto acostumbrado a los muchos que a él acudían en demanda de cartas y corretajes y que, disfrutando como disfrutaba de la privanza de Ahmed el Mono, que había llegado a ser de los primeros generales del consejo del Miramamolín, lo aprovechase para hacer buenos negocios con las concesiones de la Mesa de las cuentas, como hacían los otros. Con lo que, de allí a poco, Selim fue prosperando por encima de sus iguales, pues acudían a él incluso de otras ciudades sabiéndolo honrado y recto. Con lo que su caudal fue creciendo y creciendo y el dinero llamó al dinero y pronto pudieron cambiar de casa y se mudaron a otra más ancha, espaciosa y alfombrada con tapices de abigarrados colores y Selim pudo adquirir un par de caballos y una mula y vendió de saldo al esclavo de la sonrisa y adquirió otro mejor dispuesto para el trabajo, negro, joven, de intacta dentadura, al que pusieron Batán. Y este esclavo resultó fiel como un amigo y leal como un perro y fuerte como un oso, con lo que también en esta suerte hubo de darle gracias a Alá porque otros son fulleros, rijosos, sucios y enredadores como bien sabéis los que tenéis la suerte, pero también la desgracia, de poseer esclavos. A lo que iba, viéndose cada vez más rico, Selim daba gracias a Alá por el galardón que le había hecho poniendo a Fátima en su camino y la trataba más como esposa que como esclava y le regalaba y la agasajaba continuamente. Con lo cual hubiera sido cualquier hombre medianamente feliz, pero Selim pensaba cada noche en Faye y continuaba escribiéndole ardientes cartas de amor que enviaba a al-Andalus con los comerciantes de la seda y del oro, mas nunca recibió respuesta alguna ni de las otras cartas que dirigía a su hermano Mohamed. Y cuando veía que pasaban los años y no conseguía salir del exilio magrebí, mientras que casi todos los otros que con él allá llegaron se iban repatriando, porque sus familias los turnaban cada par de años, una creciente amargura le iba invadiendo el alma pues advertía que Alá había escrito la desgracia en su libro mientras estuviera lejos de aquella a la que amaba.

Y sucedió que llegaron tiempos difíciles en que muchos jerifes se alzaron en armas contra los almohades y escaseó el trigo y menudearon los disgustos y los desastres. A todo esto supo Selim, por ciertos mercaderes que a Rabt llegaron por mar, que uno de los más destacados caudillos que se habían rebelado contra los almohades en al-Andalus era Bayasi, el marido de Faye, el que un día quiso matarlo.

En esto la melancolía se iba adueñando de su alma y la gente se maravillaba de que estuviera tan triste un hombre que tan próspero era en aquellos tiempos de escasez. Y cierto día, estando algo achispado después de beber toda la tarde con Ferrán Suárez y otros amigos, como los otros se marcharan y él quedara a solas con el castellano, se sinceró con él y le dijo:

—Daría cualquier cosa por volver a mi tierra, pues me atormenta el alma estar tan lejos de la mujer que amo y de mi pobre hermana, que es toda la familia que me queda en el mundo.

A lo que el castellano quedóse un momento mirándolo y repuso:

—Un hombre tiene que saber alcanzar lo que quiere, Selim, por un medio u otro. Y si tú te empeñas yo te ayudaré a conseguirlo, pero has de prometerme primero tener buen ánimo y no flaquear, que te conozco y sé que al menor percance te tiembla la barba.

—Pues ¿cómo se ha de hacer —repuso Selim—, si ahora más que nunca los almohades quieren retener a sus rehenes con medio al-Andalus alzado en armas?

—Ya lo pensaré —dijo Ferrán. Y en esto entraron los criados a retirar las bandejas y las jarras vacías y se interrumpió la conversación y luego, aunque Selim quería reanudarla, no pudo ser porque el castellano roncaba la borrachera arrebujado en su pellote y abrazado a las bordadas almohadas.

Pero a los pocos días fuese Ferrán Suárez a Selim y tomándolo aparte le dijo:

—Ya lo tengo todo preparado, lo de tu fuga quiero decir. Te va a costar cincuenta monedas de oro, pero eso no es nada para un rico como tú. Peor es todo lo que vas a dejar atrás, porque no podrás vender tu casa ni tus esclavos sin levantar sospechas, así que tendrás que irte pobre y la Mesa del Miramamolín lo confiscará todo.

—Eso es lo de menos —repuso Selim—. Mas, ¿cómo ha de hacerse el asunto? ¿No correremos peligro?

—¡Por las tumbas de mis padres y de mis abuelos! —se impacientó Ferrán—. ¿No me irás a hacer la faena de rajarte ahora? Peligro, lo que se dice peligro, donde está el cuerpo está el peligro, pero la gente que he apalabrado es de confianza. El patrón de un falucho te llevará a puerto seguro y, según tengo entendido, aunque hoy día no puede fiarse uno ni de su padre, no es de los que cuando se ven lejos de la costa estrangulan a sus pasajeros y arrojan los cadáveres a los peces después de robarles todo lo que llevan. Además, viajarán contigo otros dos pasajeros, también rehenes andalusíes, uno de los cuales no sé si te va a gustar. ¿Te acuerdas de Hud el Lobo?

A Selim se le fue la sangre de la cara.

—¿No me irás a decir que ése vendrá conmigo? —repuso.

—Sí te lo digo: él y otro, un tal Ibn Hassan, de Denia, en el cual veo mayor peligro que en Hud el Lobo, mira por dónde, porque es un pelma de esos que cuando hablan todo el mundo mira para otra parte y tendrás que sufrirlo toda la travesía, pero a ver qué le vamos a hacer. Ésos son los que te han tocado.

—¿Y cuándo será la huida, si puede saberse?

—A la próxima luna negra, contando con que para entonces hayamos encontrado otros dos pasajeros que faltan, y si no a la siguiente. Muchos rehenes quieren escapar pero pocos pueden pagarse el pasaje, ése es el problema.

—Yo pagaré esos pasajes —dijo Selim—, pues quiero llevar conmigo a Fátima y a Batán, mi esclavo.

—En ese caso no hay más que decir —dijo Ferrán levantándose—. Voy a comunicárselo al patrón.

Una semana después, la misma noche de la fuga, Selim despidió a los criados con un pretexto y convocó a Fátima y a Batán y les dijo:

—Habéis de saber que he resuelto escaparme de aquí y regresar a al-Andalus y que saldré dentro de una hora, cuando la gente esté en la zalá del viernes. Éstas son las cédulas de vuestra libertad debidamente registradas. Si queréis quedaros aquí, sois libres; pero si preferís acompañarme, hay sitio para vosotros en el barco. Tomad vuestra decisión.

Fátima no tuvo que pensarlo. «Iré donde tú vayas», dijo, y tan sólo lamentó en su corazón que perdería toda aquella riqueza y bienestar que con tanto sacrificio había ido consiguiendo en los cuatro años que llevaba junto a Selim. Mas luego se consoló pensando que a dondequiera que fueran podría empezar de nuevo, pues, en toda tierra donde se pueda comerciar, un hombre dócil aconsejado por una mujer despabilada puede hacerse rico fácilmente. Batán, por su parte, pensó: «Este hombre me ha tratado más como un amigo que como un esclavo. Seguiré a su servicio a donde quiera que vaya, pues, aunque viviera los años del Fénix, nunca podría restituirle todas las bondades que derrama sobre mí.» Y poniéndose la mano sobre el pecho, dijo: «Yo te acompañaré a donde vayas.»

—En ese caso —dijo Selim— recoged las cosas de valor que haya en la casa, las que se puedan transportar fácilmente en un hato chico, y aparejad la mula con sus serones para salir en cuanto se haga de noche. O, mejor que la mula, que es tozuda como una mujer y puede jugárnosla, que sea un caballo.

—Oigo y obedezco —dijo Batán, y fuese a hacer los aprestos de la fuga.

Llegada la hora, sin ser de nadie vistos, salieron al callejón de la puerta falsa y, por oscuros y apartados lugares, fuéronse alejando de las casas y llegaron a la escondida caleta donde el falucho los aguardaba como cuna que se balancea sobre lecho de aguas. Y Selim iba alejando las angustias de su corazón y, viendo que todo se aparejaba en su provecho, tomaba más ánimos. Pero Alá, el oidor, el sabio, el que a toda cosa puso su razón de ser, había decretado su carga de aflicción para aquel día. Y sucedió que transcurrió un buen rato y aquel Hud el Lobo no comparecía y hubieron de esperarlo otro poco, que a Selim se le hizo eterno, hasta que, finalmente, el patrón dijo:

—No podemos esperar al que falta porque si no amanecerá el día antes de que podamos ponernos a salvo, pero, por otra parte, si éste no me paga, el viaje no me compensa, así que tendremos que dejarlo para otra ocasión.

A lo que Selim, temiendo lo peor y que si lo aplazaba, luego no tendría valor para correr nuevamente aquellos peligros, repuso:

—Hazte al agua, que yo te abonaré su parte y no se hable más.

Con lo que el patrón le hizo zalema y se inclinó reverencialmente ante la bolsa de Selim y volviéndose a sus hombres dio orden de zarpar prestamente. Así andaban, ya con el hato y el personal embarcados, cuando de detrás de unas rocas prominentes que la vista ocultaban salió un tropel de alguaciles del Miramamolín dando recios gritos y esgrimiendo sus armas buidas. Y en todo el derredor comenzaron a silbar las invisibles saetas que hieren sin verlas venir. Mas ya se alejaban los fugitivos sobre el lomo cambiante del mar, diestramente impulsados por los remos, y en la parte de la proa, donde la quilla tajaba el agua levantando espumas, Selim, sentado en el suelo de tablas, arrebujaba entre sus brazos a Fátima por resguardarla de las salobres y frías salpicaduras y quedamente le murmuraba al oído palabras de consuelo entreveradas de besos que más querían consolarlo a él. Mas, a poco, como Fátima no se movía e iba floja y exangüe, la miró más despacio y al recorrerle la espalda con la mano descubrió el astil partido de una flecha y que las mojaduras que él creía del mar no eran sino la mucha sangre que de la herida manaba y vio que la muchacha estaba muerta, pues Alá la había inscrito en el número de sus testigos. Con lo que el mundo se ennegreció a sus ojos y se sintió tan acongojado que ni siquiera le acudieron las lágrimas, como si le hubiesen golpeado la cabeza con una maza y hubiese perdido la razón. Mas Batán, que tiernamente amaba a la muchacha, aunque nunca se había acercado a ella por respeto al amo, lloró por los dos y hasta estuvo en un tris de estrangular al patrón del barco cuando éste, al ver que la hermosa esclava había muerto, pidió licencia para que él y sus hombres usaran de ella antes de echarla al agua, lo que Selim denegó con muy gruesas palabras.

Diéronle la sepultura de las ondas, amortajada con su mejor vestido, en cuyas vueltas hallaron ciertas preseas de oro, con que ella se adornaba los días grandes, que Selim quiso que la acompañaran a su húmeda tumba. Y a otro día por la tarde, sin más contratiempos ya, columbraron la verdiblanca costa de al-Andalus, después de tan larga ausencia, y desembarcaron no lejos de Tarifa, la ventosa, por donde muchos años antes partiera Selim.

Esto era lo de hoy. ¡Holgura y prosperidad con todos!

VEINTIUNO

¡PRESTAD OÍDO, los de la selecta y bien criada concurrencia, porque allá va la sarta de perlas del estilo florido para exorno de los caletres discretos! Largo fue el camino de regreso de Selim en un país que le parecía desconocido de tan cambiado como lo encontraba. La anarquía reinaba en el campo. Las bandas de salteadores, los que antes ejercían sólo por los montes y los más apartados parajes, llegaban ahora a todos los caminos y se atrevían cerca de las ciudades de manera que, antes de emprender el más insignificante viaje, muchos fieles se resignaban a hacer testamento, pues no estaban seguros de salir con vida de los grandes peligros que tendrían que afrontar. Los almohades habían desamparado el campo y se habían encerrado en las alcazabas de las ciudades, desde donde continuaban exigiendo sus tributos. Y castigaban severamente a los que predicaban la rebelión: en todas las encrucijadas había restos de hombres ajusticiados, muchos de ellos con el cartel de rebelde o traidor pendiendo del pecho.

En mayo, cuando los olivos y la vida echan su fruto y las abejas preparan su miel, Selim y Batán llegaron a Jaén. Y Selim se detuvo en el alcor que llaman cerrete de los Lirios y esparció su húmeda mirada por el Zumel y las peñas de Castro y Jabalcuz y la alta alcazaba, la que parece tocar el cielo, y la ciudad extendida por todo el contorno del monte, con sus casas blancas y sus alminares dorados, bella como la rama verde, y se alegró hasta el colmo de la alegría y pronunció, con el corazón y con los labios, estas palabras que nunca el que las dice ha de abochornarse: «Sólo Alá es vencedor.» Con lo cual siguieron adelante, más animosamente caminando, y al entrar por las huertas del Poyo y de la Ribera, las de las dulces manzanas ácidas, blancas como la cera, el pecho se ensanchaba a la vista de las especies tempranas de frutas, ya maduras, así como las bayas de ojo de vaca, los albaricoques, las cerezas y los pepinos.

Y hete aquí que penetraron en la ciudad por la puerta del Aceituno y, dejando atrás el zoco de los perfumistas, que Selim encontró muy decaído, pues no era tiempo de lujos, se dirigieron derechamente, calle Maestra adelante, a la Alcantarilla, y no pararon de andar hasta llegar al palacio de los Nasr. Y como habían entrado en la ciudad en el preciso instante en que los creyentes recogen sus mercaderías y cierran las tiendas para dirigirse a la mezquita mayor, para la oración del *azr*, Selim encontraba por el camino a muchos conocidos y notaba en ellos la huella que deja el paso de los años, los que a nadie perdonan, y ellos lo veían a él sin reconocerlo, pues ahora gastaba barba recortada, a la usanza magrebí, aunque algunos se le quedaban mirando porque su cara les sonaba. Y también notó que alguna que otra mujer que él, cuando marchó, dejó niña, lisa de pecho y escurrida de caderas, se había hermoseado y empollinado en el tiempo de su ausencia de tal modo que al verla pensaba uno: ¡quién la pillara desnuda en la postura de la oración!

Así llegaron al palacio Nasr y, parándose delante de su cerrada puerta, Selim le dijo a Batán:

—Batán, ahora veremos a mi familia y solamente te encomiendo que nadie sepa que tú eres esclavo, pues desde ahora te declaro hombre libre y si has de seguir conmigo que sea por tu voluntad.

A lo que Batán repuso:

—Por hombre libre me tengo con sólo tu palabra,

amo, pero es mi voluntad seguir a tu lado y servirte como hasta ahora.

De lo que Selim, conmovido, abrazó a Batán antes de llamar a la puerta de su casa. Pero vosotros habéis de saber lo que nunca supo Selim, y es que, la víspera del día de su muerte, Fátima, recelosa de que alguna mala mudanza sobrevenía sobre su calma y prosperidad, fuese a Batán y secretamente le encomendó, bajo juramento, que si algo le sucediese a ella, él habría de velar por Selim, así fuese su vida en ello, hasta que la muerte, la rematadora de los goces y la dispersadora de las reuniones, lo arrebatase de este mundo para conducirlo a presencia de Alá.

Un criado de los viejos de la casa, el fiel Sebas, abrió la puerta y, aunque estaba ya casi ciego, inmediatamente reconoció a Selim, por lo que a grandes voces lo pregonó, mientras a sus hombros se arrojaba con los ojos bañados en lágrimas. Y de la paredaña almacería de las mujeres llegó Aixa la primera, sangrando de un dedo, que se había pinchado con el sobresalto de la noticia, y se paró en el umbral y dio un grito espantado que pareció que le arrancaban el alma, de alegría según ha de entenderse, y se fue corriendo a su hermano y tiernamente se abrazaron bañados en lágrimas de tal forma y con tanta ternura y sentimiento que todos cuantos concurrían de las distintas partes de la casa se echaban igualmente a llorar al ver la escena.

Y después de este revuelo compareció Habiba, más delgada que antaño, pero igualmente bella y fría. Fuese para Selim y, apartando a Aixa, lo abrazó igualmente y se felicitó de verlo sano, pero en seguida puso gesto severo y le reprochó:

—¿Cómo es que no nos has escrito en todos estos años, hombre desnaturalizado? ¿Olvidabas acaso que dejabas aquí una familia angustiada por tu suerte?

A lo que él respondió:

—Madre, os he escrito infinitas cartas. ¿Quieres decir que ninguna os llegó?

—Ninguna de ellas, por Alá —respondió Habiba, y luego, tras pensarlo un poco, prosiguió, bajando el tono para hacerlo confidencial—. Lo que, bien pensado, no es extraño pues muchos y grandes cambios han sucedido en tu ausencia.

Nada más quiso hablar Habiba en presencia de los criados y esclavos, sino que los despidió a todos y luego, tomando a Selim de la mano, lo condujo, con hipócritas muestras de amor, a la almacería de las mujeres y allí tomaron asiento en las bordadas almohadas, la pálida Aixa con la cabeza en el regazo de su hermano, y prosiguieron la charla hasta que vino la noche con su negro manto mientras que afuera, en el patio grande, el de las palmeras, los esclavos y criados de la casa daban muestras de jolgorio y alegría, como en fiesta grande, y todo era batir panderos y tocar instrumentos musicales y regodearse con manjares hasta que todos los hambreados de la vecindad quedaron hartos.

Y esa noche Selim y los otros estuvieron de palique hasta casi el amanecer, de forma que unas veces hablaba él, para referir las rarezas de los países que había visitado y las singularidades de sus ciudades, así como de todo lo vivido en el Magreb desde su marcha, y otras veces Habiba contaba lo acaecido en al-Andalus y enumeraba los conocidos de la ciudad que habían fallecido y pasado a ser inscritos en el número de los bienaventurados del Paraíso. Por donde Selim vino a saber que muchas taifas se habían levantado contra el poder almohade y que, en las tierras altas del Guadalquivir, la más poderosa era la que acaudillaba al-Adil, a cuya sombra medraba incesantemente aquel Bayasi, el marido de su amada Faye. Pero, a todo esto, es menester que os diga que la posición de al-Adil como nuevo emir no terminaba de afirmarse en el Oriente de al-Andalus, donde muchos jeques que habían sido sus iguales, e incluso, en algunos casos, lo superaban en linaje, rechazaban abiertamente su autoridad mientras que otros la aceptaban sólo nominalmente y a regañadientes. Al-Adil andaba muy ocupado en atraerse a todos éstos, por lo tanto necesitaba que un hombre bien relacionado y de toda confianza se hiciese cargo de sus asuntos en Occidente. El más idóneo parecía que era Bayasi, pues tenía la experiencia de haber detentado, en los años pasados, ciertos cargos en Córdoba y Sevilla y además tenía vínculos familiares en Jaén y se llevaba bien con las principales estirpes de Occidente. El tiempo apremiaba, así que las cosas sucedieron precipitadamente. A poco, Bayasi era ya gobernador de Córdoba y Jaén y tenía en sus manos más poder del que hubiese convenido a al-Adil, el cual olvidó esa máxima de Aristóteles, el egipcio, que dice: ten a tu perro con hambre y te seguirá a todas partes. Por cierto que tiene otra que dice: la mujer fue hecha de curvada costilla; no pretendas enderezarla, que antes se quebrará. Y, finalmente, tiene otra que dice: si el cuento del recitador te agrada, echa tu óbolo en su pandero, que Alá mira con buenos ojos a los agradecidos y él sabrá corresponderte con las galas de su dicción y estilo.

Volviendo a lo que de Bayasi os contaba, habréis de saber que cuando se vio investido de la importancia de su nueva posición, aquel pavo real, el relleno de viento, el fatuo, se hizo muy viajero. Iba de un lado a otro excusando molestias, para lucir el cargo, siempre en holgada ropa militar, arrastrando séquito nutrido y gran equipaje principesco. Un día almorzaba en Andújar, donde los rostros de las mujeres son una alabanza al Creador por haberlos hecho tan hermosos; otro cenaba en Lucena, donde tampoco puede decirse que sean feas; otro oraba en Alcalá, la del alto castillo, cuyas mujeres, en lo tocante a caderas, lucen alcores de abalorio bajo palios de plata. Por todas partes convocaba juntas, daba banquetes, discutía, persuadía, prometía, amenazaba, cerraba pactos, escindía lealtades, aventaba miedos o los sembraba, compraba informes, recibía espías, despachaba corredores, regalaba, concertaba alianzas, afilaba ambiciones y, en fin, se esforzaba por estar en todo y se crecía de día en día mientras persuadía a muchos, y a él el primero, que lo que hoy parecía, mañana podía llegar a ser a fuerza de sólo simularlo. Y Mohamed Nasr, el hermanastro de Selim, estaba en muy buenos términos con Bayasi y si antes no se había determinado a apoyarlo abiertamente con toda la fuerza de la casa era por temor a que los almohades mataran a Selim como represalia, mas ahora que estaba libre, las cosas iban a ser de otro modo. Y por el entusiasmo con que hablaba de estos proyectos políticos notó Selim que quien tenía la voluntad de alzarse contra los almohades era Habiba y no su hijo, que seguía siendo un mero instrumento en manos de la ambiciosa viuda de Nasr. Pero él nada dijo aunque no veía tan claro como ella que fuese cosa fácil y cumplidera echar a los almohades —con todo su poder— de al-Andalus como quien venía de vivir entre ellos, en el corazón del imperio, y los conocía bien.

A otro día, temprano, por excusar encuentros y visitas, antes que los tenderetes del zoco se abrieran, salieron Selim y Batán y fuéronse derechos a donde la vieja celestina vivía, y Selim le dijo:

—A la paz de Alá, madre. ¿Me reconoces?

—Sí que te reconozco —dijo ella, que estaba más torpe y encorvada pero conservaba la mirada de águila de sus mejores días—. Y sé la cuita que te trae por aquí, porque ¿no habrás venido sólo a saludarme, verdad?

—Eres muy lista —dijo Selim metiendo dos dedos en el justillo de su cinto. Ella extendió su sarmentosa mano y él depositó una moneda de plata.

—¿Te han dicho quién es ahora Bayasi?

—Me lo han dicho —respondió Selim.

—Yo le llevaré el mensaje a Faye, pero tú sabrás lo que haces porque si ese hombre descubre que andas detrás de su mujer nuevamente, no es seguro que esta vez te salves.

—Eso es cosa mía —dijo Selim.

Y, sin más, se despidieron. Aquella misma tarde fue la vieja con sus pomadas, unturas y pócimas a donde Faye habitaba y le expuso el motivo de su visita. Pero Faye, aunque en lo más profundo de su alma se alegró hasta el colmo de la alegría al saber que Selim vivía y estaba bien y se acordaba de ella, se negó a recibir el mensaje, antes bien lo rechazó con manifiesta firmeza y luego despidió a la vieja sin más respuesta y sin atender a las razones con las que, en la prosecución de su demanda, procuraba ésta convencerla.

Y he aquí que cuando la vieja hubo marchado, Faye, la que en todo el tiempo transcurrido no había dejado de amar a Selim tan tiernamente como el primer día, sintió que su corazón se liberaba de la antigua congoja de no saber si estaba muerto o vivo ni qué había sido de él y, para ocultar sus emociones a los criados y rodrigones de su marido, corrió a refugiarse en su alcoba, la de la torre más alta de la casa, y allí, ahogando el llanto sobre las frazadas del camastro, se estuvo largo rato llorando de alegría y sintiendo que una inmensa paz y felicidad le ensanchaban el oprimido pecho. Mas luego, ya más serena, determinó que nunca más se entrevistaría ni haría saber nada de ella a Selim, pues de otro modo los días de su amado estaban contados ya que Bayasi había crecido en poder y era celoso y cruel y no había olvidado lo del día de marras, cuando los sorprendió dándose lengua y algo más en el olivar de Uribe.

Cuentan (pero Alá es el más sabio) que en los días que siguieron Selim hubo de ausentarse, solicitado por su hermano Mohamed que andaba comprando caballos por las montañas de Quesada. Cuando se presentó ante él, los dos hermanastros se abrazaron con más afección de la que se tenían antaño y Mohamed, que se había vuelto verboso y parlanchín, expuso a Selim, en confianza, sus muchos proyectos, que ya sabéis no eran otros sino los de su madre Habiba. En cuanto a Bayasi, en estos días su poder había crecido tanto que creyó que era llegado el momento de alzarse abiertamente contra la autoridad de al-Adil y decretó la ejecución de un secretario llamado Hatruli que al-Adil había puesto en su casa para que lo espiara. Luego le envió la cabeza del desdichado en un odre de salmuera, a la antigua usanza. Al-Adil no perdió el tiempo en acuses de recibo. Entendió el mensaje y prontamente movilizó a todas las tropas disponibles, que según los informes de Bayasi eran pocas y malas, pactó con cuantos pudo y apuntaló las lealtades más dudosas con dádivas y promesas. Córdoba, Granada, Jaén, Úbeda y Baeza estaban con Bayasi, pero al-Adil reunió en Murcia un ejército de dos mil jinetes y siete mil peones que entró por las sierras de Segura haciendo más daño que buey por tejado. En Quesada pasó a cuchillo a la guarnición, que era sólo de cuarenta hombres. Bayasi no tardó en percatarse de que había incurrido en el error de menospreciar las fuerzas de su enemigo y vio que el designio de Alá, que no quiso cubrirlo con su mano, era que sus propios partidarios desertaran por legiones para pasarse al adversario. ¡Días de incertidumbre sobre noches en blanco y dudosas madrugadas! Sobre el campamento de al-Adil llovían correos secretos que portaban selladas protestas de fidelidad y donativos en oro para las arcas del emir, de aquellos que, habiendo comido la víspera en la mesa de su enemigo, buscaban ahora congraciarse y obtener su perdón. ¡Así de mudable es la humana naturaleza, y si se escribiera con una aguja en el rabillo del ojo daría materia de reflexión a los que reflexionan! Eran tiempos difíciles y las cosas sucedían más aprisa que se cuentan. Los más significados cabecillas del bando de Bayasi procuraban prestarse mutuo ánimo para que ninguno desfalleciera. No obstante, siempre que podían eludían directas responsabilidades, por lo que pudiera acaecer en el futuro, y, los que un mes antes se peleaban por mandar, ahora andaban renuentes y se vestían de falsa modestia para que otros se significaran en el mando. Y Mohamed Nasr, el romo y falto de juicio, siendo más estúpido que sus iguales, no halló ninguna dificultad ni advirtió peligro alguno en ascender a lugarteniente de Bayasi y segundo en el mando en aquellas circunstancias ni sospechó que se lo daban en la hora de la angustia, cuando nadie lo quería, siendo así que él era de los últimos que se habían sumado a la rebelión. Se pegó a las pisadas de Bayasi con esa inalterable devoción de los necios que de la incompetencia e irresolución hacen virtud, hecho estafeta, correveidile de consejos y zurcidor de voluntades, echándoselas de visir y despensero del otro, siempre con la bolsa propia por delante, más de lo que convenía a la cada vez más mermada hacienda de Nasr, la que, por ese sendero, llegaría al día en que no tuvieran con qué ir a comprar al mercado.

A un mes de aquello, cuando ya las mieses estaban maduras y las parvas se empezaban a formar en las eras, se esparció la noticia de que un poderoso destacamento de alfonsos mercenarios había cruzado la sierra para reforzar a las tropas de al-Adil. ¡Allá el terror de los corazones que un poco antes se pavoneaban haciendo gala de valor y esfuerzo! ¡Allá el pánico de los poderosos que habían vuelto el rostro de los almohades! Apenas había transcurrido un mes desde el comienzo de la rebelión y Bayasi sólo conservaba la tierra de Baeza, su ciudad natal, donde estaban sus más fervientes partidarios y sus familiares. Pero ni aun de éstos se podía fiar, pues muchos estaban esperando que al-Adil promulgara un perdón general que les permitiera abandonar a Bayasi a su suerte y pasarse al bando contrario. En estas circunstancias, viendo sus negocios cada día más torcidos, Bayasi se puso a salvo en las montañas de Santisteban y dejó encargado a Mohamed Nasr que defendiera Jaén hasta que él pudiera unírsele con los refuerzos que había ido a reclutar. Pero Mohamed, viendo los malos presagios que se le avecinaban y que, una semana antes de la llegada de las tropas de al-Adil, las principales familias de la ciudad se habían puesto a salvo con sus más valiosas pertenencias, abandonó Jaén a su suerte y, con el achaque de escoltar a Habiba, que marchaba a curarse de no sé qué males a Quesada, donde los aires son más delgados y salutíferos, se ausentó y dejó el mando a una comisión de prohombres que lo único que hicieron fue gestionar la entrega de la alcazaba a los vencedores y reunir apresuradamente una fuerte suma de dinero que ofrecieron a al-Adil como donativo para hacerse perdonar la tibieza y faltas del pasado.

Así fue cómo la gente del emir tornó a ocupar la alcazaba y las puertas de la ciudad y, como el águila que a su nido retorna, se aposentaron nuevamente en la alta roca y cerraron las tabernas e impusieron otra vez las rígidas costumbres magrebíes. Y habéis de saber que el comandante que se hizo cargo de la guarnición no era otro que nuestro viejo conocido Hud el Lobo, el mal encarado y traidor, el que tanto odiaba a Selim, el cual, según luego se supo, se había ganado la confianza de los almohades espiando y denunciando a muchos rehenes andalusíes de los que intentaban huir del Magreb. Con estas y otras acciones malas, y con el tercio legal de las fortunas confiscadas a los que denunciaba, regresó a al-Andalus rico y respetado para servir a al-Adil. Y al conocer esto, Selim se certificó de una vehemente sospecha que desde tiempo atrás le rondaba el magín: que el día de marras, cuando la flecha mató a la desafortunada Fátima, Hud el Lobo no se presentó en la playa del embarque porque había ido a denunciar la fuga a los alguaciles del Miramamolín.

Hud el Lobo tomó disposiciones para confiscar los bienes de aquellas familias que se habían arrimado a los rebeldes, entre ellas la Nasr, por lo tanto hizo derribar las puertas del palacio, el de las cuatro palmeras, y después de saquear sus graneros, cuartos y cuadras, estableció en él el retén que había de vigilar las salidas a la Alcantarilla. En cuanto a los criados y esclavos que habitaban el palacio, lo habían abandonado para refugiarse en otras casas de la ciudad que quisieron acogerlos.

De esta manera al-Adil se hizo con toda la tierra que el Guadalquivir baña, excepto Baeza y unas pocas sierras, las de septentrión, las pegadas a la Morena, donde los partidarios de Bayasi se habían hecho fuertes y aguardaban mejores tiempos. Imaginaos a Selim en aquella Baeza gris y fría, escasa de bastimentos y triste, con el enemigo esparcido por el campo enfrente, talando árboles y abriendo zanjas y construyendo gruesos manteletes y chozas donde pasar el tiempo del asedio, todo lo cual ponía pavor a los corazones del que desde las murallas veía que aquella horda espesa como hormiguero había llegado con voluntad de perseverar hasta rendir la plaza. Viendo lo cual, Bayasi se puso de un humor que se sentaba y tornaba a levantarse y medía la estancia con sus zancadas, como león enjaulado, y despedía con bufidos a los criados. Y por muchas vueltas que le daba a la cabeza, no veía más salida que solicitar ayuda del rey Fernando de Castilla, así que le despachó una embajada de notables. Pero antes de que se tuvieran noticias de esta embajada, al-Adil recibió aviso de sus partidarios del Magreb para que sin pérdida de tiempo cruzara el mar, puesto que allí su partido estaba a punto de conseguir el palio imperial que estaba vacante desde la muerte del anterior Miramamolín. Titubeaba al-Adil sobre si levantar el asedio de Baeza, aun a riesgo de perder el trono de Marraquex, cuando sus espías le llevaron noticias de que Fernando había accedido a apoyar las demandas de Bayasi. Y es fuerza que os explique cómo fue esto para ilustración de los jóvenes y recordación de los viejos, pues es materia que dará que pensar a los pensantes y que hablar a los parlantes. Sabed que el rey de Castilla era joven, que a la sazón sólo tenía veintitrés años, y estaba deseoso de medrar a costa de otros y, como todos los jóvenes, estaba sediento de gloria militar. Reunió su curia real en Muñó y allá deliberaron, como los lobos en manada, sobre cómo habrían de repartirse el rebaño de los fieles. Y dicen que Alvar Pérez de Castro, el roñoso, el degollador nunca ahíto de sangre, el calamitoso para sus enemigos, se alzó y levantando la voz dijo:

—Estamos en la línea del Tajo por la virtud de nuestros abuelos que pelearon bien. ¡Heredemos a nuestros hijos en el Guadalquivir!

A lo que casi todos los asistentes se mostraron de acuerdo. Pero luego se alzó el tesorero real y expuso que las finanzas de Castilla no permitían muy ambiciosas empresas. Esta intervención dio paso a desordenados murmullos y unos y otros se enredaron en dimes y diretes, hasta que la reina doña Berenguela, la prudente, hizo una señal de silencio y habló.

—Esto es lo que haremos: mi hijo el rey enviará embajadores a las distintas taifas de los moros y dejaremos que se disputen nuestra ayuda, para que se ahonden las enemistades entre ellos. Primero apoyaremos al más débil contra el más fuerte: el que reciba nuestra ayuda estará dispuesto a pagarla a precio de oro y tendrá que aceptar nuestras condiciones por exigentes que sean, puesto que de todas formas está perdido. De este modo sacaremos más provecho que si guerreamos por nuestra cuenta y, además, echaremos renovada leña al fuego de las discordias de los moros. Si las cosas salen como deben, podremos, además, mantener entretenidos con la guerra a todos los infanzones ociosos y camorristas que pululan por estos reinos causando más daño que provecho. En cuanto a los detalles militares, son de la incumbencia de don Lope Díaz de Haro, el alférez real.

Cuentan (pero Alá conoce la verdad) que el aludido se puso de pie y se acercó a la ventana, más por ordenar sus pensamientos que por estirar las piernas, aunque las tenía bien cortas. Luego habló con unas palabras que se sabía de memoria, pues las había rumiado en largas veladas familiares, allá en Nájera, cuando discutía de tácticas y estrategias con don Diego, su padre, el calamitoso para sus enemigos.

—Dos puertas tiene al-Andalus —comenzó—: la principal es el Guadalquivir. Ésa es la hermosa fachada de las grandes ciudades, las fértiles huertas y los ubérrimos campos. La otra, la poterna trasera, es el camino de Baza que conduce a los puertos de Almería y al mar. Mi plan no es nuevo, es el mismo que quiso poner en práctica Alfonso VII (que Dios tenga en su seno) pero sin caer en sus errores, para que no tengamos que morir, como él, debajo de una encina de la Fresneda.

—Explícate —solicitó Téllez Girón.

—Bajaremos por el Guadalquivir desde Andújar, aprovechando que hay una buena calzada a lo largo del río y que las ciudades principales se asoman a él. Pero, además, lo remontaremos desde la sierra de Quesada hasta el mar de Almería, que parece un espejo, y Algeciras y Cádiz. La hueste se dividirá en dos brazos y penetrará en al-Andalus como una tenaza que cuando se cierre a lo largo de la costa dejará aislado todo el territorio de los moros. De otro modo, si quedan puertos en manos de los infieles, tarde o temprano rebrotará la mala zarza de los beréberes y los moros recibirán refuerzos de África.

Esto dijo y luego pidió su parecer a los más peritos en las cosas de la guerra y unos dijeron que sí y otros que no y todos dieron su parecer, excepto Nuño Ferreiro, el gallego naturalizado en Castilla, que miraba al suelo y no decía nada. Por lo que el alférez le preguntó:

—Y tú, Nuño Ferreiro, ¿qué opinas?

Y él respondió:

—Por una parte, ya lo ves; por la otra, ¿qué quieres que te diga?; pero lo más seguro es que quién sabe.

¡Día de aflicción y desconsuelo, día de espolvorearse ceniza sobre la cabeza y arañarse el pecho y barrer el polvo del suelo con el pico del turbante! Todos los jerifaltes de los alfonsos estuvieron de acuerdo por una vez y todos se mostraron convencidos por esas razones. De esa manera, en un lejano pueblo del páramo de Castilla, la suerte de nuestros hijos quedó sellada por la voluntad de Aquel que todo lo dispone en su sabiduría.

Estas cosas sabidas por al-Adil, le tembló la barba y temió que el ejército castellano apareciera a su espalda en el momento más inoportuno, puesto que los pasos de Sierra Morena estaban mal vigilados y Fernando podía conducir a su gente por cualquiera de ellos. Además, temía que el caudal del Guadalquivir, alimentado por las lluvias recientes, acrecentase los vados y le cortase la retirada. Todo lo cual lo persuadió de abandonar el cerco de Baeza y dejar en paz a Bayasi.

Por San Miguel, ese santo señalado, salió de Toledo el ejército de los alfonsos con la hueste nobiliaria y las de los concejos y las órdenes militares. Para el que no lo recuerde diré que éstos son los imesebelen de los cristianos, crueles degolladores. También seguía a la hueste la chusma de Castilla, una multitud de desarrapados, así como los buitres siguen a los lobos: bandidos, saqueadores, trajinantes, mujeres, mercachifles y taberneros que prestaban a la hueste pequeños servicios como forrajeo e intendencia o el imprescindible fornicio. Todos ellos acataban el arbitraje de los chamarileros, los que tasaban el botín y lo compraban. Al llegar al Muradal adelantaron algaras al mando de don Lope Díaz de Haro, el alférez, y los maestres para que devastaran la tierra hasta más allá de Andújar. Mientras tanto, el rey y el grueso de la expedición se demoraron un par de días en Vilches y luego bajaron a las lindes de Baeza, en el Guadalimar, donde los esperaba Bayasi y su séquito, y Selim con ellos al servicio de su hermano. ¡Allá vierais al orgulloso Bayasi doblar el espinazo para besar la mano de un mozalbete que podía haber sido hijo suyo y entregarle en obsequio un caballo mejor que el que él montaba y una espada de la India que valía una ciudad! Pero el rey de Castilla no tenía más voluntad que la del arzobispo que lo acompañaba y éste estaba más interesado en los cahíces de trigo que acarreaban las mulas y en los buenos guías y rastreadores que les pudieran facilitar. A todo se doblegó Bayasi con servil complacencia. Hecho reverencias y cortesías que provocarían el sonrojo del más humilde esclavo, invitó a Fernando a pasar a su espléndida tienda de cuero y allá conversaron, en presencia del arzobispo, por espacio de dos horas. En virtud de los acuerdos tomados, las tropas de Bayasi se unieron a la hueste castellana y se internaron por tierras de Baeza. En esto, Selim, como conocía la lengua de Castilla y dos o tres dialectos beréberes además del que hablamos en al-Andalus, halló acomodo como intérprete con el secreto encargo de abrir bien los ojos e informar a su hermanastro de lo que los castellanos hicieran o dijeran.

Muchos pensaban que Fernando iría contra Úbeda, la rica y poblada, que se había parapetado detrás de sus endebles murallas, mas se equivocaron porque pasó de largo en busca de otra presa más conveniente a los intereses de Castilla y a la menguada fuerza que llevaba consigo. Pasaron por los vados de Giribaile con el agua por la cintura y mucho entorpecimiento de carros. El castillo, el de arriba, el que a las aves confunde y a las nubes amedrenta, había quedado desierto porque los imesebelen que lo custodiaban se habían unido, la noche de antes, a la gente de al-Adil que ocupaba Jaén. Llegó la noticia de que éste había pasado a África, pero dejaba en Jaén guarnición suficiente al mando de Alvar Pérez de Castro, el mezquino, el hacedor de viudas, el que, enemistado con Fernando, se había puesto a sueldo de moros como luego diré, si hay lugar.

¡No hay gloria ni poder sino en Alá! Estaba escrito que nada se opusiera al paso de Fernando con sus cruces y sus estandartes, si bien muchos buenos musulmanes, entre ellos Selim, los obligados a seguirlo y a su servicio, al llegar la tarde descabalgaban para la oración y lloraban de cara a La Meca. Una noche llegaron al Guadalquivir con la soldadesca desplegada, esquilmando viñedos que todavía no estaban en sazón, y era penoso ver los destrozos que hacían. Y aquella noche, en la acampada, permitió El que todo lo puede que pereciera el primer cristiano: un herrero al que una víbora picó en la garganta y murió sin remisión y Alá cargó con su alma arrojándola al fuego y a la pésima morada. Muerte que los cristianos tuvieron por mal agüero y los musulmanes por bueno. Al día siguiente remontaron el Guadalquivir y Selim pudo acercarse a Fernando para ejercer su oficio de intérprete. Para los que sintáis curiosidad por saber cómo era Fernando os diré que hombre robusto, de estatura cumplida, ni alto ni bajo, modestamente vestido y tocado con un capacete por debajo del cual asomaban unos cabellos castaño oscuro que prematuramente, por sus muchos trabajos y desvelos, se le tornaron grises.

Al otro día vadearon el Guadalquivir por los pasos del camino viejo de Torreperogil y ya quedó claro que el objetivo de la marcha era Quesada. Por medio de las rastrojeras de Peal, no hallaron ya un alma, pues las gentes se habían refugiado detrás de las murallas de Quesada, las endebles, las mal reparadas de cuando al-Adil las combatió y las forzó. Al día siguiente de ponerle sitio, temprano por la mañana, antes de que el calor apretara, se lanzaron los cristianos al asalto con escalas y cuerdas. Habéis de saber que tomaron los adarves por el lado más bajo y peor defendido y entraron a las casas donde acuchillaron y castraron a los hombres, degollaron a los ancianos y arrancaron a los niños de pecho de los brazos de sus madres para estrellarlos contra las piedras antes de violarlas a ellas y de obligar a las más hermosas a soportar afrentas inimaginables, a consecuencia de lo cual algunas se volvieron locas y las hubo que se quitaron la vida por sus manos. ¡Día de llanto a caño suelto, día de martirio y de ascensión al Paraíso! Y en medio del estropicio los bárbaros redoblaban sus burlas, pues son tan ajenos a la compasión como al dolor.

Por la tarde, Fernando ordenó que cesara el saqueo

y que cada soldado se reintegrase a sus jefes y, aunque algunos magnates le aconsejaban que dejase guarnición en la ciudad, él respondió:

—Este pan no está aún horneado para nuestra mesa.

Y le entregó la ciudad a Bayasi, como se había estipulado.

Los días siguientes bajaron el Guadalquivir demoliendo los desiertos castillos y alquerías que encontraban y saqueando el campo. En Úbeda la Vieja hallaron que la gente de al-Adil había desenterrado el cadáver del herrero que muriera días atrás picado de víbora y lo habían empalado en un chopo seco de la ribera. Fernando ordenó bajar el cadáver, que hedía a gran distancia, y le dieron otra vez sepultura.

Finalmente llegaron al castillo de Espeluy y acamparon en la llanada del río, la buena tierra de melones. A otro día amaneció el cielo gris y encapotado. ¡Oyerais los oyentes la voz atiplada del cerrojillo anunciando lluvia desde las choperas del río! ¡Sintierais los sintientes aquel vientecillo helado que descendía de la sierra a desprender las hojas secas! A media mañana, estaban los escuderos acabando de atalajar las caballerías cuando empezó a llover con tal fuerza como nunca han visto ojos, que a poco se anegó el campamento. ¡De este modo mostraba Alá (alabado sea) su misericordia y daba por finalizada la calamidad y el castigo que por nuestros pecados permitiera! Esta mudanza pareció decidir al rey a dar por finalizada la expedición y regresar a su tierra antes de que los caminos enlodados se hicieran intransitables.

Y hete aquí que Selim, ganado por una espesa melancolía, dejó transcurrir la mañana inactivo, en su tienda, en compañía de Batán, escuchando el sordo redoble de la lluvia sobre el toldo. Sentado a la puerta, por entre las veladuras del aguacero contemplaba la paz del campo, los distantes caseríos abandonados, las filas de los viñedos, las manchas oscuras del higueral, el boscaje brumoso de la ribera, donde se entremezclan los tonos claros de los álamos con los oscuros de los chopos, todo ello festoneado por el verde cañaveral y la zarzamora que invadía las descuidadas acequias. Lo asaltaron recuerdos antiguos que no hicieron sino acrecer su tristeza, recuerdos de su lejana infancia, de cuando, con las primeras lluvias, se comían las migas, que el viejo ibn Yudan preparaba personalmente, o de cuando se aprestaban ballestas y azconas, que llevaban meses descordadas y pendientes de las vigas de los graneros, para salir a la partida de caza, o tiempos más recientes aunque ya tan lejanos, en el Magreb, cuando Fátima, la llorada, la de los ojos alcoholados y las manos dadas de alheña, la de la voz dulce y grave, la que sabía tocar el laúd como para fundir el hierro y arrancaba lágrimas con sus canciones, contemplaba fascinada la lluvia y él se fascinaba contemplando la fascinación de la muchacha, tan bella y silenciosa, y no se cansaba de mirarla.

Aquella tarde, Mohamed Nasr acudió a la tienda de Selim y le dijo:

—¿Sigues sabiendo jugar al ajedrez como solías?

—Sí, aunque últimamente estoy bastante desentrenado.

—Mejor así. Vístete lo mejor que tengas y ve a la tienda de Fernando, que le ha dado por jugar una partida con alguno de nosotros.

—Oír es obedecer —respondió Selim, y se quitó el pellote viejo y se puso un manto festoneado de palomas que le había bordado Aixa y de esta guisa se presentó en la tienda real. Un sargento que hacía guardia lo tuvo de plantón en la puerta porque Fernando estaba despachando con el alférez real. Cuando salió don Lope Díaz, un criado hizo pasar a Selim. Fernando estaba al otro lado de una mesa pequeña donde se disponía un hermoso tablero de ajedrez, con sus labradas piezas pintadas de brillantes colores ya formadas. Intercambiaron el selam y Fernando apartó la mano para que Selim no se la besara y preguntó:

—Hablas muy bien el cristiano. ¿Dónde lo has aprendido?

A lo que Selim respondió:

—Señor, durante diez años he servido al Miramamolín en el Magreb. Allí lo aprendí de los cristianos que reciben su soldada. Amisté con un castellano, de nombre Ferrán Suárez.

El rey reflexionó un momento y comentó:

—Aseguran, pero Dios sabe la verdad, que el que aprende una lengua extraña comprende las razones del pueblo que la habla y llega a apreciarlo.

—Eso no es del todo cierto, señor —se atrevió a decir Selim—. Yo comprendo las razones de Castilla pero no puedo apreciar a su gente.

Se hizo un espeso silencio entre los dos hombres, el rey y el siervo. Un silencio que gravitaba sobre el tablero que los separaba como si tuviera peso y forma. Luego tornó a hablar Fernando, el asolador de ciudades levantadas.

—¿Por qué no? —preguntó. Y vio Selim, con alivio, que no había ira en su voz sino tan sólo curiosidad.

No fue fácil a Selim responder con la honrada verdad, pero todavía era joven y osado, y Fernando, ante él, también era joven y le había ofrecido de su vino, así que dijo:

—Habéis venido a arrebatarnos lo que es nuestro, señor. Asoláis la tierra, devastáis las huertas, cautiváis a gente pacífica y lleváis el luto a las casas de los que nunca os ofendieron.

El rey guardó silencio por un momento y volvió a reflexionar. Luego se levantó y fue a un extremo de la tienda donde perchaba un halcón, botín de Quesada. Fernando se había encaprichado con él y solía llevarlo al brazo. Incluso en un par de ocasiones le quitó la caperuza para que fuera a palomas, las que tanto abundan en las riberas del Guadalquivir.

—¿Entiendes de pájaros? —preguntó volviéndose a Selim.

—Algo entiendo, señor —respondió—. En un momento de mi vida iba para cetrero de un hermano mío que ya está en el seno de Alá.

—¿Qué te parece este pájaro? ¿Te parece gentil?

Selim se acercó al halcón y lo examinó. Le pareció un pájaro excepcional.

—Es un halcón gentil, señor, y dentro de los gentiles es neblí, como se manifiesta por sus manos grandes, y sus dedos delgados, el talle gentil, esbelta la espalda, pequeña la cabeza y firme, bien sacadas las puntas de las alas, corto de cola. Es halcón neblí y de los mejores que he visto en mi vida. En el aire ha de ser apercibido y bravo y esforzado. Un pájaro noble y admirable.

Fernando sonrió levemente.

—En efecto —contestó—: el volador es noble y bravo. Tú que entiendes de pájaros, lo aprecias en todas sus virtudes. Sin embargo es un ave de rapiña. Ataca a otras aves, las mata y se ceba en ellas. Ése es el orden de la naturaleza. Del mismo modo se manifiesta la nobleza y la bravura en los hombres y los que tal hacen atacan y se ceban en otros que perdieron tales virtudes. Esto te ayudará a comprender nuestra presencia aquí. Hubo un tiempo en que vuestro rey Tariq hizo lo mismo cuando pasó el estrecho y tal es la causa de que existan musulmanes en al-Andalus. Para hacer propia la tierra por derecho sólo hay que vencer y dejar que pase un tiempo: el tiempo restaña las heridas y lo justifica todo.

Selim tuvo la impresión de que Fernando no hablaba con él, sino consigo mismo, y de que aquellas razones que exponía quizá por vez primera se habían ido formando lentamente en su cabeza. Para él no eran nuevas. Expuestas más elaboradamente, las había escuchado años atrás en la tertulia de Sevilla, de labios de ibn Jaldun, el sabio, el admirado por los discretos.

—Al-Andalus —prosiguió Fernando— perteneció a los cristianos hasta que fueron vencidos por los árabes, que los obligaron a refugiarse en Galicia. Pero ahora que es posible deseamos recobrar lo que nos fue tomado por la fuerza.

Fernando adelantó un peón y comenzó la partida.

Durante media hora jugaron en silencio. Luego el rey pareció distraerse y preguntó:

—Me has dicho que eres de Jaén, ¿no?

—Así es, señor. Soy de los Nasr, que es familia ilustre en aquella tierra.

—Háblame de tu ciudad.

—Con ninguna otra de al-Andalus puede ser comparada tocante a la abundancia de cereal, número de valientes soldados y fortaleza de las murallas. Dentro de su cerca, la de las innumerables torres fuertes, hay muchas fuentes de agua muy frías y delgadas y, en suma, puede decirse que tal lugar abunda de todos los dones que convienen a una ciudad noble y rica. Se dice que Jaén posee dos maravillas visibles y una encubierta. Éstas son las que buscan los forasteros en cuanto ajustan las posadas. Una es el árbol de los Uqail, un castaño como jamás se ha visto otro igual. Impotente es la lengua para describirlo: debajo de sus ramas pueden cobijarse más de cien hombres a caballo.

—Había oído hablar de él —dijo Fernando—. ¿Cuáles son las otras maravillas?

—Las otras son el manantial de la Malena y la Madre de la Sangre. El manantial que digo es un chorro de agua tan grueso como el cuerpo de un buey, el que sale de la roca de la montaña. Es frío y saludable y no se agota ni decrece nunca. Mueve tres molinos, alimenta dos baños y seis tenerías, calma la sed de toda la ciudad y aún le sobra caudal para regar las huertas del Poyo.

—¿Y la Madre de la Sangre?

—Ésa es la maravilla encubierta —dijo Selim—. Yo nunca la he visto, señor. Es un carbunclo que pertenece a los Numayr, una noble y antigua estirpe. Uno de sus ancestros, un héroe llamado Aqab, penetró en el seno de la montaña donde un reptil monstruoso custodiaba el Espejo de Salomón y le dio muerte y arrancó esa joya del Espejo para testimoniar su triunfo. La piedra está incompleta, pero así y todo tiene la virtud de curar las llagas. Dice la leyenda que cuando al trozo de los Numayr se le una el que le falta, cuyo paradero sólo Alá conoce, pues está perdido, los dos rubíes se fundirán para siempre y sucederán muchos prodigios.

Fernando parecía ausente y meditabundo.

—¡Jaén! —exclamó—. Todas esas maravillas están a menos de dos jornadas de camino y a mí, que soy rey, me está vedado contemplarlas.

Selim pensó que sólo era el rey de Castilla y que Jaén quedaba aún lejos de su jurisdicción, pero se abstuvo de decir nada pues había aprendido a refrenar la lengua ante los poderosos. Mas se percató de que, en su corazón, anhelaba apoderarse de la ciudad.

Reanudaron la partida en la que dos ejércitos se enfrentan movidos por manos que así aprenden a atemperar su pasión sobre el tablero, el que representa las noches y los días del mundo, las estaciones del cielo, los doce signos del zodiaco, los meses y las veintiocho casas de la luna.

La partida quedó en tablas. Era noche cerrada cuando Selim abandonó la tienda de Fernando y se dirigió a la suya, donde ya Batán roncaba.

A otro día, el favorito de Bayasi se acercó a Selim y le espetó, con una helada sonrisa:

—¿No serás un espía de Fernando?

Y Selim sintió que un dedo frío le recorría la espalda porque aquel fantoche podía mandarlo al verdugo si se lo proponía sólo por una sospecha. Tuvo que recomponerse y encorazonar su corazón para contestar:

—No, señor. Soy un buen musulmán.

En cuanto al final de aquella espolonada, he aquí lo que hay que contar: que todavía se demoró Fernando en Espeluy por espacio de dos días, para dar tiempo a que los alcaldes de la presa hicieran sus tasas y sus repartos y entregaran a cada cual su parte proporcional. Pasado lo cual, Fernando regresó a Toledo y en su entrada triunfal, el día de San Martín, lució una cuerda de setecientos infelices cautivos y muchos carros atestados de botín, lo que estimuló muchas codicias entre los que hasta entonces habían entorpecido, con mil pretextos, los designios conquistadores del joven rey. Y selam. Mañana, más.

VEINTIDÓS

¡ATENDED, porque hoy mi prosa será bordado de sederías y sartal de perlas! Sabed que Fernando, el calamitoso para sus enemigos, retornó a Castilla, y Selim y los que con él estaban se volvieron a Baeza, donde Bayasi había establecido la corte de su reino ilusorio. Y se dio la circunstancia de que aquel otoño fue lluvioso y frío a más no poder y un viento helado se colaba por las mil rendijas del destartalado caserón que el mayordomo de Bayasi había asignado a los Nasr. Era de ver cómo se condensaba la humedad en los vellones de las zaleas y calaba hasta los huesos a los durmientes y, en fin, allí se pasaba más frío que pelando rábanos. A poco escaseó la leña y hubo rencillas por el reparto de la poca que llegaba. Porque, a todo esto, la guarnición cristiana que guardaba el alcázar la consumía, sin embargo, liberalmente, echando grandes chiscos de troncos en el patio mientras que a los musulmanes se le escatimaba. Y los creyentes señalaban las humaredas que se alzaban desde las chimeneas del alcázar los días más fríos y murmuraban abiertamente de Bayasi. Otro tanto ocurría con la carne de monte, la que regularmente llegaba de la sierra de Andújar: que los cristianos comían hasta hartarse y echaban a los perros sus huesos sin mondar mientras que los musulmanes pasaban hambre y no la cataban, y aunque el texto sagrado diga: «¡Loado Él, que dispone que uno pesque y otro coma el pescado!», como lo cierto es que tal cosa no dice que sea aplicable también a la carne, los creyentes andaban quejosos sobre el particular.

Mas Selim se había vuelto ajeno a todas estas murmuraciones y quejas. Como Mohamed, su hermano y jeque, lo había cedido a las escribanías de Bayasi, frecuentemente entraba y salía del palacio del emir en el desempeño de sus tareas. Con lo cual un par de veces pudo ver a Faye, y otras muchas la presintió solamente detrás de los celajes y celosías que protegían las ventanas del patio donde estaban las mesas de la cancillería. Y Faye se asomaba a menudo y buscaba a Selim con la mirada entre la muchedumbre de criados, guardias, correos, oficiales palatinos y procuradores que por allí pululaban como moscas (pues sabido es que cuanto más menguado es el reino, más concurrida y lujosa su corte) y cuando lo veía, muy profundamente suspiraba por él y sentía que el corazón se le hendía de amor. Y estos sentimientos se le iban haciendo más agudos, como suele suceder, no sólo porque la distancia aviva la pasión, sino porque su vida doméstica era cada vez más desdichada pues Bayasi la menospreciaba abiertamente y se pasaba el día corriéndola por ahí en busca no sólo de otras mujeres de amplias posaderas fluctuantes al andar, sino de diversos muchachos imberbes y efebos de blancas carnes, a los que era singularmente aficionado. ¡Que cada cual piense lo que quiera sobre este particular! Mas Selim, aunque no ignoraba esta situación, por otra parte, como era más bien corto de ánimo, no osaba hacer nada por comunicarse con Faye ni se atrevía a renovarle las prendas de su amor, como el corazón le pedía, pues la prudencia, que es hermana del miedo, se lo vedaba, sabedor de que el más mínimo desliz que se le conociese sería prontamente castigado y, por lo que ya tenemos notado, no tenía prisa ninguna por pasar a ser del número de los de la otra vida.

A todo esto, por todas las ciudades y posadas de al-Andalus se rumoreaba que al-Adil, ya pacificado el

Magreb y asentada su autoridad sobre Marraquex, había puesto de nuevo sus ojos en Baeza. En enero, cuando los ríos bajan tibios y la tierra y las bestias exhalan sus vapores, envió una expedición contra el alto Guadalquivir. Y estos soldados que el río remontaron por sus verdes avenidas eran principalmente reclutas escogidos entre los menestrales de las ciudades, albañiles, panaderos, artesanos y otra gente pacífica que en su vida había empuñado una lanza y no sabía ni andar por los terrones. El mismo día que llegaron a la vista de Baeza, muy envalentonados porque habían saqueado Begijar la víspera y ya se creían que todo iba a ser pan comido, los cristianos del alcázar hicieron una espolonada contra su campamento y los dispersaron poniéndolos en fuga y ocupándoles rico botín. Esta magra victoria ganó prestigio y aliados para la causa de Bayasi, de manera que muchos jeques y ciudades, a los que al-Adil estrujaba con sus abusivos impuestos, le enviaron sus embajadas secretas. Así transcurrió el invierno muy crudo y la lluviosa primavera.

Los que atentamente seguís el decurso de mi cuento recordaréis a aquel Alvar Pérez de Castro, el calamitoso para sus enemigos, el que quiso degollar a Selim cuando lo de las Navas. Prestad atención porque ahora volvemos a él. Pues bien, este hombre, como era de natural agarrado, hasta el punto de que un arcángel no le abriera la mano ni con una palanca, por una cuestión de precedencia en el reparto del botín del año anterior, cuando lo de Quesada, se enemistó con el rey Fernando y se desnaturó, lo que entre cristianos quiere decir que salió del vasallaje del rey para ser libre y no obedecer a señor alguno. Con este expediente pasó a tierras andalusíes con idea de alquilar su espada y hacer fortuna, como tantos otros alfonsos venidos del norte, y se puso al servicio de al-Adil, y éste, conocedor de que el castellano era hombre muy perito en las cosas de la guerra, lo puso al frente de Jaén para que la defendiera de sus enemigos. Refiero esto porque este individuo volverá a salir en nuestro cuento más adelante unas pocas veces, como a su tiempo se verá.

Mientras tanto, en Castilla, los hijos de los caminos, los desarrapados y ganapanes que nunca se hartaron de comer, desenterraban sus monedas para comprar armas con las que alistarse para la próxima expedición de Fernando, la que los pregoneros estaban convocando por todo el reino. El día de San Juan, que es de los más señalados entre los cristianos comedores de jamón curado y bebedores de vino añejo, Fernando partió de Toledo con un ejército tres veces más numeroso que el del año anterior. Bayasi salió a esperarlo al Muradal y no perdonó nada en punto a zalamerías para lisonjearlo y lo untó con el ungüento de su adulación y, finalmente, le ofreció el vasallaje de su reino, lo que Fernando aceptó con la condición de que se le entregaran inmediatamente Andújar y Martos. ¡Día de llanto y de cabezadas contra la pared, día de mesamiento de cabellos y de repelones en las barbas, día negro como la panza de una olla, día aciago de luto y pena para el Islam! No ignoraréis los ignorantes que aquéllas eran las dos llaves más poderosas, junto con Jaén, entonces en manos de al-Adil, que guardaban, como una diadema de hierro bella y fuerte, la tierra de los fieles en al-Andalus.

Y hete aquí que de allí fuese el rey de Castilla a Jaén, con Selim otra vez a su servicio como intérprete y escribano igual que el año de antes. Sabed que llegaron a la vista de la ciudad una tarde casi al anochecer y, mientras se montaba el campamento y se daba pienso al ganado, Selim fuese a recorrer el campo por recordar. Y lo que fue viendo era un dolor, porque la tierra había sido quemada y estragada el día de antes por las avanzadillas de Fernando. Algunas alquerías todavía ardían a lo lejos dando pálidos colores a la noche que venía cerrada. Habéis de saber que Fernando se había esforzado por llegar a la ciudad cuando la siega estaba apenas comenzada y las parvas se amontonaban en las eras del Poyo y la Ribera, extramuros.

Y aunque las trillas quedaban a tiro de ballesta tanto de sitiados como de sitiadores, nadie se atrevía a correr el riesgo de morir por un saco de paja mal cortada. Aquella misma noche, Alvar Pérez de Castro se asomó a las murallas y ordenó a uno de los suyos que saliera a incendiar las eras. Con lo que la oscuridad se llenó de súbitos resplandores rojizos, que teñían de viva luz la muralla y los alminares vecinos, y todo el mundo salió a verlo, chicos y grandes, hombres de juicio y vecindonas murmuradoras, y todos se agolparon en las torres y muros y miradores. Y fue el caso que los niños se regocijaban mucho de ver la noche iluminada por las rojas lumbres que lanzaban pavesas encendidas al cielo, pero las personas de seso quedamente lloraban previendo las hambres del invierno sin grano.

Las mismas quemas y talas hicieron los alfonsos en las aldeas del entorno, señaladamente en Otíñar, donde al amanecer era todavía visible una espesa columna de humo. Y fue de ver que toda la ciudad aparecía nevada de blancas pavesas que el vientecillo arremolinaba en los rincones de adarves y plazuelas y que se deshacía prontamente dejando un fino polvo gris.

A otro día, Selim pidió licencia en la cancillería y mandó a Batán que le ensillara dos caballos y lo llevó consigo a dar un paseo por Castro. ¡Triste panorama el que encontraron! La casa había sido incendiada un mes antes por las tropas de al-Adil y de ella sólo restaban unos paredones calcinados y una desolación de parras desplomadas que se esforzaban por sobrevivir entre la confusión de malas hierbas y secos jaramagos, ripios y escombros, saqueada tablazón y cañizos calcinados. Selim no dijo palabra, mas su corazón se veló de tristeza pensando que ya las cosas no tornarían a ser como antaño y que los días de su felicidad y de la tranquilidad eran para siempre idos. Y en su corazón se alegró de que su padre y su querido hermano Gazal no vivieran ya para asistir a aquellos desastres. Y después, prosiguiendo su cabalgada y exploración más descansadamente, cruzó el camino de Pero Codes, como tantas veces antaño cuando al amor acudía, y fuese a donde las ruinas de Sara la Goda y halló el higueral talado y calcinado por las huestes recientes, y en llegándose a la piedra donde Faye y él solían esconder sus mensajes de amor, descabalgó y fue a levantarla pero solamente halló debajo telarañas y gusanos de la tierra. Y de allí partió, cabalgando de nuevo, por delante de las ruinas de Sara la Goda, que eran lo único que parecía no haber cambiado, hasta la alquería de Uribe, donde nunca antes estuviera, y la encontró humeante pues había sido incendiada por los alfonsos dos días antes. Y penetrando en sus patios y ruinas esparció la vista alrededor y sólo vio desolación entre la que tampoco encontró indicios testimoniales (como en su corazón esperaba) de cuando Faye habitaba allí y en alguna de sus alcobas escribía sus mensajes de amor en los que le decía que por la noche soñaba, frente a la ventana, contemplando las estrellas, en verse con él y beber el licor de sus labios. Y después de comprobados estos extremos, cuando Batán avisó que la noche se cerraba e iba siendo hora de regresar, tornaron al campamento cristiano, donde Selim se acostó sin probar bocado y veló toda la noche recordando los tiempos de su juventud y rememorando muchas cosas que creía haber olvidado en sus destierros.

Por disposición de Fernando, el campamento principal, donde estaba la tienda real y las de los magnates y los maestres de las órdenes militares y demás cristianos de mala ralea, se instaló en el fonsario, por el lado de septentrión. Y por el lado de donde sale el sol posaron los concejos de Cuéllar y Segovia, y los de Sepúlveda y Ávila posaron al sur, frente a la tapiada puerta de Granada, en el tramo de la muralla más fácil de vigilar. Miraba Selim a lo lejos los tejados del palacio Nasr, donde había transcurrido toda su infancia, y los veía descuidados y llenos de yerbajos, pues, desde que la familia se exilió de la ciudad, los de al-Adil habían confiscado sus propiedades y habían convertido la casa en retén de guardia y alojamiento de los mercenarios de Sinhaya. Con lo cual acabaron de arruinarla, pues los soldados arrancaron las vigas de los techos y el cañizo de las paredes para hacer fuego en que guisar sus ranchos. En cuanto a las tarimas, estrados, puertas, aperos, jaulas y demás objetos de madera que en una casa bien alhajada suele haber, habían sido saqueados tiempo atrás.

Alvar Pérez de Castro, como buen conocedor de la manera de combatir de los castellanos, sus hermanos y ahora enemigos, se abstuvo de comprometer sus fuerzas en campo abierto. Dejó que pusieran sitio a la ciudad y en días sucesivos envió pequeñas patrullas de hombres escogidos a hostigar los campamentos cristianos, donde mataban hombres y robaban bestias y hacían el daño que podían antes de regresar, rápidamente, al amparo de los muros. Mas también los castellanos preparaban celadas a los que salían y hacían mortandad entre ellos, de modo que no pasaba día que no murieran hombres de un bando u otro. Pero el castellano hacía más: se pasaba el día indagando y preguntaba a la gente sobre la Lámpara Tapada y el Espejo de Salomón y se mesaba las barbas de rabia cada vez que los otros se le excusaban con el achaque de que el que sabía de eso era el ciego Sahil, al que ya hacía años que Alá había llamado a su lado, inscribiéndolo en el número de los de la otra vida. Así es que, por mucho que indagó, poca cosa sacó en claro.

Un día entre los días, siguiendo el turno de los lenguas y los correos, correspondió a Selim ir a Baeza para llevar la estafeta que diariamente cruzaban Fernando y Bayasi. Mas Bayasi no estaba en la ciudad, sino delante de los llanos de Úbeda, que era de al-Adil, fingiendo que la sitiaba por mostrar su disposición guerrera a los musulmanes que murmuraban de él. Cuando Selim llegó al real lo condujeron derechamente a la tienda de Bayasi. Selim nunca había visto la tienda roja por dentro; como vosotros tenéis la cara de no haberla visto tampoco, os diré cómo es verdaderamente la tienda de un emir. Imaginaos una tienda de cuero bien curado y tintado, amplia en demasía, con todo el suelo alfombrado de tapices de precio. Pendiendo del mástil central, pintado de rojo, las ostentosas armas del morador dispuestas de manera que sean lo primero que se vea al franquear la entrada. Solamente la cota de malla de Bayasi valía un cortijo, tan espesa y minuciosa era, que más se parecía a un brillante chal de seda, y remataba en perlas sus últimos flecos. Además, había tres o cuatro divanes cubiertos de ricas colchas y en el mayor de ellos yacía desnudo Yasib, el favorito de Bayasi, de blancas carnes más que el pan candeal pero un poco blandas de la falta de ejercicio, pues se pasaba el día perreando y comiendo fruta. Selim recordaba que la tienda de Fernando, que visitó cuando lo de la partida de ajedrez, olía a sobaquina y a estiércol, pero la de su vasallo Bayasi era un recreo para las narices: en sus cuatro rincones humeaban sendos braserillos de perfume y del techo pendían cinceladas lámparas de dorado latón, las que se ceban de fragante óleo. También le llamó la atención un baúl escritorio que estaba abierto para mostrar el fatigoso desorden de papeles y objetos, los mudos testigos de la laboriosidad del emir. Y para rematar el cuadro os diré que en un extremo de la estancia varias bandejas de plata contenían dátiles, higos, nueces partidas, golosinas y confituras, sin olvidar las jarras de hidromiel y las ricas copas cinceladas. En medio de aquel esplendor estaba Bayasi sencillamente vestido con una ligera túnica de lino de la que, por la abierta abotonadura del pecho, asomaba una perfumada pelambrera.

Selim se arrodilló delante de él y le besó la mano como a su señor natural, mas Bayasi, en contra de la costumbre, que era ordenar que el arrodillado se levantara, lo dejó en aquella humillante posición el tiempo que duró la breve entrevista y Selim iba respondiendo a sus preguntas sobre la marcha del asedio de Jaén mientras sentía que un fuego de vergüenza le subía hasta la cerviz y le quemaba el rostro. La situación hubiera sido menos humillante si no hubiese habido testigos, pero allí estaba aquella serpiente de Yasib, desnudo e indecentemente recostado sobre los almohadones del lecho, exhibiendo su piel delicadamente nacarada, menos los párpados, que llevaba pintados de añil. Una mirada lánguida, casi táctil, de mujerzuela en celo recorría morosamente el cuerpo de Selim, deteniéndose en la entrepierna de sus calzones, mientras, con el mayor descaro, procuraba distraerlo haciéndole señales obscenas a las espaldas de Bayasi, adelantando el morrito sensual de sus gordezuelos y pintados labios, si bien en toda su actitud había más burla y escarnio que sincera disposición amorosa, todo sea dicho en honor a la verdad.

Cuando el rey de Baeza dio por finalizada la entrevista, Selim tomó los correos de vuelta y se retiró haciendo reverencia, sin dar la espalda, como está mandado. Pero aún no se había alejado de la entrada cuando escuchó la risa del marica y su intencionado comentario obsceno, que provocó a su vez una carcajada de Bayasi. Selim apretó los puños y se alejó de allí y en lugar de descansar cabalgó de nuevo de regreso. Cuando pasó por Baeza miró las ventanas altas del palacio, donde Faye moraba, y se le arrasaron los ojos de lágrimas, pero prosiguió su camino y después de cabalgar toda la noche estuvo de regreso en el real de Jaén cuando empezaban a clarear las luces del nuevo día. ¡Cómo llegaría de molido de la nocturna cabalgada (por la falta de costumbre y por hacerse más bragado de lo que era) que tuvo que meterse en la cama y mandó a Batán que le trajera la alcuza y se untó aceite en las lastimadas posaderas, que es cosa santa para las rozaduras!

En total, Fernando permaneció por espacio de medio mes frente a la ciudad y cuando levantó el cerco no había quedado extramuros piedra sobre piedra, ni árbol en pie, en tres leguas a la redonda, sino desolación y tierra calcinada. Dentro de la ciudad el panorama no era menos sombrío porque, pasada la euforia del primer momento, cuando las gentes faltas de reflexión engalanaron la ciudad y se dieron a manifestaciones de júbilo y regocijo y aclamaron en la plaza a Sulimán Dubyan como si hubiese vencido a Fernando, se hizo evidente que, perdidas las cosechas casi por completo, los pobres perecerían de hambre y frío aquel invierno.

Fernando tomó el camino de Martos, ciudad famosa por su peña, por sus excelentes aguas y por su buena tierra de olivos y pan, y de allí a Víboras y Alcaudete por el camino viejo de Fuensanta donde, aunque eran politeístas cristianos, se detuvieron a venerar a la Negra, y de allí fueron sobre Priego, entonces lugar tan próspero como el que más, que no se dio como los otros pensando que podría resistirse. Pero Fernando lo asaltó por un lugar donde la muralla era más endeble y la ciudad fue entrada y tomada. Ése fue un día de luto para el Islam, pues en la medina había muy numerosas personas que, por decisión de Alá, que no quiso cubrirlas con su mano, pasaron al número de los mártires que en el Paraíso se lucen cada cual con su palma. Otro tanto sucedió en Loja, con la única diferencia de que allí los horrores fueron tales que no hay pluma que los pueda describir aunque merecerían estar escritos en las alacenas de los discretos. Sólo os diré que todo hombre capaz de apagar una vela de un soplo fue condenado al cuchillo, pues Fernando quiso castigar a la ciudad por la muerte de su viejo maestro de armas, Alonso de Sesamón, al que habían herido de flecha emponzoñada en la muñeca. Cuentan (pero Alá es el que lo sabe todo) que el rey asistió a la muerte del viejo, el convulsionado por terribles dolores que le arrancaban alaridos, eso dicen los que lo vieron y es de creer. Allí se demoró Fernando por espacio de tres días, debido a una indisposición que lo obligó a guardar cama. Acudieron médicos a su cabecera y diagnosticaron que había sufrido una congestión benigna, como suelen hacer cuando no tienen ni idea de la causa del mal.

Los más viajados de esta culta asamblea saben que en Loja existe una famosa fuente de siete caños que vendrán a tener, todos juntos, un caudal de agua parecido al del venero de la Malena. Cuentan (pero Alá sabe más) que Fernando se detuvo a admirar aquella alegría de agua en medio de la miseria y del dolor del día y uno de sus escuderos le comentó, jovialmente, por aliviar su ánimo:

—Lástima, rey, que no pueda arramblar con esta fuente y llevarla a mi lugar de Ávila, tan seco.

—No te preocupes, Hontañón —replicó Fernando, bienhumorado—. Ya que es imposible llevar los caños a Castilla, traeremos Castilla a los caños.

Cuando le fueron con este cuento a Bayasi, el baezano asintió con la cabeza, pensativo, y no despegó los labios.

La cruel táctica ensayada en Loja dio sus resultados porque el siguiente lugar, que fue Alhama, estaba vacío de moradores cuando los cristianos llegaron. Fernando sólo se demoró el tiempo necesario para que su gente saqueara la ciudad y demoliese el castillo. Mientras lo hacían, él y los que en su mesa comían fueron a los baños, donde encontraron todavía tibia el agua de la caldera.

Después de esto, el rey no quiso ir más al sur. Un correo de su madre, la reina Berenguela, lo requirió en Toledo para urgentes negocios, pero, como lo acordado con Bayasi era que marcharían contra la vega de Granada (para castigar la rebeldía de aquella ciudad, que sostenía la causa de al-Adil) Fernando fue contra la vega y plantó su campamento en medio de aquel vergel de fértiles campos, cabe la acequia gorda, y saqueó y devastó la riqueza del entorno, que era tanta que a todos los tenía admirados. A los tres días, los notables de Granada parlamentaron, y con ellos iba Alvar Pérez de Castro, el defensor de Jaén, que se reconcilió allí con el rey y volvió a la obediencia de Castilla. Y hay que decir que a pesar de que en las capitulaciones por la retirada de Fernando se estipuló que todos los cautivos cristianos de Granada quedarían libres, muchos de ellos no quisieron regresar, pues se habían hecho musulmanes y se habían casado en Granada y preferían la nueva vida como creyentes a la antigua lejos de Alá. No digo yo que no tuviera también algo que ver el apego a sus mujeres, que ya sabéis cómo tiran de uno cuando sueltan la cabellera y lloran amargo llanto y te hacen naufragar en el mar de su amor.

Así fue la campaña de Fernando, tras de la cual, enflaquecidos y cansados, pero ricos del botín obtenido, regresaron los alfonsos a sus pueblos. Sólo entonces se reveló que entre las capitulaciones del tratado suscrito entre Bayasi y Fernando figuraba la entrega de rehenes, entre ellos el pequeño Mohamed, el hijo de Faye, que tenía doce años. De lo que ella tuvo tan gran dolor que pensó que se volvería loca, pues el niño era enfermizo y hasta entonces nunca se había separado de la madre en todas las tribulaciones del pasado, cuando más que ahora lo llevaban a tierra extraña, entre cristianos, para que respondiera con su cabeza de la fidelidad de su padre. Y por hoy basta ya, aquí cortaré el flujo de mis fluyentes palabras, que no soy yo de los que marean a la audiencia con su hablar desmedido.

VEINTITRÉS

¡PRESTAD ATENCIÓN, porque mis palabras serán como sartal de perlas que adornen vuestros oídos! Otra vez en Baeza, como Mohamed Nasr notara que Selim, su hermanastro, lo evitaba siempre que podía, y como lo viera andar siempre cabizbajo, como ahogado en el mar de sus pensamientos, lo mandó llamar y le dijo:

—Hermano, he notado que me censuras con tus silencios, pues no soy lerdo. ¿También tú crees, por ventura, que obro mal al ponerme al lado de Bayasi?

Selim asintió silenciosamente. Para que los pintéis en vuestra imaginación, habéis de saber que se hallaban en la corraliza de la casa, la morada de los Nasr. Pronunciadas las palabras se hizo un corto silencio en el que sólo se percibía el zumbido de las abejas en torno a una colmena que al fondo había. Luego tornó a decir Mohamed, el mayor, el de la granulienta nariz:

—Hermano Selim, dilata tu pecho y encorazona tu corazón porque has de saber que nuestros asuntos discurren por la derecha senda de la fortuna. Bayasi tiene las ideas claras y ama a esta tierra más que nadie. Y no se le oculta que Fernando pretende apropiarse de todo el Guadalquivir.

—Ya lo está haciendo —intervino Selim, con vehemencia imprudente—. Ahora tiene Andújar y Martos y dentro de un par de años tendrá Jaén, si Alá, en su infinita misericordia, no lo remedia.

—Castilla no puede sostener un esfuerzo prolongado —dijo Mohamed—: cuenta con muy poca población y su fuerza se agota rápidamente. Dentro de cuatro o cinco años estará exánime, como un mulo sangrado en exceso. Para entonces, y gracias al esfuerzo de Fernando, Bayasi dominará Sevilla y, con Sevilla, todo al-Andalus y también Marraquex. A los africanos igual les da tener en el trono a al-Adil que a Bayasi con tal de que sea andalusí, puesto que ya desconfían de que uno de ellos sea capaz de acabar con las divisiones, matanzas y saqueos. Cuando Bayasi sea dueño de las rutas del oro y del marfil podrá expulsar fácilmente a Fernando de sus plazas al sur de la sierra. Y no sólo se contentará con eso: pasará más al norte y trasladará su capital a Toledo.

Selim escuchaba estupefacto a su hermano, el de la lengua larga como rabo de borrico, y no quiso dar su parecer sobre tales proyectos imposibles, pues desde aquel día lo tuvo por loco, megalómano y completamente ajeno a la triste realidad que el país vivía y, no queriendo ser como el asno ciego que es uncido al yugo de una vaca tuerta, evitó en lo sucesivo hablar de política con Mohamed. Y esto es, por ahora, lo referente al asunto de los dos hijos de ibn Yudan, los Nasr.

En cuanto a los otros negocios, sabed que la noticia de la entrega de Martos y Andújar había corrido como liebre alzada, levantando general indignación entre los creyentes hasta el punto de que Bayasi, que no había previsto una reacción tan virulenta, sintió miedo y los redaños se le encogían en su taleguilla. Viendo que muchos de sus simpatizantes y no pocos de sus partidarios volvían a darle la espalda para inclinarse hacia el bando de al-Adil, el que dignamente sostenía su guerra contra los rebeldes y contra los alfonsos, Bayasi se puso a cavilar sobre alguna acción sonada que apuntalara las vacilantes lealtades de su gente. Y fue que, apenas concluida la campaña, en el mismo mes de agosto, cuando ya los rastrojos están quemados y da su flor la alcaparra en el verdor de la mata, reunió a todas las tropas disponibles y se atrevió a comandar personalmente una algara contra Sevilla, aprovechando que la ciudad no se había repuesto del ataque reciente de los leoneses.

Pues sabed que el estratega que dirigía la empresa era Alvar Pérez de Castro, el funesto para sus adversarios, aconsejado por los caudillos cristianos de la frontera. De otro modo, Bayasi no se hubiera atrevido a profundizar más de quince jornadas Guadalquivir abajo. Ninguna fuerza enemiga les salió al paso fuera de unas pocas escaramuzas sin importancia, en una de las cuales resultó herido Batán, el esclavo amigo de Selim, que con otros criados de Nasr acompañaba la hueste de Mohamed Nasr. Pero, llegando la algara cerca de Sevilla, cuando saqueaban el lugar de Taliata, aparecieron de improviso las milicias sevillanas con sus vistosos estandartes desplegados. ¡Allá el día de la pelea, el del brillar de las moharras, el del cruzar las filosas espadas y hendir las pulidas corazas! A la primera carga de los alfonsos, los de Alvar Pérez, nuestros escuadrones empezaron a flojear y a ceder terreno, se deshicieron las filas y los jinetes se dieron a la fuga. Eran días tristes para el Islam y no había valor en los corazones que tenían que sostener su espada, por permisión y castigo de Alá, que a su rebaño tenía reservadas tales calamidades y sufrimientos.

La ilusoria victoria de Bayasi fue pródiga en consecuencias. A los pocos días más de cien castillos y lugares de Córdoba y Sevilla le enviaron legados y reconocieron su autoridad. Como furcias que ofrecen sus encantos a la puerta de una taberna, todos juraban sobre el Sagrado Libro enemistad y odio para los enemigos de aquel traidor que vendía al-Andalus a los alfonsos, y le enviaban las llaves de sus murallas y de sus casas y abrumaban su correo con pliegos de excusas, bendiciones, protestas de obediencia y poemas panegíricos. ¡Vergüenza da sólo de recordarlo! Para acabar de arreglar las cosas, los buhoneros del vino trajeron noticias de que los castellanos habían aniquilado a las fuerzas levantinas cerca de Murcia. El otoño de la estación parecía haberse conjurado para traer el otoño del Islam en al-Andalus. ¡Escarmiento para los que teniendo ojos saben ver!

Acaeció entonces que al-Adil, viendo que otra vez las tornas se le ponían en contra, envió un ejército almohade desde África para que su hermano Abu-l-Ula, que era su comandante en al-Andalus, pusiera sitio a Baeza y le trajera la cabeza de Bayasi, que quería sopesarla antes de echársela a los perros. Y este Abu-l-Ula, astuto y conocedor de los negocios de la guerra, desconfiando de sus fuerzas, fue primero contra el castillo que llaman Garcíez, no lejos de Jimena, donde había una guarnición cristiana al mando de Martín Gordillo, y le puso sitio. Y dicen que este castillo era como los ojos de Baeza asomados al Guadalquivir. Con lo cual otra vez cundió el pánico en Baeza y se aflojaron los vientres de los pusilánimes y Bayasi juntó a su consejo para deliberar. Aquella noche, cuando Mohamed regresó a Nasr, ya casi amanecía pero aún estaba levantada y despierta Habiba, la mala bicha enredadora y perversa, esperando la vuelta de su hijo para que la informara de lo tratado en el consejo. Y supo ella que, entre los diversos acuerdos, habían decidido enviar un correo urgente a Fernando para solicitarle auxilios contra la ofensiva de Abu-l-Ula.

—¿Habéis designado ya al que se hará cargo de esa empresa? —preguntó Habiba.

—Todavía no, mañana se verá.

—Entonces que vaya Selim, tu hermano —dijo Habiba.

—¿Selim? —titubeó Mohamed—. No creo que deba ir pues el viaje es peligroso. Los almohades tienen vigilados los caminos y Selim es hombre de poco espíritu.

Ahora bien, yo os pregunto: ¿quién conoce el corazón de una mujer? Habiba quería enviar a su hijastro Selim para que empezara a curtirse en los azares y peligros de la vida y porque su conocimiento de los castellanos podría ser útil al futuro de la casa Nasr, pero, por otra parte, en los más recónditos aposentos de su corazón, allá donde ni siquiera la viva luz de su agudo entendimiento penetraba, porque en ellos se albergaban los más secretos sentimientos, lo que en realidad pretendía Habiba era poner a su hijastro en peligro y dar ocasión a que le sucedieran desgracias, o quizá la muerte, sin que ella en su conciencia pudiera culparse de tal desgracia. Por eso habló y dijo:

—Es menester que Selim haga méritos delante de Bayasi para que el rey le perdone lo que ya sabes y advierta que es tan fiel a su causa como tú.

A esto, Mohamed, el obtuso, el lerdo, no replicó nada sino que, a la mañana siguiente, se entrevistó con el mayordomo de Bayasi y le sugirió que enviase a Selim, aprovechando que conocía personalmente al rey Fernando y que hablaba la lengua de Castilla y los dialectos beréberes, todo lo cual le sería de mucha utilidad en su misión.

A otro día, en cuanto la noche extendió por montes y valles su propicio manto, salió Selim al camino en un caballo cuyos cascos estaban forrados de trapo, por amortiguar el ruido, y colgando del arzón llevaba talega para cuatro días y algunas monedas y bastimentos para pasar la sierra. Y llevaba también más miedo que vergüenza pero hacía de tripas corazón y seguía su camino fijado maldiciendo su suerte y la ocurrencia de su hermano, el hacedor de méritos. Apenas hubo andado una legua por el camino de Úbeda buscando trochas y atajos poco frecuentados, lo que le era muy difícil a la escasa luz de la luna menguante, perdió su camino y anduvo dando vueltas hasta que se topó con una patrulla de almogávares cristianos que lo prendieron y al ver que se trataba de un correo real lo llevaron al campamento de Abu-l-Ula y lo presentaron al hermano del sultán.

¡La flecha del sino volaba sobre Selim! Otra vez se vio en manos de Hud el Lobo, su viejo enemigo, que era comandante de uno de los regimientos de almohades y que, al reconocerlo, se ofreció para interrogarlo personalmente, lo que Abu-l-Ula concedió. Y se lo llevó a una apartada tienda y lo ató, desnudo como lo parieron, a una estaca, y sacando un látigo crudo de entre unas frazadas de lino lo mojó con el agua de una alcarraza y se dispuso a comenzar el suplicio del que tantos hombres talludos y bragados mueren y otros quedan marcados y flojos e inútiles para toda la vida. Mas, como el mundo no es mayor que una boñiga de vaca, según el sabio Platón predicaba en sus sermones, quiso otra vez la mano del Altísimo (el que siempre vela, el que sus beneficios derrama sobre las criaturas sin tasa alguna) extenderse para salvar a Selim del amargo trance en que se hallaba. Y fue la suerte del cuitado que su amigo Ferrán Suárez se encontrara a la sazón en el campamento, y al saber, por uno de sus comunes conocidos, que habían capturado a Selim, el contador, el escriba, se puso a buscarlo hasta dar con él en el momento en que Hud el Lobo se disponía a descargar el látigo carnicero sobre las blancas espaldas.

—¡Deténte, Hud, que este hombre es un simple escribiente y hablará sin necesidad de castigo! —dijo perentoriamente mientras ponía la mano, sin disimulo, sobre la empuñadura de su daga.

Miró Hud a dos de los suyos que con él estaban y vio que ellos no quitaban ojo de otro sargento de armas cristiano que acompañaba a Ferrán Suárez, el cual, por la pinta, era de los capaces de matar un marrano a besos. Ante lo cual, como experimentados guerreros que eran, se percataban de que, caso de llegar a las manos, ellos llevarían la peor parte, conociendo cómo se las gastaban aquellos castellanos. Así que Hud el Lobo depuso el látigo y dijo:

—Abu-l-Ula me ha confiado a este hombre para que lo interrogue.

—Para que lo interrogues, sí —repuso Ferrán—, pero no para que lo desuelles. Puedes empezar el interrogatorio y yo daré fe de que haces bien tu trabajo y cuando estés satisfecho me haré cargo del prisionero.

—¿Crees que no sé que era amigo tuyo? —reprochó Hud el Lobo.

—Y lo sigue siendo —admitió el otro—, por eso velo por él.

En vista de cómo se terciaban las cosas, Selim, al que habían entrado sudores de muerte cuando vio aparejarse lo del látigo, y llevaba ya recitadas mil Fatihas y otros alcoranes de su particular devoción, no encontró indecoroso confesar que se dirigía a Castilla para solicitar ayuda del rey Fernando, puesto que de sobra sabían sus captores que no otra misión podía llevarlo por aquel camino en que lo encontraron. Después de esto, Ferrán Suárez se hizo cargo de él y lo condujo a una casilla apartada que servía de calabozo, donde, al quedar solos, se abrazaron estrechamente y los dos mutuamente se mojaron las barbas con llanto, recordando los viejos tiempos y todos los peligros y buenos ratos pasados juntos, tras de lo cual se pusieron al corriente de las mudanzas que habían acaecido en sus respectivas vidas desde que se separaron cuando Selim huyó de África.

A otro día, Selim solicitó la presencia de un alfaqueque, de los que andan en tratos de cautivos y rehenes de un lado a otro de la frontera, que en aquellos tiempos era el más lucrativo negocio que imaginar podáis por la aflicción y el desconcierto que la guerra sembraba en muchas familias. Así que llegó el alfaqueque, un tal Hadramut así llamado, de barba cana y perspicaz mirada, le dijo Selim:

—Por tu vida te suplico que vayas a Baeza y digas a mi hermano que aquí quedo preso y cuánto sea el rescate, que él te pagará bien por tus oficios y yo te quedaré agradecido de por vida. Soy de los Nasr de Jaén.

—Oigo y obedezco —respondió el alfaqueque. Y yéndose a las escribanías de Abu-l-Ula se estuvo informando de la cantidad que se podía razonablemente fijar por el rescate de Selim, caso de que su familia o amigos se mostraran dispuestos a liberarlo. Tras de lo cual marchó a Baeza y aquella misma tarde, después que se hubo lavado los pies y echado un pienso a su mula, salió a la calle y preguntó por la casa de los Nasr y cuando le señalaron la puerta llamó en ella con la mano de bronce y un criado salió a abrirle.

Cuando supo que Selim se encontraba en una mazmorra almohade, Habiba lo lamentó en su corazón porque hubiese preferido que muriera, y este sentimiento en su propio depravado corazón puso espanto, pues ella misma ignoraba que odiase tanto al muchacho. Mas lo disimuló y dijo al alfaqueque:

—¡Ay, buen hombre! Esa cifra que me dices es muy crecida para los menguados tiempos que corren en la casa Nasr. Temo que no podremos rescatar a nuestro querido Selim ni siquiera si rebajas la cifra a la mitad.

—Pero tu hijo Mohamed está en el seno y en el consejo de Bayasi. Él puede alcanzar el rescate del soberano —objetó el alfaqueque, que conocía bien su oficio.

—Mal conoces a los Nasr y mucho peor a mi hijo Mohamed —suspiró ella—. Pertenecen a una estirpe orgullosa, nada acostumbrada a doblar la cerviz. Él mismo no se rescataría si para ello hubiese de pedir el dinero a otro, menos aún a su soberano, abusando de su bondad y generosidad.

A todo esto los criados cotillas habían esparcido por la casa la noticia de que un alfaqueque visitaba a Habiba para tratar el rescate de Selim, que estaba cautivo. El hombre, cuando vio que había viajado en balde, dio el selam y se retiró a posada de muy mal humor, mas en la calle lo detuvo Aixa y le dijo:

—Buen hombre, que el Altísimo te conceda su misericordia, yo soy la hermana de Selim, el cautivo, el cuitado, y traigo aquí unas joyas y preseas que me dejó mi madre, con las que quisiera rescatar a mi hermano. Si eres hombre piadoso y temes los juicios de Alá ampárame y protégeme para que este negocio salga derecho, que también tú alcanzarás recompensa.

—Oigo y obedezco —dijo el tratante, y allí se concertaron para que a otro día de mañana ella saliera a la puerta de Jaén, junto al abrevadero que allí hay, de donde los dos partirían para ir al rescate de Selim.

Y así se hizo. Cuando Aixa llegó al campamento de Abu-l-Ula, presentóse ante la mesa de los contadores del Miramamolín y expuso su mandado. Y los contadores estuvieron contando las monedas que traía y pesando y tasando las joyas y preseas hasta que un secretario que por allí acertó a pasar les dijo:

—En vano hacéis vuestros cálculos, puesto que el prisionero ha de ser ejecutado y no hay rescate que valga, así lo ha dispuesto Abu-l-Ula.

Para Aixa fue como si se oscureciera el mundo y le huyeran los pulsos. ¡Allá el llanto y la aflicción, allá el mesarse los cabellos y darse puñadas en el rostro descubierto, allá el estrujarse los pechos con olvido del pudor! Hasta que el alfaqueque se apiadó de ella y le dijo:

—Mujer, serénate que probaremos a ver si se puede hacer algo. Tu hermano encontró aquí a un buen amigo suyo, uno de los mercenarios cristianos, los contumaces, que a veces come en la mesa de Abu-l-Ula. Quizá él quiera interceder.

Y nuevamente recorrieron el campamento, ella llorando y avergonzada de que tantos hombres presenciaran su sufrimiento, en busca de Ferrán Suárez. Y no pararon hasta que dieron con él y el castellano puso su mirada en la muchacha, de la que muchas veces había oído hablar a Selim, que tan tiernamente la amaba, y ella halló gracia a sus ojos y le inspiró el deseo ardiente de poseerla porque, sin llegar a ser guapa, que no lo era, resultaba delicada y frágil, lo que excitaba sobremanera a Ferrán, que ya estaba ahíto de mujeres gordas y fuertes como lo suelen ser las meretrices soldaderas, y Aixa, para el que le gustan flacuchas, era de las que seducen al andar de frente y alma y vida te roban si te vuelve la espalda. No obstante disimuló y compuso un rostro adecuado a los graves asuntos que la muchacha atropelladamente le iba exponiendo. Y en cuanto a ella, el corazón en una parte vehementemente hablaba de su hermano, del rescate, de súplicas y de promesas, y otra parte se ausentaba, volandero como pájaro primaveral, e iba requiriendo de sus ojos la cabal contemplación de aquel hombre fuerte como torre y oloroso a sudor hombruno que ante ella tenía. Y con la mirada mujeril le palpaba las manos como tenazas, los brazos hercúleos, el torso ancho, el dilatado pecho, el robusto cuello, la peluda cerviz, las anchas mandíbulas, la firme barbilla, los llameantes ojos en los que, al contemplarla, se encendía —bien lo notaba— el deseo. Y encontró que, en un suspiro, aquel Ferrán Suárez, el encomiado, del que otras veces oyera hablar a Selim, le arrebataba el corazón.

Así que, entre sus muchas razones, dijo:

—Señor, desde hoy ofrezco este hatillo de oro que conmigo traigo y sobre él, si necesario fuese, pongo mi persona que te servirá fielmente como la última de tus esclavas por el resto de tu vida, si me haces la merced de interceder por mi hermano para que le concedan el perdón y lo liberen.

A lo que Ferrán se alzó de su silla y llegándose a ella la rodeó entre sus brazos y la besó en los labios con vehemencia tal que sintió el acre sabor de la sangre sobre los suyos. Y Aixa, que estaba ya en la edad en que algunas mujeres, las que padecen de los nervios y son propensas a la histeria, la única medicina que necesitan es tres soldados sin graduación, no se resistió apenas, desmadejada y perdida, sino que se quedó quieta y sintió que se le aflojaban las piernas y hubo de sentarse, más pálida que nunca. Y sin osar alzar la mirada dijo, con voz decidida y ronca:

—Eso será lo primero que te entregue si liberas a mi hermano.

Y Ferrán Suárez concibió en su corazón que liberaría a Selim no sólo por la amistad y amor que hacia él sentía, sino también por alcanzar la delicada prenda que se le ofrecía. Por lo que aquella misma noche, al cambio de guardia, se acercó al que guardaba la puerta del calabozo y sin cambiar palabra lo desmayó de un puñetazo en la nuca y luego abrió la puerta y zarandeó a Selim despertándolo y le dijo:

—Selim, no hay tiempo para largas explicaciones. Ahora saldrás con este mi escudero y abandonaréis el campamento por cierto lugar donde tengo sobornado al atalaya. En los cortijos de Alhendín, no lejos de aquí, te está esperando un caballo con el que podrás seguir el camino de Castilla o el de Baeza, lo que mejor prefieras, siempre que lo hagas con la debida presteza antes de que tu huida sea notada.

Selim se abrazó a su amigo y le dijo:

—¿Cómo podré pagarte esto que haces por mí?

—Ya me lo pagarás algún día, inútil. Y ahora déjate de zalemas moriscas y vete ya, que el tiempo apremia y todos estamos en peligro.

Así fue como Selim huyó y, en lugar de volver a Baeza, temiendo el bochorno de su misión fracasada y la irrisión de los cortesanos de Bayasi y, la más dolorosa de todas, la de Habiba, hizo de tripas corazón y tomó el camino de Castilla y cuando amaneció estaba ya en las primeras estribaciones de la sierra donde difícilmente darían con él los que hubieran salido a buscarlo. Por lo que descabalgó y trabó el caballo para que descansara y paciera la fresca hierba y él se lavó la cara en un arroyo cristalino que por allí discurría y luego se tendió debajo de una encina, a su sombra, con las bellotas maduras clavándosele en las costillas y se durmió. Y esto es, por ahora, todo lo tocante a Selim.

Pero volviendo al campamento de Abu-l-Ula, allí pasaban otras cosas. Cuando Aixa, la atolondrada, la llorosa, el huerto sin labrar, el jardín sin riego, supo que su hermano estaba a salvo, sintió pavor de lo que Ferrán Suárez iba a demandarle en cumplimiento de su promesa, pues aún era virgen y no quería darse a hombre antes de tener marido, por lo que concibió engañarlo. Y cuando él se presentó ante ella, en su tienda, y la volvió a besar con vehemencia, la muchacha, sobreponiéndose a sus propios impulsos, que fatalmente la arrastraban hacia aquel hombre expeditivo y brutal, le dijo:

—Señor, te ruego me dispenses de esa decisiva y placentera intimidad hasta que hayamos bebido y comido, pues estoy desfallecida por el ayuno y quisiera alegrarme con voz y no desmerecer llegado el momento de la gustosa coyunda.

A lo que él repuso:

—Oír es obedecer.

Y salió prestamente de la tienda y fuese al zoco del campamento, donde los taberneros montan sus tenderetes, con idea de comprar vino y carne asada y pan y perfume y todo lo demás. Y por el camino iba escardillándose el sarro de los dientes con una espina de cardo y calculaba si le llevaría mucho tiempo pasarse por el abrevadero de los cerdos y lavotearse los bajos, que mucho le atufaban por mengua de higiene.

Trazas todas ilusorias, pues Aixa escapó en cuanto se vio sola y se fue para el lado del campamento donde las familias de los soldados paraban, para pasar inadvertida donde hubiera otras mujeres, y por allí, juntándose a un grupo de ellas que iba por agua al cercano arroyo, llevando una cántara al brazo por más disimular, salió de la empalizada y cruzó el foso. Y en cuanto hubo llegado al arroyo, se apartó de las otras mujeres, como para hacer una necesidad, y ocultándose tras unos chopos que a la vera del agua crecían, miró para Baeza, la de las blancas terrazas, que en lo alto del horizonte aparecía, y a toda prisa comenzó a andar buscando sus caminos.

Cuando Ferrán Suárez regresó a la tienda con todas las vituallas y el vino y la halló desierta, pensó que Aixa habría salido por alguna necesidad y allá se estuvo un rato esperándola mientras, con la punta de la daga, se sacaba lo negro de las uñas y con las uñas se escamondaba las orejas del cerumen acumulado y luego se escardillaba con los dedos la barba y el indócil pelo, acicalándose para estar más guapo ya que no más limpio, que al final había descartado lo de lavarse por no incurrir en mariconadas. Mas en esto, como la muchacha tardara en regresar, empezó a impacientarse y entró en aprensión y salió a buscarla y preguntaba por ella a los conocidos que encontraba, pero ninguno sabía dar razón de ella y él se iba escamando más y más cuando notaba indicios de risitas contenidas y percibía trazas de miradas burlonas. Mas al fin dio con una de las lavanderas que del arroyo volvía, la que le supo dar noticia de la fugitiva, a la que había visto tomar, con gran prisa, el camino de Baeza.

A todo esto, otros habían descubierto la fuga de Selim y ciertas patrullas se formaban para salir a buscarlo por el campo y permitió Alá que una de ellas, precisamente la de los hombres de Hud el Lobo, diera con el rastro de Aixa, con lo que, en siguiéndolo, pronto alcanzaron a la muchacha y la capturaron. Y Hud el Lobo, que sabía que era hermana de Selim, virgen intacta, perla sin horadar, tuvo deseo de ella y volviéndose a sus hombres les ordenó:

—Dejad en paz a la muchacha, que yo la interrogaré sobre su hermano entre aquellos árboles que allá se ven. Y vosotros continuad buscándolo por si anduviera cerca.

Fuéronse los hombres y quedó Hud el Lobo con Aixa y la tomó de la mano y la llevó a donde los árboles y allí se lanzó sobre ella y le arrancó los vestidos y la ropa interior, candado de seda sobre las redondas caderas, y puso al descubierto su desnudez toda, y aunque la moza daba grandes alaridos y rogaba fervientemente, entre muchas lágrimas e invocaciones al Altísimo, que no le hiciera violencia, él más se enardecía por deseo hacia ella y odio hacia el fugado ausente, pues Hud el Lobo no pertenecía al número de los que pensamos que la mujer debe ser ganada con paciencia y perseverancia. Pero Alá, el que vela por sus criaturas, había dispuesto evitar que el peor cerdo se comiera la mejor bellota: antes de que cumpliera su propósito, cuando ya a ello se aparejaba con su cumplida herramienta en la mano, la morcilla cuyo último bocado no tiene pellejo, Ferrán Suárez, al que los hombres de Hud habían indicado dónde quedaba su amo, apareció en un lado del campo y a grandes voces gritó:

—¡Deténte, Lobo, y no sigas porque te he de cortar eso que tienes entre las piernas, rata asquerosa que metes los sucios hocicos en el plato de otro!

A lo que Hud, aplazando su deseo, requirió sus armas y preguntó:

—¿Quieres decir que este festín era tuyo?

—Eso he querido decir —dijo Ferrán.

Y, sin mediar más conversación, se acometieron los hombres para cruzar sus espadas, las filosas, hasta que Ferrán, que era como una torre, golpeó la sien de su oponente y lo dejó sin sentido.

Y la desventurada Aixa, medio cubierta de sus desgarrados harapos, se abrazó llorando a su valedor y con palabras tiernas y zalameras quería componerle excusas de su huida, pero ya la visión de su espléndida desnudez y el olor de los femeninos efluvios habían descompuesto el juicio del castellano, por lo que arrojándose sobre la muchacha, sin ni siquiera despojarse del áspero perpunte que llevaba puesto, le separó los muslos y entró en ella y la desfloró allí mismo, sobre el duro suelo, sin prestar más oído a sus súplicas y desgarradores gritos y sollozos.

Tras de lo cual hay que reconocer que se portó como un caballero, pues despojó de su camisa al durmiente Hud el Lobo y se la entregó a la muchacha para que se cubriera con ella y hasta fue a buscarle el caballo del otro para que pudiera huir. Mas antes de despedirla quiso pedirle perdón por lo que había hecho, y al llegarse a ella y mirarla, la encontró tan hermosa como la luna en la noche de su plenitud, así que la tumbó de espaldas otra vez y, levantándole la camisa hasta más arriba de los turgentes senos, volvió a violarla. Y luego, sintiéndose incómodo por lo sucedido, dio el selam y se volvió al campamento. Y Aixa, la cuitada, la compungida y llorosa, la escocida en sus partes, tomó el camino de Baeza y en el lugar de los estropicios sólo quedó Hud el Lobo, que siguió durmiendo del fuerte golpe que había recibido hasta que sus hombres lo encontraron, ya de noche, y lo devolvieron a su tienda.

Y esto es todo por hoy: regresad a vuestras casas, donde vuestras quejosas mujeres os aguardan con la cena ya fría, y no olvidéis la sentencia de Aristóteles, el sabio, que detrás de toda mujer respondona hay un hombre al que no se le levanta lo suficiente.

VEINTICUATRO

¡PRESTAD OÍDOS! Habéis de saber, continuando con esta historia que recorre el camino del estilo sublime, que Selim atravesó la sierra en tres días, sin más contratiempo que el de sus propios sobresaltos cuando alguna alimaña, deslizándose raudamente entre las matas, huía de él. Y, en saliendo al paso de la Mesa del Rey, atravesó el campo de las Navas por donde las tristes veredas discurrían entre los huesos mondos que la batalla dejara. Allí se sentó un rato a endechar, llorando por ibn Anas y los otros buenos como él que allá habían perecido y pasado al número de los justos. Y luego, en bajando los desfiladeros que dicen de la Losa, a la sombra de las tupidas encinas, ya salió a Castilla y mostrando los salvoconductos del rey Fernando donde fue menester recibió discretas posadas y yantares hasta que, en otros tres días, forzando sus jornadas, llegó a Toledo, la alta ciudad que baña el Tajo del río, la perla perdida que nunca lloraremos lo bastante, y allí fue prestamente recibido por Fernando, que escuchó su embajada con grave semblante y luego encargó a su mayordomo que lo aposentara y él se retiró a una sala apartada donde deliberó con su consejo. Habéis de saber que Fernando estaba enterado, por sus espías de Tarifa y Algeciras, de que muchos destacamentos almohades estaban cruzando el estrecho para sostener al partido de al-Adil. Y el rey de Castilla temió que si al-Adil conquistaba Garcíez, el castillo murado, si iba luego contra Baeza, podría después, yendo para donde el sol se pone, aislar todas las plazas fuertes que los cristianos mantenían al sur de la sierra, con lo que, si las cobraba, sus ganancias de los dos últimos años serían perdidas.

Mas como la espolonada anual, a la que por fuero estaban obligados nobles y consejos, había pasado ya, los castellanos andaban remisos a irse otra vez de guerra con desamparo de sus haciendas. En estas gestiones se enzarzaron unos y otros en dimes y diretes y perdió el rey un tiempo precioso en el cual se dio Garcíez y pareció que crecía el poder de al-Adil por toda la tierra.

Ahora bien, mientras Fernando aplazaba su respuesta, Selim se hospedaba en la puerta del Sol de Toledo, donde el mayordomo mayor de Fernando tenía su posada, y comía a la mesa de los criados y no tenía otra cosa que hacer sino pasear todo el día por los paseos y deleitosas huertas que a la ciudad circundan y esperar a que el rey le encomendara alguna mensajería para su retorno. Pero los días pasaban y el rey no lo llamaba, y como parecía que Alá le había escrito en su libro felicidad hasta que tornara a al-Andalus, él vivía libre de cuidado y amistaba con los sabios y discretos, que entre los cristianos, los infieles contumaces, los perros politeístas, la taifa de mangantes, haylos también, aunque no sean muchos. Y un día entre los días sucedió que Selim entró en cierta taberna donde solía comprar vino y hete aquí que, al salir con su jarra ya pagada, se topó en la puerta con dos hombres de infame catadura, los cuales tenían allí cerca tres caballos ensillados, y uno de ellos se dirigió a Selim y le preguntó:

—¿Eres tú Selim de Nasr, el moro?

A lo que Selim asintió, tomándolos por sargentos del rey que lo buscaban, pero luego advirtió su error cuando el que había preguntado lo tomó del cuello y de muy malos modos lo arrastró a donde los caballos estaban. Y entre los dos lo maniataron, y aunque Selim profería grandes gritos de socorro, la calleja permanecía desierta y las ventanas que a ella daban seguían cerradas y nadie asomaba a socorrerlo. Terciado como fardo sobre el caballo lo tenían cuando, al otro extremo del adarve, apareció un jinete armado, con el mandoble desenvainado y el escudo embarazado, fuerte como una torre, y dirigiéndose a los secuestradores les dijo:

—Soltáis a ese hombre, en nombre del rey nuestro señor al que sirve, o ya podéis contaros en el número de los muertos.

Y como los otros echaran mano a sus espadas, dispuestos a abrirse camino con el hierro, no fue menester que llegaran a las manos porque silbaron dos saetas, de sendos ballesteros que sobre un terrado estaban, y dieron con ellos en tierra pataleando hasta que se les fue la vida y luego el del mandoble lo volvió a su vaina y se lo terció a la espalda y, llegándose a Selim, sacó su daga, la filosa, y lo liberó de sus ataduras y le dijo:

—En adelante has de andarte con más cuidado si pretendes llegar a viejo y ver cómo se te pone el pelo blanco, porque la gente de don Alvar Pérez de Castro te busca y no siempre habrá cerca quien, como en la presente ocasión, pueda defenderte. Y ahora marcha a tu posada antes de que empiecen a venir mirones y preguntones.

Selim, todavía descompuesto y encogido de ombligo, recogió su ropilla, que en el suelo estaba caída, y se alejó de allí tan rápidamente como pudo. Mas antes de perderse se volvió a su bienhechor y le preguntó:

—¿A quién debo agradecerle esta merced?

Miró el otro a un lado y a otro y a las ventanas, por si hubiera oyentes y, viendo que no los había, dijo, en voz queda como quien busca secreto:

—Al Maestre del Templo. Y ahora vete y no quieras saber más.

Estas cosas pasadas, de allí a pocos días pudo Fernando reunir su hueste y otra vez se puso en camino para la tierra de al-Andalus y no se paró hasta llegar a ella. Pero antes de cruzar los puertos de la sierra, cuando iba por el castillo Ferral, otros mensajeros le llegaron con muy grandes noticias de lo que había ocurrido. Que es a lo que ahora voy: los más ancianos de esta respetable y generosa concurrencia recordarán cómo, en menos de una semana, las disensiones e intrigas de los cortesanos de al-Adil dieron al traste con todo lo que el Miramamolín pacientemente había tejido, tocante a alianzas y tratados, en más de dos años de paciente labor. Así es la vida por voluntad de Alá. Y Bayasi, alegre como un cascabel, quedó como perro al que quitan pulgas. Y viendo que el ejército de su enemigo se dispersaba y que cada cual atendía a su apaño y los soldados descontentos de los atrasos de sus pagas se tornaban inobedientes o le ofrecían a él sus servicios, aprovechó la ocasión y fuese sobre Córdoba, que había expulsado a los almohades, donde la población amotinada le abrió las puertas para recibirlo, con guirnaldas y panderos y jolgorios y alegrías, como si del propio Maghdí se tratara.

Así las cosas, Bayasi, viéndose dueño de casi todo al-Andalus y hospedado en el rico alcázar de Córdoba, el de los verdes jardines con frescas fuentes, el de las magnas salas alicatadas de vidriados y soladas de mármoles y tapizadas de abigarrados colores, dio en pensar que Sevilla y Marraquex y toda la tierra de los almohades habría de ser suya y, convocando a sus secretarios y visir, decretó nuevos impuestos y levas con que acrecentar su ejército, al que quería pasar al Magreb para la conquista. Y así fue como la desmesurada ambición que había perdido a al-Adil perdió también a Bayasi. ¡Materia de pensamiento para los pensantes, que no estaría de más tener escrita con un punzón en el rabillo del ojo derecho!

A estas nuevas, Fernando regresó a Toledo atento a los asuntos de al-Andalus y Selim, otra vez solo, que se está mejor que mal acompañado, pasó las montañas y volvió a Baeza, donde en la casa de Nasr sólo encontró a un criado viejo que cuidaba de Batán, el cual, ya repuesto de sus dolencias y cerradas las heridas, estaba esperando el regreso de su amo. Los dos hombres, blanco y negro, se dieron el selam y luego Batán dijo:

—Ya ves que todos están en Córdoba, menos Habiba y Aixa que se fueron para Jaén, y cuando partieron de aquí iban bien, y tu hermano Mohamed me dijo que en cuanto llegaras fueras a Córdoba sin desviarte a ver a tu hermana, que allá te espera él con otros mandados.

—Oír es obedecer —repuso Selim—. Pero yo iré a Córdoba solo y tú te vas para Jaén por si allí hicieras falta.

A otro día se pusieron en camino con dos mulas de equipajes y, tomando la calzada que baja hacia el Guadalquivir, bajaron juntos hasta el puente de Fuente del Sauce y allí se separaron y cada uno tiró para su lado y Selim bajó hasta Córdoba con la corte de Bayasi.

Habéis oído la historia de la grandeza de Bayasi. Ahora os contaré la de su perdición, que Alá (loado sea) había escrito en su libro, el más fuerte que el destino, el sin vuelta de hoja. Por los pactos suscritos con Fernando, Bayasi se comprometía a entregarle los castillos de Salvatierra, Capilla y Burgalimar para cuando de un modo u otro tomase Córdoba. Cartas bermejas con el sello de Bayasi fueron a los alcaides de estas fortalezas conminándolos a entregarlas a los alfonsos. Pero el de Capilla, que era de los Farash de Lucena, el testarudo como él solo, el negro bragado, se negó en redondo y cuando le dijeron de qué iba la cosa montó en cólera y rasgó la carta bermeja y se metió los pedazos en la boca y luego los escupió y los pisoteó, sin leerla siquiera, y al legado de Bayasi, que a ver qué culpa tenía el hombre si era sólo un mandado, le soltó una bofetada que le puso el ojo como una berenjena. No fue cosa de broma. Y luego declaró solemnemente que no pasaría por la vergüenza de regalar su fortaleza a los cristianos y que Bayasi era un perro traidor y él se tendría por vasallo de al-Adil de allí en adelante, así es que, en punto a prosa, tampoco se puede decir que la escatimara.

Mientras, al-Adil juntaba sus fuerzas en África y concertaba las dispersas voluntades de sus seguidores para preparar su regreso. Sabedor de esto, Bayasi, buscando ganarle la partida, reunió a sus gentes y convocó a los auxiliares cristianos y en pleno invierno, sin atender consejo, salió contra Sevilla cuya conquista lo tenía obsesionado. Pero Alá había decretado que éste fuera su error y su perdición últimos, pues los almohades le salieron al lugar de Taliata y, en el revoltillo de brazos y de lanzas y polvaredas y ayes y gemidos y estocadas y reveses, derrotaron y dispersaron a sus gentes, con lo que todos los jeques que habían dado la espalda a al-Adil volvieron otra vez al lado del murciano y desampararon al de Baeza. ¡Mudanza de los tiempos! ¡Engaño de los días! ¡Ni los perros son fieles ya!

Mal se encontró las cosas Bayasi a su regreso a Córdoba, pues los notables de la ciudad estaban en el campo, en sus casas de recreo o de viaje, y allí no había quien quisiera besarle la mano, y los que quedaban lo rehuían con mil pretextos. Mientras tanto los faquíes predicaban contra él abiertamente en las mezquitas y no le perdonaban que se hubiera declarado vasallo de un rey cristiano politeísta. Sólo le faltaba ganarse la enemistad del pueblo llano, lo que hizo prontamente, pues, al fin y al cabo, él era el responsable de la carestía del trigo y de la última subida de impuestos con la que pretendía allegar fondos pues tenía las arcas del tesoro tan vacías que si una rata caía en ellas se despanzurraba. Al cabo de pocos días su autoridad sobre la ciudad era sólo nominal, sustentada en las moharras de los mercenarios cristianos que patrullaban por los principales zocos y plazas y por el barrio del alcázar, el guardado detrás de los altos muros bermejos.

¡Los muros bermejos, los guardadores del huerto cerrado, del recóndito jardín, del fresco y riente anticipo del Paraíso! Desde los que muchas veces Faye, cuyo espíritu estaba abatido desde que arrancaron a su hijo de su lado para llevarlo a Castilla, tomó la costumbre de asomarse a una ventana que a la calle daba y a diario espiaba el paso de Selim cuando se dirigía al trabajo en la cancillería, y un día el observado levantó la mirada y vio una mano que reconoció de Faye, agarrada a la celosía de una ventana, y ya cada mañana, en llegando a aquel punto, elevaba la vista y, ella, dejándole ver sólo su mano, le enviaba el mensaje de su amor, como antaño, en los lejanos días en que acertaban a ser felices. Con lo que ambos a dos robustecían sus corazones en la esperanza de mejores tiempos y otra vez, aunque ya sus cabezas empezaban a encanecer, pasaban las noches en blanco pensando cada uno en el otro, como adolescentes, y en medio de las tribulaciones y miserias de los tiempos volvían a sentirse felices.

Mientras tanto, todas las facciones de la ciudad se unían contra Bayasi: los faquíes de luengas barbas, los partidarios de al-Adil, los agitadores locales, camorristas y sediciosos de todo cuño y eternos descontentos. En el espacio de una semana los espías del baezano lograron abortar un par de conjuras. Casi cada día se renovaba la carne en las cruces de la Calahorra, donde se exponían los cadáveres de los ajusticiados con carteles alusivos al delito cometido. Bayasi, el vestido de brocados ricos con bordados regios, no salía ya del alcázar, pues no se sentía seguro, mas, por otra parte, tampoco se atrevía a abandonar la ciudad y regresar a Baeza, como le aconsejaban muchos, porque eso sería reconocer su fracaso y quizá no le fuese posible recuperar Córdoba nuevamente. Y, sin Córdoba, no podría alcanzar Sevilla ni Marraquex, como soñaba.

Ocurrió lo que fatalmente tenía que ocurrir, pues estaba escrito. Un día, una turba de desarrapados procedente del arrabal del río, los hambreados, asaltó una recua de trigo que se dirigía al alcázar. Ésta fue la señal de la rebelión. Los guardias, celosos de su diaria ración de pan, salieron de sus puestos a reprimir a los saqueadores y se esparcieron por la ciudad degollando a todo el que sorprendían con un costal o bolsa de trigo. Cuando se apaciguó el tumulto quedaban sobre el suelo cuarenta muertos y no se sabe cuántos malheridos, que bienherido no quedó ninguno.

Allá vierais a las palomas de la mezquita bajar a picotear el trigo desparramado entre los cadáveres. Se difundió la luctuosa noticia por todos los barrios de la ciudad y por sus arrabales, aumentada y exagerada por los agitadores y por los amigos de al-Adil. Mediada la mañana hubo un temblor en el aire y de lejos se escuchó un murmullo creciente como el del mar, el agitado por las olas, porque una turba vociferante afluía por las calles que conducen al alcázar. Conviene que sepáis que, a pesar de las requisas ordenadas por Bayasi, todos los cordobeses guardaban armas ocultas, así que empezaron a mostrarse viejas lanzas, herrumbrosos chuzos, melladas espadas, machetes, palos, clavas, hondas, bieldos y venablos de caza. Chicos y grandes, pobres y ricos, todos llevaban algo en la mano y se animaban mutuamente según se iban encontrando camino del alcázar. Y algunos revoltosos enardecían a la gente desde las gradas de la mezquita, pero eran pocos los que se detenían a escucharlos pues ya todos estaban inflamados y querían acabar con Bayasi. Dondequiera que encontraban oficiales o servidores del califa, o forasteros sospechosos de serlo, los atacaban y les daban cruda muerte. De los que vivían en la ciudad, que no eran muchos, pocos pudieron escapar. La guardia del alcázar se asomaba a las almenas y contemplaba el gentío que iba remansándose al pie de las murallas. Sólo empezaron a preocuparse cuando vieron que algunas picas traían clavadas sangrantes cabezas de guardias sorprendidos en la ciudad y tampoco les hicieron gracia los incendios que empezaban a elevarse de distintos barrios: las moradas de los partidarios de Bayasi, que estaban siendo saqueadas desde la mañana. Pero alguien hizo correr la voz de que era el propio emir el que había ordenado incendiar los barrios pobres de la ciudad. Nadie se paró a averiguar la verdad. La multitud mugía de ira y todos parecían tener encrespados los pelos de la barriga. Allegaron troncos y empezaron a golpear con ellos las puertas del alcázar.

Así las cosas, Bayasi no sabía qué decisión tomar para controlar la rebelión, si ordenar a sus mercenarios que acuchillasen a aquella masa de revoltosos o si abandonar la ciudad hasta que las cosas se calmaran, según unos y otros le aconsejaban. Finalmente optó por abandonar la nave: por una poterna del alcázar que daba al río, medio oculta entre la crecida vegetación de las orillas, escapó con sus más fieles partidarios, entre ellos Mohamed Nasr. Y con ellos iba al-Yasib, el favorito, el marica, descorazonado de su corazón, colgado del manto de Bayasi, conmocionado y lloroso como una mujer desventurada ante la ruina de su marido. En lugar de dirigirse hacia el norte, donde suponían vigilados los caminos, tomaron el arrecife que va a Sevilla buscando ponerse a salvo en el castillo de Almodóvar, cuyo alcaide era hombre de confianza de Bayasi. A poco advirtieron que eran seguidos por un nutrido grupo de jinetes armados. Sin pararse a averiguar si eran amigos o enemigos, espolearon sus caballos para escapar pero fueron alcanzados por sus perseguidores cuando ya subían la cuesta de acceso al castillo, a pocos pasos de su refugio y salvación. Los captores resultaron ser de la gente del tintorero, el bandido, el calamitoso para los viajeros, el cual se había unido a la rebelión. Los hicieron descabalgar y los obligaron a arrodillarse a un lado del camino. Cuentan (pero Alá sabe la verdad) que al-Yasib, el marica, el amujerado, el cruel y caprichoso, no cesaba de lloriquear y no conseguía mantenerse erguido. Uno le levantó el faldón de la camisa con la punta de la lanza y señaló a los otros, entre grandes risas, cómo el efebo se había hecho sus necesidades encima. Es posible que aquella debilidad le salvara la vida por el momento. Un tal Arun, el tuerto, blandió personalmente el sable y descabezó al general Ubas, luego a Mohamed Nasr, el hermanastro de Selim, y finalmente al propio Bayasi. La gente del castillo lo presenció todo desde las almenas sin osar intervenir. Luego los del tintorero recogieron las tres cabezas y las guardaron en un saco y regresaron a Córdoba, la llana, la amarga aquel día, la sabia los otros días, con su sangriento trofeo.

Así pereció Mohamed Nasr, hijo de Habiba, el hermanastro de Selim, y así acabó Bayasi, el marido de Faye, el que soñara proclamarse emir de un imperio que abarcara desde el río Níger, en el país de los negros, hasta el Duero, donde pacen los cerdos de los politeístas.

En cuanto a al-Yasib, sus captores decidieron mantenerlo vivo para solazarse con él, pues la belleza de su cuerpo les había excitado el deseo. Se lo llevaron y lo exhibieron en Córdoba, en el patio de la mezquita y en la plaza del alcázar, donde un pregonero borracho lo anunciaba como la viuda de Bayasi. Después lo condujeron al campamento del tintorero y lo llevaron de tienda en tienda para que los que quisieran entraran a él libremente. Así lo estuvieron vejando durante un par de semanas, el culo como nido de babosas, hasta que enfermó y, cansados de él, lo lapidaron. Y lo dejaron insepulto en medio del campo para que su cadáver fuera alimento de perros y de aves. ¡Lección de gran enseñanza que debiera estar escrita con una aguja en el fondo de la pupila! ¡Éste es el castigo del réprobo en esta vida y aún falta el de la otra, que es peor y nunca termina!

Y esto es todo lo referente a este joven y a su historia.

En cuanto a Selim y a los otros os diré ahora lo que pasó. Cuando los amotinados se pusieron a golpear las puertas del alcázar y se divulgó la noticia de que Bayasi y sus ministros habían huido, el pánico se apoderó de todos y olvidándose de los equipajes, que quien más quien menos desde la mañana andaba haciendo para poner a salvo sus objetos más valiosos, pensando que la retirada sería ordenada y bajo custodia, ahora vieron que la situación era desesperada y que la deserción del soberano los condenaba a su suerte. Con lo que cada cual desamparó a los suyos y sólo atendió a su propia salvación y provecho. Así las cosas, por las abiertas puertas de palacio, donde ni guardias quedaban ya, Selim penetró hasta donde Faye habitaba, en aquella ventana donde cada día asomaba su blanca mano, y la encontró sola, pues las criadas habían desertado, y sollozando en un rincón. Pero en cuanto se fue a ella y la abrazó, la mujer restañó el llanto y se quedó mirándolo tan de cerca, después de muchos años, y él a ella, y los dos vieron los estragos que el tiempo había ido causándoles y los muchos sufrimientos que escritos quedaban en sus semblantes, de los tiempos desdichados, pues ahora tenían arrugas y algunas canas. Y luego se besaron larga y tiernamente como antaño y sintieron sus cuerpos renacer bajo la misteriosa llama que junta al hombre y a la mujer en gozosa coyunda. Pero fue una dicha breve, que los gritos que en las salas resonaban les vinieron a recordar la apurada situación en que se encontraban y apartándose dijo Selim:

—Es hora de huir porque aquí ya no queda nada que salvar.

Ella asintió y lo siguió, prendida de su mano, la fría, la sudorosa, hacia las caballerizas que daban al río, por donde muchos pensaron salvarse. Y en aquel lugar, bajo la lóbrega bóveda del palacio antiguo, Ferrán Suárez y un destacamento de sus mercenarios imponían orden, espada en mano, y decidían quiénes habían de salir primero y en qué orden y de camino iban aligerando de sus bolsas a los que muy abultadas las llevaban. Y al ver a Selim con Faye, Ferrán los llamó a su lado y ordenó a un ballestero:

—A éstos primero; me los llevas hasta el río y vuelves por órdenes.

—Oír es obedecer —dijo el de la ballesta.

Y al rato de esperar, sentados al amparo de unas matas que en la ribera crecían, por no ser vistos desde la ciudad, cuatro guerreros de Ferrán, de los de cota de malla y lanza ferrada, que su sola vista pone espanto en los corazones más valerosos, se llegaron a ellos con caballos ensillados y los condujeron fuera de la ciudad, hasta una distancia de dos leguas, donde había un campamento de cristianos, de los que perciben soldada del emir, y allí los aposentaron, con otros fugitivos que fueron llegando, por espacio de dos semanas hasta que el populacho de Córdoba se fue apaciguando y cesaron las muertes y volvió una relativa seguridad a los caminos. Entonces el alcalde del campamento cedió a las súplicas de Selim y lo dejó partir hacia Jaén, como quería, para que se hiciera cargo de su casa, pues ahora, muerto Mohamed, la cabeza de Nasr era la suya. Pero el otro, a pesar de todo, se empeñó en que los cuatro hombres que lo habían traído al campamento los escoltaran durante una jornada, después de la cual los dejaron en el camino del arrecife y se despidieron de ellos adelantándose, pues iban a otro asunto.

¿Qué os contaré de la huida de los dos enamorados, otra vez juntos y felices en medio de los peligros de un país en armas, con los caminos infestados de bandidos y malhechores y soldados sin paga que se dedicaban al pillaje? Mas, como si el ángel de la trompeta marchara delante de ellos, Selim y Faye hicieron sus jornadas sin sobresalto y los bandoleros que encontraron estaban muertos, con la sangre aún fresca, en ciertos lugares de la calzada. Y a las dos noches, durmiendo en un pajar, rodaron el uno en brazos del otro como impensadamente, en medio del sueño, y allí yacieron gustosa y deleitadamente y Selim halló que su amada tenía unos muslos como el alabastro y unas tetas como redomas de miel y un vientre como rociado de leche y de su raja despedía un aroma embriagador como el almizcle, y Faye encontró que el miembro de Selim era abundoso de medidas tocante a lo largo y a lo grueso, lo que nadie hubiera sospechado en hombre de tan poca presencia, pero así son los dones de Alá. Y como los prudentes ya os estaréis imaginando lo que entre ellos aconteció, sólo añadiré que gustaron de las delicias del amor hasta que en la alta mañana les avisó el canto del gallo que era hora de desperezarse y salir otra vez al camino y seguirlo aunque fuera con las rodillas flojas.

Habéis de saber que los cuatro guerreros de Ferrán Suárez marchaban delante de ellos, a distancia conveniente para no ser vistos, y les iban allanando el camino y eran ellos los que descuartizaban a bandoleros y gentes de mala calaña que encontraban o a otros que, sin serlo, se lo parecieran, pues no eran de los que gustan de platicar y meterse en averiguaciones y Ferrán Suárez les había encomendado mucho que sus amigos llegaran a Jaén sanos y salvos.

Mientras tanto, en Córdoba, antes que las batidas puertas del alcázar reventaran, se alzó uno de la muchedumbre y mostró la cabeza de Bayasi y proclamó a al-Adil y entonces, los que habían peleado toda la mañana, ya exhaustos y hambrientos y heridos, hicieron un alto para sentarse a deliberar, y Abu-l-Ula, el hermano de al-Adil, les envió unas carretadas de trigo con lo que ya definitivamente inclinó sus voluntades hacia la causa de su hermano. Pero al propio tiempo llamó a Ferrán Suárez aparte y le dijo:

—He sabido que has puesto a salvo a la viuda de Bayasi y la tienes escondida. ¿Sabes que si eso llega a oídos de mi hermano te puede costar la cabeza?

A lo que Ferrán respondió:

—Yo conozco otras cosas que te pueden costar la cabeza a ti, así que, por ese lado, no tengo nada que temer.

Abu-l-Ula se sonrió e hizo una seña como de que aceptaba la réplica por su ingenio más que por otra cosa. Luego dijo:

—En tal caso creo que haríamos bien en estar en el mismo bando y favorecernos mutuamente.

—Yo sirvo a quien me paga —dijo secamente el castellano.

Abu-l-Ula se mesó la recortada barbita y permaneció pensativo un momento. Luego se acercó aún más a Ferrán y pronunció estas palabras:

—Mi hermano ha vivido ya mucho tiempo para demostrar que carece de la firmeza necesaria para llevar a buen puerto la empresa del imperio. Creo que va siendo hora de un relevo. Ahora los asuntos y las lealtades están turbios y será fácil hacerlo. Si te encargas tú, te recompensaré espléndidamente: quince cargas de oro, y te nombraré comandante del ejército.

Ferrán Suárez aceptó el trato. Aquella noche marchó con sus gentes al encuentro del Miramamolín, que llegaba desde Sevilla, y al otro día se unió a él en la acampada y logró colocar gentes de su confianza en las guardias más próximas. El resto fue fácil: en la tercera vela se deslizó dentro de la tienda roja: primero degolló a un dogo que a los pies del lecho rezongaba, luego a una esclava desnuda a la que el durmiente abrazaba, y finalmente se llegó a al-Adil, que roncaba profundamente dormido. Le puso la mano en el hombro y cuando hubo abierto los ojos le asestó una puñalada en el corazón. Así fue cómo al-Adil pasó al número de los de la otra vida.

Al otro día se esparció la noticia de que el emir había sido asesinado por su concubina, aunque logró apuñalarla a su vez antes de morir. Y su hermano Abu-l-Ula, que providencialmente había aparecido en el campamento, se hizo de nuevas y desgarró sus mejillas y esparció cenizas sobre sus cabellos e hizo el llanto y la endecha y le mandó decir los alcoranes que al caso vienen. Pero luego un alfaquí viejo le puso sobre la cabeza el remendado manto de al-Mumín (la bendición sobre él) y lo proclamó sucesor. Hubo repartos de trigo y cecina en el campamento y los hombres lo aclamaron y corrió el vino con liberalidad y ningún alfaquí torció el gesto, que los viejos tiempos en que las leyes se aplicaban con rigor habían pasado ya.

Abu-l-Ula quería marchar en seguida hacia el norte para sitiar los castillos cristianos y recuperar Andújar y Martos, mas un correo llegado del Magreb trajo noticias de otro levantamiento, así que hubo de aplazar sus asuntos de esta parte para mejor ocasión y Abu-l-Ula marchó a embarcarse en Tarifa, llevando con él, como comandante en jefe, a Ferrán Suárez. ¡Ya veis cómo es la vida: escarmiento a los que tienen ojos y saben ver!

¡Holgura y prosperidad!

VEINTICINCO

¡PRESTAD ATENCIÓN! Ahora os contaré lo que fue de Hud el Lobo en este año tan movido en el que tantas cosas acaecieron.

Pues Hud el Lobo, como bueno no era, robaba de los piensos de los caballos y acémilas y metía mano en las soldadas de los regimientos, lo que en su momento se le averiguó, y los contadores del Miramamolín le fueron con el cuento al general y, después del selam y la zalema, le dijeron:

—¡Sea la gracia de Alá sobre ti y la tuya sobre nosotros! Es menester que sepas que ese Hud el Lobo que a tu mesa come y con tus manjares se refocila y en tu casa entra libremente con toda confianza es un desaprensivo que se está haciendo rico con lo que te roba, por lo cual andan los caballos sin fuerza, hechos unos jamelgos, y los soldados quejosos, hechos unos alfeñiques, por mengua de pienso y rancho, respectivamente.

Oído esto, Abu-l-Ula sintió que la bolsa de la hiel se le reventaba y dijo:

—¡Agarradlo y traédmelo aquí, que le voy a dar un escarmiento para que en mucho tiempo no se olvide de quién soy yo!

—Oír es obedecer —dijeron ellos al unísono, y partieron al mandado.

Mas, antes de que la justicia del Miramamolín lo prendiera, supo Hud el Lobo, por ciertos confidentes que entre sus compinches tenía, que se estaba aparejando su ruina y que Abu-l-Ula había decretado su prisión, por tanto huyó con otros de los suyos y, retirándose a las montañas de Murcia, allí se echó al monte y se hizo bandolero, oficio en el que prosperó prontamente, de manera que, a poco, señoreaba una extensa comarca y cobraba tributos a los campesinos y a los recueros que hacían el camino de Levante, entre los que, además, era respetado y siempre tenía un asiento al lado de los sabios, que por algo son sabios y, en su sabiduría, sabían que más les valía estar a bien con él.

Y cuando se enteró de que Bayasi había pasado por la puerta de la otra vida, que todos hemos de traspasar, y que al-Adil se había sumado también al número de los que ya no están en este mundo, y que Abu-l-Ula andaba en el Magreb persiguiendo cabilas levantiscas, creyó que su hora era llamada y se proclamó emir y envió correos a muchos jeques, con promesas y dádivas, si reconocían su autoridad y amenazas si le cerraban la puerta.

Y estando cerca de Jaén vistió sus mejores galas y se presentó ante Habiba para solicitar la mano de Aixa, su hijastra, la desventurada hermana de Selim, el pozo de miserias, la recogedora de los sinsabores, la cuitada, de la que había quedado prendado desde que la viera desnuda en el campo de Baeza, el día de marras, cuando la huida de Selim, y no la había olvidado y el recuerdo de su hermosura (aunque era algo escurrida de caderas y unos pechos un poco más llenitos no le habrían venido mal) poblaba desde entonces los ardientes ensueños de sus noches. Y Aixa, cuando supo quién estaba en su casa y qué recado traía, sufrió un desmayo y profirió un gran alarido, que pensaron que estaba privada de seso y hubieron de espurrearle el rostro con agua de rosas para reanimarla, mas ella, corriendo a donde Habiba estaba, se arrojó a sus faldas, suelta la cabellera, arañado el rostro, y con muchas súplicas bañadas en amargo llanto le rogó que no la otorgara a aquel hombre. A lo que él nada decía, sino que contemplándola se sonreía entre dientes como quien sabe que nadie le va a hacer la contra.

—¡Día de la buena sombra, día de la gracia de Alá! —dijo Habiba—. Hija mía, ibn Hud es rico y poderoso y a su lado nada te faltará, que te tendrá como a una reina y esclavas te servirán y conocerás las dulzuras de la vida matrimonial.

Y le devolvió un guiño al interesado, la mala pécora. A lo que la muchacha, serenándose un tanto, contestó:

—Por lo menos aguardemos un par de días y aplaza hasta entonces tu decisión, hasta que esté aquí mi hermano Selim, que es ahora el jefe de la familia.

Y Habiba, recordando, por si lo había olvidado, que su hijo muy querido Mohamed quedaba muerto y sin sepultura y Gazal también muerto, todos los frutos de su vientre, reprimiendo un sollozo que le subía de las entrañas, exclamó:

—¡Maldita seas! No tienes que recordarme mi aflicción y que los que algo valían en esta casa son ahora pasto del olvido mientras que Alá ha permitido, sólo Él sabe por qué, que sobrevivan los débiles y desperdicios. Y ahora aparta de mí esas manos y vete de aquí porque mientras yo esté en esta casa, yo soy la cabeza de la familia y ya he decidido darte a ibn Hud y os casaré hoy mismo para que sin más impedimento entréis ya a gozar de la felicidad de vuestro matrimonio.

Y esto dicho convocó a los testigos, que fueron otros facinerosos de los que con Hud el Lobo llegaron, amén de dos o tres juristas de la ciudad, de los que querían congraciarse con el poderoso, esos leguleyos que venderían a su padre por una prebenda, y allí mismo se firmaron los contratos y capitulaciones y Aixa pasó a ser propiedad de Hud el Lobo, el cual, como tenía el hábito de los bandidos de no permanecer largo tiempo en lugar alguno, pretextando urgentes quehaceres en la parte de Santisteban, aquella misma tarde abandonó la ciudad llevando consigo a su esposa sin otro séquito que Batán, el abnegado, el fiel, que Hud el Lobo consintió en que la acompañara para servirla pensando en venderlo como esclavo en cuanto encontrase comprador.

Y cuando se hubieron alejado menos de una legua, se detuvieron a descansar y para que abrevaran los caballos en la hondonada que hace el Guadalbullón, antes de cruzar el río, por la parte del puente de Tabla que va a la torre quebrada. Y como Hud el Lobo estaba lampando por coger a su mujer entre sus brazos, allí quiso besarla, a la cabizbaja y llorosa, y ella, irguiéndose como pantera, desenfundó las uñas y le dio una tarascada más que regular en la mejilla, delante de todos, a lo que él, bramando de ira, comenzó a abofetearla, que pensaron que la mataba, y a Batán, el fiel, que quiso intervenir para evitarlo, uno de los otros le tiró una cuchillada baja que le echó las tripas fuera y allí feneció el pobre. A todo esto, Hud el Lobo se echó sobre la muchacha, y encima del duro lecho de la tierra calcinada de las últimas quemas de los alfonsos la violó en presencia de sus hombres, los que, sentados a la sombra de la chopera, lo miraban hacer y reían y se pasaban de mano en mano una cantimplora de vino.

Aquel mismo día, a media mañana, Selim y Faye llegaron a Jaén después de haber pernoctado en Arjona, en casa de los Nasr, donde Alhamar, su primo y buen amigo, holgóse grandemente de recibirlos y los agasajó como si príncipes fueran y mandó prepararles un baño en la sala de tablas y un buen lecho en el que se estuvieron solazando con la doble embriaguez del vino y del amor, y al día siguiente les dio caballos de refresco y los escoltó una legua fuera del pueblo. Y ya sin otra cosa merecedora de mención llegaron a Jaén y se les saltaron las lágrimas al ver Jabalcuz y las Peñas de Castro desde la distancia, y cuando traspasaron la puerta del Aceituno se dirigieron derechamente a la casa Dubyan, donde Faye quedó al cuidado de sus parientes y criadas. Y luego Selim se encaminó a la suya con el anhelo de ver a su hermana.

Mordiéndose los labios salió Habiba, la taimada, a abrazarlo y se le echó al cuello llorando y diciéndole entre sollozos:

—¡Hijo mío, doy gracias a Alá porque te ha preservado en medio de tanta desventura como sobre esta casa permite y que tú estés vivo para consuelo y báculo de nuestra vejez y defensa de nuestra estirpe!

Y Selim sintió piedad por ella, aunque nunca lo había querido bien, y pensando que era una madre desconsolada y que todas sus empresas fundadas sobre el desventurado Mohamed y la preeminencia de Bayasi habían fracasado y que necesitaba más de afectos que de reprensiones, la abrazó a su vez y la consoló con palabras de afecto. Pero luego le preguntó:

—Y mi hermana Aixa, ¿dónde está? Suéltame ahora, que quiero verla.

A lo que ella, redoblando el llanto y el moqueo, le dijo:

—¡Ay, hijo mío, el desventurado, que eso no es posible, y de haber sabido que vendrías tan pronto la habría retenido para que la vieras y pudieras despedirla!

—¿Despedirla? ¿Qué novedad es ésa? —preguntó Selim estupefacto—. Habla, mujer: ¿qué ha sido de ella?

—Su marido se la ha llevado, pues has de saber que la he casado con un hombre poderoso y bueno que la hará feliz.

—¿Cómo has podido casarla sin mi consentimiento? —se extrañó Selim—. ¿Acaso ignorabas que, muerto Mohamed (Alá tenga misericordia de él), soy yo el jefe de la familia?

—¡Ay, hijo mío! Obré así por ignorancia y no por malicia, pues creíamos al principio que a ti también te habían matado y que éramos mujeres solas sin valimiento alguno, por eso quise poner a tu hermana bajo el amparo de un marido poderoso.

—¿Con quién la has casado y dónde está? —tornó a preguntar Selim, ya escamado, temiéndose lo peor.

Pero la realidad que en seguida supo era mucho

más cruel que cualquier otra imaginación que hubiese tenido, por lo que, al saber que Aixa quedaba en poder de Hud el Lobo, aquel hombre de mal temple como cuchilla afilada e hiriente, y que hacía una hora que a Batán, que con ella iba, lo habían encontrado muerto en el campo, dio un alarido y se dejó caer, abatido, sobre una almohada y no se pudo levantar en un buen rato. Pero luego tomó su decisión y, llamando a un criado, le hizo ensillar un caballo y ordenó a las mujeres que le prepararan talega para cuatro días. Tras de lo cual, tomando el dinero que había en la casa, que no era mucho, salió en persecución de Hud el Lobo yendo hacía Santisteban, a donde el bandido dijo que iría.

Dos días y dos noches cabalgó Selim tras el rastro de Hud el Lobo y por las posadas y ventas donde cambiaba el caballo y dormía un poco le iban diciendo que el poderoso jefe de bandidos pasara por allí llevando en su compañía a una mujer que más parecía su cautiva que su esposa, por lo llorosa y desgraciada, y contra su voluntad que lo acompañaba. Con lo cual Selim se enardecía e iba como loco, sin pararse a pensar que, con sus menguadas fuerzas, nada podría contra su enemigo.

Y al tercer día, cuando ya atardecía, pasando por las riberas del Guadalquivir en los vados que llaman de Descuernavacas, ya descubrió a lo lejos un grupo de caballos que pastaban y a sus jinetes echados debajo de los árboles, descansando, cerca del agua. Y en acercándose a ellos, Aixa lo reconoció y dando un gran grito corrió a abrazarlo y se echó a sus brazos llorando sin poder articular palabra. Y Selim la abrazaba a ella, llorando también, mientras Hud el Lobo, con una sonrisa en los labios, se les acercó mordisqueando una brizna de paja.

—¿Qué se te ha perdido por aquí, mequetrefe? —preguntó.

—He venido a llevarme a Aixa, que está contigo contra su voluntad, como bien ves. Yo te devolveré su dote con los aumentos que estipulemos.

Hud el Lobo se volvió hacia sus hombres y dijo:

—¿Habéis oído?: dice que viene a arrebatarme a mi mujer. Y trae una daga al cinto. Tendréis que tener cuidado con él pues es hombre valeroso que, si se enfada, puede degollarnos a todos.

—¡Huy, qué miedo! —contestaron los sicarios riendo.

Y el Lobo, volviéndose otra vez hacia Selim, pareció que perdía su humor y que se le iban las ganas de chanzas cuando le preguntó, ya sin guasa:

—¿Dónde has dejado a tu amigo Ferrán Suárez? ¿No lo traes para que te defienda o es que lo han degollado en Córdoba?

—No sé dónde está Ferrán Suárez —respondió Selim—. Mas si para rescatar a mi hermana tengo que usar las armas vengo dispuesto a hacerlo.

A lo que ibn Hud, sonriendo otra vez, respondió:

—Me parece una proposición razonable. Vamos a luchar tú y yo y si me ganas puedes quedarte con ella, pero si gano yo será mía. Es un trato honorable.

Los bandidos hicieron corro y Selim y Hud el Lobo lucharon con sus dagas en la mano. A las primeras fintas, Hud el Lobo desarmó a Selim y le dio un puñetazo en la sien que lo desmayó. Luego, como si de pronto se hubiera cansado de aquel juego, dijo a sus hombres:

—Dadle de vergajazos para que no olvide fácilmente este día, pero no lo matéis, que no quiero que mi mujer me amargue el resto de mis días con la cantilena de su hermano muerto.

Y mientras cumplían la sentencia y le propinaban una paliza de las de marca mayor, él se llevó a la llorosa Aixa detrás de los árboles, donde no vieran sus ojos lo que estaba ocurriendo, y allá se solazó con ella como hacía muchas veces todos los días pues era hombre muy fogoso y se había enamorado de ella hasta la locura.

Así dejaron a Selim, perdido el seso y oscurecida su ánima, yaciendo en el suelo y desangrándose por las espaldas en carne viva, y los otros lo despojaron de sus botas, su caballo y sus otros arreos que valían algo y fuéronse de allí dejándolo desnudo como lo parieron y en tal disposición de ánimo que invocaba a la muerte pero la muerte no venía, aunque estaba más muerto que vivo. En cuyo desastrado estado lo vino a encontrar al día siguiente, por designio de Alá (alabado sea), un pastor que por allí acertó a pasar con su hatillo de ovejas, las de los pingues rabos, y apiadóse de él y vio que tenía las manos de no trabajar, limpias de callos, y la piel fina, de donde coligió que era persona principal a la que los bandidos habían robado y dejado de aquella triste guisa. Y, fuera por la codicia de alguna recompensa o por piedad de su corazón, que estos íntimos designios sólo Alá (loado sea) los ve, lo recogió y poniéndolo sobre una borriquilla que con el hato llevaba, volviendo sobre sus pasos fue a dejarlo en las chocillas tristes donde vivía, al cuidado de su mujer y sus hijos pequeñuelos. Y con aquella gente, que era tan pobre que nada poseía de los bienes perecederos de este mundo, permaneció Selim por espacio de un mes, entre la vida y la muerte, sin volver en su juicio más que a ratos, delirando de una mala fiebre que más de una vez creyeron que no amanecería, pero con los cuidados de aquellas buenas gentes y los emplastos de hierbas salutíferas que le ponían y las cocciones que le administraban fue reponiéndose poco a poco y, antes de que transcurrieran dos lunas, se halló suficientemente repuesto como para emprender la vuelta. Y en viniendo a conocimiento de un hombre rico que en aquella comarca había que el convaleciente era de los Nasr de Jaén, como él en su juventud hubiera tenido tratos con el patriarca ibn Yudan que mucho lo favoreció, socorrió a Selim y le prestó las ropas, el caballo y los dineros necesarios para la vuelta, pues aún no se hallaba del todo repuesto y el cuitado estaba muy decaído de los muchos palos que había recibido. Y agradeciendo a todos las bondades y prometiéndoles recompensas futuras, se alejó camino de Baeza y de Jaén.

¡Concurrencia distinguida y perita! Ya sabéis que Selim era más bien endeble, así que no os extrañará si, después de tres días de camino por muy malos caminos y recogiéndose a dormir en sierras para evitar el sobresalto de los bandoleros que infestaban las calzadas, su salud decayó nuevamente y lo atacaron fiebres de las que casi no se podía menear. Y en tan triste estado llegó a la vista de Jaén, yendo con rodeos por la Guardia, y cuando estuvo en las cercanías de Uribe, por el carril de Pero Codes, que parece que las bestias le tienen querencia por la sombra, le sobrevino un desmayo del que cayó del caballo y quedó tendido con la cabeza vuelta al inclemente sol de mediodía, sobre el polvo del camino.

En el sopor de un sueño creyó soñar y soñaba que estaba postrado inmóvil sobre una cama en una oscura y fresca habitación y que su amada Faye estaba a su cabecera y mojaba pañuelos en un aguamanil y se los iba aplicando sobre la frente y las sienes para refrescarlo y que le daba friegas con perfume detrás de las orejas viendo de reanimarlo y que lo cuidaba de otras mil amorosas maneras. Con lo que, a las vueltas de su duermevela o de su delirio, daba en pensar que había muerto y que Alá lo tenía acogido en su Paraíso, donde no falta de nada de cuanto pueda alegrar los ojos y el alma, y que una hurí en figura de Faye, de golosas caderas y no digamos qué pechos, como nunca los vieran los veyentes, miraba por él. Pero reanimándose un poco más pudo distinguir las maderas nuevas del techo y las paredes que aún conservaban huellas de tizonazos y todo cuanto lo rodeaba de bultos de personas y cosas, por donde vino a percibir que se hallaba en Uribe, la casa de los Dubyan, ahora reconstruida, y que era su amada Faye real en su carne y en su hueso, más suculenta que el pan candeal, con sus arruguitas en los ojos y sus canas de los disgustos, y sus pechos ya un punto descolgados, aunque aún apetitosos, la que lo estaba cuidando.

Hubiera sido feliz soñando, en los desvaríos de su

fiebre, que por fin había alcanzado su dicha al lado de aquella mujer, pero estando en ello acertó a regresar a la casa aquel Sulimán Dubyan, el hermano de Faye, el que mató a Gazal tantos años atrás, cuando se renovaron las enemistades entre las dos familias. El cual viendo a Selim ya medianamente repuesto quiso excusarse de más hospitalidad bajo sus renovados techos por lo que le dijo:

—Selim Nasr, ahoras debes partir, que los tuyos están cerca y estarán deseando de verte y vete en paz. Mis criados te llevarán en una silla de mano si no puedes tenerte. Y tú, hermana, retírate a tus habitaciones que a una viuda no le conviene exhibirse sin tocas ni albanegas en la cabeza en presencia de extraños ni son tales las costumbres de esta honesta casa.

Y así volvieron a separarse los dos amantes como uña de carne, pues tal cosa había escrito El que todo lo sabe en el libro de sus vidas y ante eso no hay sino agachar la cabeza y resignarse.

Eso era lo de hoy. ¡Que Alá escriba en vuestro libro felicidad hasta que nos juntemos aquí otra vez mañana!

VEINTISÉIS

¡OÍDO LOS ESCUCHANTES, porque hoy no estoy de humor para repetir mi lección! Tristes casos os voy a contar que llenan de aflicción y encogen el ombligo de todo buen musulmán. Habéis de saber que las cosas fueron de mal en peor en al-Andalus y que el poder de Hud el Lobo, el calamitoso para sus enemigos, el tizón quemante, la almorrana mortificante, creció y creció como río desbocado pues no había quien se le opusiera, hasta el punto que Fernando, el rey, el asolador de ciudades, se preocupó y por las noches le daba vueltas al asunto en la cama. Hasta que decidió emprender una campaña que le sirviera para consolidar las ciudades y castillos que había obtenido del desventurado Bayasi. ¿Qué hacían mientras tanto los almohades? Eran como ceniza en el viento, como suspiro en el huracán, como meada en medio del mar. Abrumados por sus problemas africanos, se retiraron de al-Andalus y se llevaron las tropas que aún mantenían en las fortalezas, que de bien poco servían aparte de proteger recaudadores de tributos y otras sanguijuelas semejantes. No hay que decir que Hud el Lobo creció, no por mérito propio, sino porque los que tenían la tierra la desamparaban y en ese río revuelto medraba él y se hartaba, como chivo con dos madres.

A todo esto, Fernando, el que no daba puntada sin hilo, aprovechó el desconcierto de los creyentes para ir con su hueste sobre la tierra de Úbeda y asolarla, donde arrasó mieses, viñas y huertas antes de que granaran los frutos y, cruzando el Guadalquivir, destruyó sus aceñas y envió una espolonada que llegó hasta Jaén, mas se retiraron prontamente y por aquella vez no pasó la cosa del susto. Fue a otro año cuando le puso sitio en firme y afligió mucho a la ciudad antes de dejarla en paz, que no sería por mucho tiempo. A todo esto, las noticias de otras partes eran más preocupantes porque aquel verano los caminos se llenaron de refugiados que huían de remotas tierras y parecía que todo al-Andalus se había calzado sandalias para ponerse en camino. El rey de Aragón conquistó Mallorca, el de León, el padre de Fernando, Montánchez y Mérida, y Badajoz. Cundía el pánico, se encogían los ombligos, gentes desesperadas recitaban a coro las aleyas de la Vaca mirando a la Meca, los pueblos quedaban vacíos y se poblaban con cristianos traídos de Galicia y era una pena ver que los castillos inexpugnables se daban sin esfuerzo pues sus guarniciones desertaban por falta de pagas. Así estaban las cosas.

Se produjo por entonces un signo en el cielo que menudamente os voy a referir. El katib Mohamed ibn Abdalla al-Lushi al-Yashubi me lo contó, hace ya mucho tiempo de esto, y hasta ahora lo he guardado como joya preciosa sobre mi corazón y en mi memoria, pero la generosa concurrencia que hoy me atiende prendida del brillante sedal de mi elocuencia se merece esta confidencia. Se habían sentado, el referido al-Lushi y su anfitrión, cuyo nombre no hace al caso, en un patio donde la primavera perfumaba el aire de azahar. El abuelo del narrador poseía una yegua tan excelente como nunca la vieran los veyentes hasta el punto que el rey de Castilla, el asolador de ciudades, oyendo ponderar sus virtudes quiso comprarla aunque le costara una ciudad. Pero al-Lushi estaba prendado de su yegua y no quiso cederla, y dicen (pero Alá es el que está impuesto a fondo en todo conocimiento) que una noche tuvo un sueño en el que escuchó una voz que le decía: «Ve a Arjona, la ilustre, y lleva contigo la yegua, pregunta por uno a quien llaman Mohamed ben Yusuf y véndesela porque con ella ha de conquistar Jaén y otras ciudades y ha de ser esta conquista muy beneficiosa para las generaciones venideras.»

Al-Lushi se despertó por la mañana y recordó el sueño pero no le hizo mayor caso, mas a la noche siguiente volvió a soñarlo y a la otra, por tres veces y con esto ya se mosqueó y se pasaba el día dando vueltas en torno al asunto como lo da lo negro del ojo, hasta que finalmente decidió obedecer a la voz del sueño. Preguntó quién podría ser el que le había sido indicado y, como todos coincidieran en que no podía ser otro que Alhamar Nasr, el arjonero, al-Lushi partió para Arjona donde se hospedó en una fonda. Apenas se supo en la ciudad su llegada, pasó por la fonda Alhamar acompañado de un mediador y empezaron a tratar sobre la yegua. Fijado su precio, al-Lushi tomó aparte a Alhamar y le refirió los sueños de marras. Luego compró una borriquilla y se volvió a Jaén, porque como en la casa de uno no se está en parte alguna. Y esto es, por ahora, todo lo referente a la historia de Alhamar, el arjonero.

Pero volviendo al asunto de Selim, es menester que sepáis que en cuanto se hubo repuesto de su debilidad, con tacitas de caldo y mucha cama, se levantó y salió a la ciudad por sus calles y plazas, y buscó a la mediadora que ya sabemos, la remendadora de virgos, la apañadora de apaños, y le dio generosas propinas para que llevase sus recados a Faye, y cuando podía, fingiendo que salía de caza (con un halcón nada más que regularejo que había mercado a Yahya Uqail) se internaba por donde las ruinas de Sara la Goda, donde volvían a encontrarse los amantes, con mensajes debajo de la piedra, como antaño. Hasta que Sulimán Dubyan vino a saberlo y por el mucho odio que sentía hacia los Nasr, y por las otras razones que sólo Alá conoce, determinó casar a su hermana para apartarla de Selim, con cuyo solo pensamiento y afección vivía. Y, cumplido el tiempo de la viudez, la casó con Mohamed Numayr, el cual no era el que a principios de esta historia apareció, pues aquél ya había muerto, sino su hijo que su mismo nombre llevaba. ¡Así los padres siguen viviendo en los hijos, por voluntad del Altísimo, el que todo lo puede! Y este hijo suyo era de cincuenta años, un hombre sin relieve, envidioso, resentido y mezquino, de los que no le perdonan a la vida haber nacido pobres en casas de muchas grandezas pasadas pero ruinas presentes. Y, a lo que parece, su dote estipulada por casarse con mujer rica, aunque viuda sobada, fue una vaga promesa de que si tenía hijos con Faye ellos heredarían la Madre de la Sangre, aquel rubí milagroso, que Sulimán Dubyan siempre había codiciado. Celebráronse las bodas, no con la discreción que a viuda conviene, sino con mucho fasto, y se dio el acostumbrado banquete, donde todos se regodearon con manjares exquisitos, particularmente el novio, que siempre estaba hambreado, y desde entonces Faye dejó otra vez de verse con Selim y llevó una existencia apartada y melancólica, muy vigilada por las dueñas verrugonas y malolientes que su celoso marido puso a su servicio, dos viejas de su estirpe, las murmuradoras, las trapaceras, las que a todas horas la importunaban con su presencia.

A todo esto, Alá, el oidor, el sabio, el que a todo puso su razón de ser, había decretado que muriera el padre de Fernando, el rey de León, y antes de que comenzase a oler lo enterraron, y Fernando heredó su reino, lo que lo hizo más fuerte que ningún otro rey cristiano debajo de la bóveda del firmamento. Cuando se supo en al-Andalus que Fernando había doblado sus reinos y con ellos su poder en caudales y en hombres, la desesperación labró su morada en el corazón de los discretos y hubo arañamiento de mejillas y espolvoreamiento de ceniza sobre cabezas. Después de eso fueron las espolonadas contra Jerez de la Frontera, cuando tomaron Palma del Río y pasaron a cuchillo a todo el que podía apagar una vela de un soplo. Por su parte, Hud el Lobo se lo pensaba dos veces antes de atajar a

Fernando, pues sabía que la unión de al-Andalus bajo su mano era tan ilusoria como el verdor que el chaparrón veraniego propicia sobre las eras. Con la diferencia de que Bayasi, al-Adil y Abu-l-Ula se rodearon de estirpes nobles y vivieron como emires, con magnánimos gestos y justicias, mientras que Hud el Lobo seguía siendo un jefe de bandidos, irresponsable, rapaz y cruel. Es fama que a veces en medio de una ceremonia palatina se sacaba sus partes y meaba delante de todo el mundo, como un vulgar recuero, o recibía nobles embajadas mientras daba dentelladas a una cebolla, sin miramiento ninguno a las categorías de las personas ni al acostumbrado protocolo que rige entre gentes bien nacidas. Así era esta alhaja. Si eso es comportarse como un estadista que venga Alá y lo vea. Pero lo que peor supo a la gente fue que dobló los tributos y, con una parte de lo que sacaba, pagó la voracidad de los alfonsos y con la otra se daba a la gran vida y sobornaba a su ejército.

Así estaban las cosas cuando un buen día se juntó en Arjona, la nombrada, una muchedumbre de notables venidos de todo el alto Guadalquivir y aun de Córdoba, la ilustre, y de otros lugares más distantes, que por excusar prolijidad omito, con objeto de celebrar una junta y deliberar sobre el futuro de los musulmanes en al-Andalus. Según iban llegando al pueblo, y entraban por el Tres de Oros, miraban desde el Paseo Nuevo para las altas murallas, allá en lo alto del cerro donde están los aljibes y se les alegraba el corazón de las fatigas del camino porque aquella vista y la fama de los varones esforzados que allí habitaban les infundía confianza, y con buen ánimo subían las cuestas para la casa de Alhamar que en lo más alto estaba, donde se hicieron las juntas. Y después de rezada la Fatiha y demás oraciones pertinentes y de servido el vino y hecha una primera libación, salidos los criados y cerradas las puertas, vierais a Abu-l-Hasán tomar la palabra para decir:

—Puesto que parece que estamos todos será mejor

ir derechamente al meollo del asunto. Desde que los alfonsos se instalaron en Andújar y Martos no ha vuelto a haber seguridad en nuestras tierras. Los de Arjona hemos tenido que unirnos para no perecer y hemos vivido sobre nuestras lindes con una mano en la mancera y la otra en la lanza. Ésta viene siendo nuestra cotidiana existencia desde hace más de veinte años y creo que lo hemos hecho bien y que ahora los cristianos respetan nuestra tierra.

El orador hizo una leve pausa para que un murmullo general aprobatorio diera por buena la suposición. Luego carraspeó un poco y prosiguió:

—También sabéis que hace tiempo que los de Arjona nos hemos negado a suministrar tropas a Hud el Lobo y a pagarle tributo, lo cual es enteramente lógico, puesto que si él no nos defiende no veo por qué hay que sostenerlo.

—Eso debiéramos hacer todos —aprobó ibn Murtala, el de Guadix, el del vozarrón algo avinado—, en lugar de lamentarnos cuando llegan sus recaudadores a vaciarnos los trojes y las arcas.

Entonces Alhamar Nasr, el primo de Selim, intervino.

—Ha llegado el momento de deponer viejas rivalidades y odios añejos, cuyo origen a menudo ni los más ancianos recuerdan, para unirnos en la consecución del bien común.

Ibn al Qutiya, de Alcaudete, la de los mantecados, abrió la boca para decir algo pero Abu-l-Hasán tomó la palabra de nuevo.

—Los alfonsos crecen y nuestra fuerza mengua cada año. Si no lo remediamos, pronto no nos podremos defender. Caerá Arjona y después de Arjona, Jaén y con Jaén todo el alto Guadalquivir. ¿Estáis decididos a evitarlo con viril empeño?

—¿Qué propones? —preguntó uno de los Abadán de Quesada, pariente de Qutiya.

—La unión de todos en una sola cabeza y un solo brazo.

—¿Y quién mandará esa cabeza y ese brazo? —quiso saber una voz.

—Yo no —dijo Hasán— puesto que muchos de vosotros me consideráis forastero. Yo sólo tendría el mando de mi gente de Porcuna. Mi cuñado Alhamar Nasr ha demostrado ser el frontero más valeroso y esforzado de esta comarca. Propongo que él asuma el califato.

Un murmullo general acogió las palabras de Hasán. Después de breves instantes, un anciano de los Fayad se puso en pie y dijo:

—Hablo por mi casa: estoy de acuerdo en que Alhamar es el más idóneo de cuantos aquí estamos, por su estirpe, por su juventud y por su probado valor. ¡Alá lo guíe por el camino de la verdad y a nosotros tras él!

Después de esta intervención pareció que la idea satisfacía a todos y a ella se sumaron de buen grado todos los Banu Asquilula de Baza y Guadix, así como Zahya de las Alpujarras y los de Porcuna y Baena, los Banu-l-Mawl de Córdoba, y, por los de Jaén, Selim Nasr y Sulimán Dubyan y Yahya Uqail y Mohamed Numayr y los otros. Finalmente, Alhamar leyó una carta del sultán de Túnez en la que prometía apoyar la empresa con sus medios poderosos.

Los espías y corredores de la tierra llevaron noticias de la reunión y sus acuerdos a Hud el Lobo, mas nada hizo por ir contra Jaén pues se hallaba ocupado vigilando los movimientos de Fernando, que a la sazón merodeada por Úbeda, la de los cerros, y estaba conquistando los castillos de aquella parte, Sabiote, Jódar y los otros, unos de tierra pisada, otros de madera o de piedra, los que guardan los pasos, los que conozco bien porque todos me los he andado. Los informados recordaréis que Úbeda también cayó a los seis meses de asedio, cuando se agotaron el trigo y los otros alimentos. Lo cual fue un duro golpe para el prestigio de Hud el Lobo que ni siquiera acudió a defenderla en su larga agonía. De esta manera su reino ilusorio se fue deshaciendo con la misma celeridad con que se formó. También perdió Trujillo y otras, y Sevilla dejó de obedecerlo y Ceuta volvió a darse a los almohades. Además, el poder de Alhamar crecía desde que casó a su hija impúber con el viejo Baggi de Sevilla.

Hud el Lobo no tuvo más remedio que solicitar una tregua, que Fernando aceptó a cambio de un tributo de mil dinares diarios. Pero luego, pasados unos meses, cuando supo que Fernando tenía graves problemas en Castilla, se negó a pagar las parias y apaleó a los recaudadores cristianos. Los que sois de aquella parte ya sabéis lo que pasó: que Fernando arregló sus asuntos en menos de lo que se esperaba y volvió con ánimo de castigar a Hud el Lobo. Fue cuando hubo que ofrecerle una generosa indemnización y darle casi regalados, porque quedaron excluidos expresamente de las nuevas treguas, los castillos que él anhelaba. Santisteban, Iznatoraf y los otros. Pero la más grande calamidad, la más profunda miseria que se abatió sobre el Islam, fue la pérdida de Córdoba. Todos sabéis lo que pasó, que unos cuantos adalides y almogávares cristianos se juntaron en Andújar y supieron (por un cautivo deslenguado que quiso congraciarse con sus carceleros) que Córdoba estaba tan pagada de su seguro que tenía muy mal guardados sus muros. Una noche sin luna enviaron a dos o tres adalides para que exploraran, a salvo, sin ser notados, las murallas de la Ajarquía y cuando tuvieron confirmación de que el cautivo decía verdad, se juntaron todos los elementos más duros y sanguinarios de la frontera, con Alvar Pérez de Castro y Pedro Martínez y Benito de Baños y muchos otros, la mera mención de cuyos nombres produce escalofríos en el espinazo de las buenas gentes musulmanas y les pone el ombligo que no se lo encuentran. Llegáronse a Córdoba, deslizándose como raposas en gallinero desaparecido, y, escalando la torre que hoy llaman de Alvar Colodro, tomaron el muro, el bien almenado, sigilosamente, degollando desprevenidos guardas, hasta que ganaron las puertas y las abrieron. ¿Para qué os voy a contar lo que siguió si todos lo sabéis? ¿A qué viene hurgarnos en la herida describiendo, con encendido estilo que adorne vuestras orejas como zarcillos de perlas y coral, la espolonada cristiana a sangre y fuego por las calles, el pánico de los creyentes que despertaban al tumulto, la huida, el botín y la muerte? Y luego la falta de consejo, la débil decisión, los titubeos de los que tenían que defender la ciudad, que dejaron pasar muchos días sin intentar siquiera expulsar a los invasores de la Ajarquía y dieron lugar a que Fernando les enviara refuerzos, con lo que ya la ciudad fue suya y la perla del Islam, sitiada sin remedio, hubo de darse por hambre, y los que la habitaban salieron con sólo sus cuerpos y se desparramaron por los caminos de al-Andalus a llenarlos con sus lágrimas. ¡Día de esparcimiento de cenizas sobre las cabezas de los creyentes, día de arañamiento de senos, día de la mala sombra en que Córdoba, la bella, se perdió para siempre, que así plugo a Alá, el que todo lo sabe, el Misericordioso, el juez, castigar nuestros grandísimos pecados! Y a todo esto, Hud el Lobo, más irresoluto que nunca, sin atreverse a ir contra Fernando, recelando que dondequiera que se le enfrentara resultaría derrotado, y dejándose engañar como un niño por los informes que le daba su lugarteniente Ferrán Suárez, que a su sueldo vivía después de haber sido tan gran enemigo suyo, pero la trastienda del corazón de cada cual sólo Alá la visita. Pues Ferrán Suárez, como estaba desnaturado y enemistado con el rey de Castilla, por estos señalados servicios que ahora le prestó malaconsejando a Hud el Lobo, volvió a su amistad y obediencia.

Ya con esto, Hud el Lobo acabó de desacreditarse y los que antes se disputaban su mesa y le hacían zalemas y todo se lo pasaban por alto, dábanle ahora la espalda y hablaban de él en términos de ladrón, renegado, bandido que arrastra la lengua por el polvo de los caminos e hijo de cien padres, todos inciertos, de manera que por mucho que se preguntara no se encontraba a nadie que admitiera haberlo seguido en los días de su imperio. Con lo que el poder de Alhamar de Arjona, su enemigo, fue creciendo, pues todos ahora se disputaban su amistad y lo agasajaban. Y cuando entró triunfalmente en Granada, llamado por sus gentes, se contentó con expulsar de la ciudad a los que habían sido más señalados partidarios de su enemigo. Quiso entonces Hud el Lobo ir contra Granada, para restablecer en ella su poder, mas antes de ponerse en camino fue a posar una noche en la casa del gobernador del Almería, Aben Ramini, al cual tenía por su ferviente amigo. Y comió y bebió y se refociló con exquisitas viandas hasta que estuvo harto y borracho. Entonces, Aben Ramini lo ahogó en la pila del patio con ayuda de dos esclavos de la casa. Así murió Hud el Lobo, en enero, en el momento de sembrar la portulaca y de cosechar la caña dulce.

Por este tiempo, un día entre los días, murió también Habiba, la madrastra de Selim. Y os diré que antes de atravesar la puerta que todos hemos de pasar forzosamente, llamó a Selim a su cabecera y ordenó que salieran las criadas y los dejaran solos e hizo seña a Selim para que se sentara junto a ella donde pudiera verle la cara y tomándole una mano con las suyas sarmentosas, y ya frías por la proximidad del trago que todos hemos de apurar, le dijo:

—Selim, en este trance de morir tengo que pedirte perdón pues nunca he sido buena contigo ni con tu pobre hermana a causa de lo mucho que odiaba a vuestra madre, la cual vino a arrebatarme el amor de ibn Yudan, tu padre.

Quiso Selim disculparla e impedir que siguiera hablando de los casos penosos del pasado, lo cual le parecía doloroso ya puesta en el trance de la muerte, pero ella estaba resuelta a apurar el cáliz de su amargura pues quería entrar en el Paraíso de los justos, los que dejan bien arregladas sus cuentas en la tierra, por eso, renovando sus fuerzas, prosiguió:

—He cometido grandes pecados, hijo mío, de los

cuales me arrepiento ahora, ya sin poder para enmendarlos. Mas todo lo hice llevada por el gran amor a la casa Nasr y por procurar su engrandecimiento. Debes saber que yo di mala vida a tu madre y contribuí a su locura con mis cocimientos, aunque no la envenené como hice con Menaru-Sunna, que me quería mal. También debes saber que aquel templario al que hallaste en las ruinas de Sara la Goda lo hice matar yo, y esta historia conviene que la sepas bien pues aún colea y puede traerte daño. ¿Tú estás al tanto de lo que la Lámpara Tapada era?

Selim asintió con la cabeza.

—Bien —prosiguió Habiba sin soltarle la mano—. Tu padre, al que Alá tenga en su seno, con el que voy a reunirme en seguida, pertenecía a la Lámpara Tapada y era uno de sus más señalados miembros. Y como yo entrara en sospechas de que tenía un grave secreto me hice pesado yugo en su cerviz y no paré de insistir hasta que me lo contó todo, aunque me hizo jurar que no diría palabra, pero yo quebranté el juramento, como otros muchos, y pensé que el sueño de un gobierno pacífico en el que todos los creyentes de cualquier fe vivieran como hermanos era como pensar en ver abrevar juntos a los lobos y los corderos. —Hizo una pausa y suspiró—. Lo sigo pensando todavía. Entonces vi que si la Lámpara Tapada andaba en busca de ese talismán de Salomón, si nosotros nos hacíamos con él antes que nadie, esta casa se podría engrandecer lo indecible y mi hijo Mohamed, al que tanto amaba, podía llegar a ser grande entre los grandes y emir de todo el imperio y de sus límites hasta donde los hombres tienen noticias de que la tierra llegue. A este proyecto me apliqué, de acuerdo con el mayordomo Saqati, que me era fiel como un perro pues de mí estaba enamorado, y al que, más adelante, temiendo sus indiscreciones, hube de matar también.

Alarmado por tan terribles revelaciones, Selim intentó retirar la mano y desasirse de aquella harpía, pero la anciana la tenía fuertemente agarrada. Espantado, preguntó:

—Pues, ¿a cuántos has matado, madre?

—A muchos, hijo, a muchos. Pero eso importa poco: cuando se mata al primero todo lo demás viene solo y se hace fácilmente. Las cosas se torcieron porque el templario de marras se receló algo y no dijo el nombre verdadero de la tumba en la que había que buscar. Ahora que voy a morir sólo quiero hacerte una pregunta y te conmino a que contestes la verdad y tengas piedad para esta anciana que no se quiere ir de este mundo sin tu perdón y sin satisfacer esa curiosidad. ¿El templario te dijo el verdadero nombre de la tumba?

Selim titubeó un momento. Después pensó que de nada podía servir que la anciana supiese la verdad y, por otra parte, decírsela después del hábito de ocultarla durante tanto tiempo le resultaba penoso en exceso, así que mintió y dijo:

—No me dijo nada, madre. Cuando yo llegué a él ya estaba muerto.

La anciana soltó la mano de Selim con rabia no disimulada y, cambiando el tono de la voz, que le salió mucho más entera, hasta el punto que Selim pensó por un momento que lo de su agonía era puro fingimiento para sonsacarle el secreto, le espetó:

—¡Siempre has sido un perro embustero, tenías que haber nacido cristiano! ¡Vete donde yo no te vea y déjame morir en paz!

Iba a salir Selim, cabizbajo, cuando la anciana levantó a medias la cabeza para mirarlo y le dijo:

—También envenené a tu padre cuando se empeñó en confesar al capítulo de la Lámpara Tapada que yo estaba en el secreto. Temí que nos mataran a los dos y yo tenía que vivir para mi hijo Mohamed. Pero ahora me arrepiento de todo ello en el trance de morir y quiero que tú me perdones.

Dijo esto y, extenuada por el esfuerzo, reclinó la cabeza en la almohada y entró en el profundo sopor que precede a la muerte. Selim se quedó mirándola un momento, la mano sobre la cortina de la entrada, y luego salió y se fue al corral donde se sentó bajo una de las palmeras hasta que la noche vino y una criada le avisó de que la señora había muerto. Fue a verla entonces y Habiba, en su muerte, había recuperado toda la belleza y lozanía de su juventud, las que perdiera en los últimos meses a causa de la penosa enfermedad. Y mirándola pensó que ella había asesinado a su padre y a tantas otras personas y había causado la infelicidad y la desgracia de la pobre Aixa, su hermana, la enferma de los nervios, así como la suya propia, pero, con todo, incluso rememorando estos agravios y maldades, no consiguió odiarla. Por lo que, sin saber por qué, si sería a causa de la fatiga o de la vigilia y falta de sueño, le acudieron lágrimas a los ojos y no refrenó el llanto sino que enfrente del catafalco de su madrastra lloró y fue la única persona de la casa que lo hizo.

Pero ahora será mejor que regresemos a la otra historia. Sabréis que, desaparecido Hud el Lobo, Alhamar cimentó su autoridad en la tierra de al-Andalus atrayéndose con un perdón general a los partidarios del difunto y éstos, agradecidos, le enviaron hasta catorce mizcales de oro para su tesoro personal. Con los cuales Alhamar acuñó moneda con la que pagó a las tropas, que llevaban tres meses de pagas retrasadas y empezaban a inquietarse. Las monedas eran cuadradas, altas de ley como en mucho tiempo no se vieran, y en su leyenda Alhamar se titulaba emir de Granada, lugarteniente del abasí, es decir del califa de Bagdad. Es posible que, si hurgáis en vuestras escarcelas, encontréis algunas de aquel año, aunque sean de humilde latón, y podáis comprobar la leyenda. Ya veis que no miento ni me equivoco cuando, con el sartal de perlas de mi estilo, engalano vuestros entendimientos y vuestras memorias refresco. Bien, ahora os sugiero que no las guardéis de nuevo puesto que ahí delante tenéis, generosos musulmanes, el pandero de este humilde recitador que ha de comer cada día y ha de aclarar su gaznate y ha de ordenar su memoria para seguiros deleitando con su cuento.

Pues bien, a todo esto Selim seguía siendo el secretario de cartas de Alhamar y comía a su mesa, como amigo suyo, y era distinguido entre los distinguidos con su amistad y parentesco. Y al ver que se mencionaba al califa de Bagdad en las monedas comentó a Alhamar:

—Muy lejos está al-Mustansir, pero le agradará saber que lo sacas en tus monedas.

A lo que el sagaz Alhamar replicó:

—No por mucho tiempo. Si antes de que acabe el año no recibimos subsidios de Bagdad tendremos que mirar más cerca.

—¿Más cerca?

—Sí, a Marraquex o a Túnez.

—¿Tan mal estamos?

—Estamos peor. Si no viene oro del otro lado del estrecho todo se perderá, Selim.

Aquí os digo selam y mañana será otro día.

VEINTISIETE

¡OÍDO LOS OYENTES, vista los veyentes! En el alegre mayo, cuando humean de la mañana a la tarde las chimeneas de las alquerías donde se preparan, en relucientes potes, la conserva de nueces, la compota de manzana sabí del Guadalbullón, el jarabe de simiente de adormidera, y las otras cosas necesarias en la despensa de los bien vivientes, Alhamar convocó a la asamblea de su consejo, con los notables de al-Andalus presentes, y, puesto de pie en el centro, donde todos lo vieran, anunció:

—Sabed que con la ayuda de Alá (exaltado sea) hemos ajustado treguas con Fernando.

Un murmullo de alivio se elevó de la asamblea pues el que más y el que menos todos estaban muy afligidos por las malas mudanzas de los tiempos, y Alhamar les permitió que intercambiaran opiniones y se felicitaran por espacio de unos instantes, pero luego alzó los brazos en solicitud de atención y, cuando se hubo restablecido el silencio, prosiguió:

—Moderad vuestra alegría. Las treguas no son una victoria: es menester que os recuerde que mientras paguemos a Castilla las parias ajustadas por Hud el Lobo debemos considerarnos derrotados. Estas treguas deben servir para robustecernos. He decretado que a partir de ahora cada casa noble mantenga una milicia armada acorde con su prestigio y riqueza, como hacen los alfonsos, y mantenida a su costa, pues el pueblo está ya abrumado de tributos y no se puede trasquilar más a la oveja cuando la tijera topa ya con el cuero.

Estas disposiciones gustaron menos, pero, con todo, fueron aceptadas, pues verdaderamente la situación era tan angustiosa que hasta los más recalcitrantes no veían salida sino en apretarse el cinturón y aceptar los planes de Alhamar. Con lo cual se disolvió la reunión y cada cual fuese a su posada haciendo sus cábalas sobre lo oído.

A principios de verano, Alhamar decidió que la capitalidad del reino se trasladase a Granada. Para los descontentos puso toda clase de pretextos, mas Selim, que con el tiempo había crecido en sabiduría y consejo, de manera que muy pocas cosas se le ocultaban, sabía en su corazón que el rey no daba un dinar por la suerte de Jaén, puesto que los alfonsos se habían asentado firmemente en Martos, la de la alta peña, que es su llave.

Estando Alhamar en Granada, con la plomada de levantar tapiales de argamasa en la mano, pues construía nuevas fortificaciones en la colina que llaman Alhambra, presentáronsele cuatro legados de Arraxid, el nuevo Miramamolín de Marraquex, y fue como si cuatro asnos cargados de oro se hubiesen introducido en la sala del consejo. Marraquex se conformaba con la sumisión nominal de Alhamar y, a cambio, le ofrecía ayuda militar y alivio económico y le abría los mercados del Magreb, como antaño. Alhamar vio el cielo abierto y aceptó, pues necesitaba grandes cantidades de dinero para pagar espías, levantar castillos y alistar mercenarios.

Entonces sobrevino el año del prodigio, que los más ancianos aún recordaréis con aprensión pues un día la tierra se oscureció en pleno día y las tinieblas de la noche la invadieron en un silencio de muerte, en medio del cual las montañas aullaron como parturientas. Este signo nefasto anunció la inminencia de adversos acontecimientos.

En la parte del Segura, el maestre de Santiago, Rodrigo Iñíguez, tomó Hornos, Beas y Chiclana por fuerza de armas. Los que pudieron escapar al degüello y a la esclavitud se esparcieron por toda la tierra: llamaban de noche a las puertas de los fieles, desnudos y hambrientos, pero pocas veces alcanzaban la misericordia de una limosna, pues nada sobraba ya. Los años venían ciegos, que no llovía una gota y había hambre en la casa del rico como en la del pobre y la continuada desgracia había adormecido la piedad en los corazones de los fieles.

Otras muchas calamidades afligieron la tierra. También hubo pestes que asolaron comarcas enteras y no es exagerado decir que las ratas salían a plena luz del día en la procura de cadáveres. Y cuando uno caminaba por el campo, que en otro tiempo fue tan risueño, cuando los pájaros en su lenguaje de trinos y gorjeos daban acompañamiento a los más dulces deseos, no se levantaba la vista al cielo sin toparse alquerías visitadas por la muerte, la dispersadora de las reuniones, la acabadora de los goces, la jodida.

La única noticia esperanzadora fue que Alvar Pérez de Castro, el fatal para sus enemigos, el que cuando llegaba a lugar poblado lo dejaba convertido en un erial, había fallecido en Orgaz cuando regresaba de entrevistarse con Fernando. Al cual se ofrecían cada día jeques y alcaides de la campiña y así iba ensanchando sus dominios a pesar de la tregua y sin vulnerarla, pues el corazón de los más tibios, los mismos que unos años antes criticaban ásperamente la subordinación de Bayasi, lo daba ya todo por perdido. De este modo se le entregaron Écija, Almodóvar, Setefilla, Lucena, Luque, Estepa, Porcuna y otros poblados y castillos que ya no han vuelto al seno del Islam. Así fue cómo, sin perder un caballo, Fernando se hacía dueño de lugares amurallados y cobraba los fértiles campos, las aguas delgadas y frías, los pastos jugosos y los bosques con sus frondas de montería y todas las maravillas que el Guadalquivir baña, mientras la vergüenza y la desesperación labraban su lóbrega morada en el corazón de los fieles.

Y habéis de saber que, en todas estas ciudades y lugares que Fernando tomaba, lo primero que hacían sus sacerdotes era consagrar la mezquita para sus satánicos ritos. ¡Abominación, profanación y sacrilegio! Pues en el sagrado lugar celebraban sus misas, en el transcurso de las cuales, como sabrán los más ilustrados, por arte de magia convierten el pan y el vino en carne y sangre de Jesús, el profeta, ¡y se lo comen y se lo beben y se lo dan a comer a sus hijos! Esta magia sólo la conocen los sacerdotes, a los cuales, por cierto (otra abominación contra natura) está vedado casarse, aunque, cuando les entran las urgencias varoniles, suelen usar liberalmente de las feligresas de la parroquia.

Y en este tiempo Selim visitó muchas veces Jaén y fue a ver a la mediadora de marras, la remendadora de virgos, la apañadora de líos, que estaba ya muy viejecita, pero que seguía siendo igualmente capaz de matar a su padre por embolsarse una moneda de plata. A ésta le daba cartas y recados para Faye, cuyo recuerdo noche y día lo acompañaba a todas partes, pero Faye nada quería saber de él, fuera por estar estrechamente vigilada por su celoso marido o fuera porque la melancolía embargaba su ánimo y no quería comprometer a Selim (pues menester es que sepáis también que aquel hijo habido de Bayasi, el que en rehenes llevaron a Castilla cuando niño, andando el tiempo había renegado de la verdadera religión para abrazar la de los perros politeístas y nada quería saber de su madre ni de sus parientes musulmanes).

Así transcurrieron dos años hasta que, finalmente, agotadas las treguas, los espías dieron aviso de que Fernando se preparaba para reanudar la guerra y a poco la noticia, como chaparrón inesperado, de que Murcia, la perla de al-Andalus, se había entregado a Fernando como un árbol podrido que se desploma después de dar sombra durante muchas generaciones.

Mas, como Alá, en su infinita misericordia, no desampara a los suyos completamente, permitió que de allí a poco Alhamar obtuviera una señalada victoria sobre Rodrigo Alfonso, en la que un tío de Fernando murió. Con lo cual muchos pensaron que ya los asuntos de los creyentes se enderezaban en al-Andalus y que los tiempos del antiguo esplendor regresaban. No fue sino verdura de las eras que hoy brillan y alegran la vista y mañana se agostan. Y Fernando, cuando hubo arreglado sus asuntos en Murcia, determinó pasar a Córdoba, la llana, con una recua de víveres y bastimentos y hubo noticia de que atravesaba los pasos del Muradal con una escolta de sólo cincuenta jinetes y llevando con él a doña Juana, la reina, su esposa. Mas, en llegando a Andújar, orilla rumorosa del Guadalquivir, que todavía no tenía que avergonzarse de ningún parrado alfonso, como hoy acaece, el rey mudó su parecer y requirió aquella gente de la frontera, los más bravos, para una espolonada. Y de allí a poco, cuando hubo reunido su hueste vestida de hierro, Fernando fue a Martos y por el camino incendió y estragó los trigales de Arjona, la esforzada, y taló vides y olivares, lo que fue gran lástima, y luego arrasó los campos de Alcaudete antes de volver por segunda vez sobre Arjona a la que puso crudo sitio sabiéndola desabastecida de trigo y las otras cosas necesarias. Ya quedaban en Arjona pocos partidarios de Alhamar, pues todos sus familiares y clientes y los más esforzados se habían establecido en Granada y otros lugares del reino, al cuidado de los asuntos del emir. Por lo cual Arjona se dio como otras, sin mirar a la cara del soberano que allí había nacido. Y luego los cristianos arrasaron Pegalajar, la de la charca como mar chico, Bejid y Carchena, por la parte de Cambil, con lo que ya Jaén quedaba aislada en medio de un mar de enemigos.

Así fue como, una mañana, Alhamar convocó a Selim y le dijo:

—Fernando va a sitiar Jaén y esta vez tiene el propósito de no levantar el cerco hasta haberla tomado: los herreros de Castilla están aprestando catapultas y trebuquetes francos con los que demoler sus murallas.

—¿Qué piensas hacer? —preguntó Selim.

—He reflexionado mucho —respondió Alhamar—, y he tomado ya mi decisión. Sulimán Dubyan va a defender la ciudad y tú vas a colaborar con él como jefe de abastecimientos. En realidad tu puesto será más importante que el suyo, ya que Fernando intentará rendir la plaza por hambre. Y de camino lo vigilarás para que no nos la juegue, que en los tiempos que corren las lealtades se rasgan tan prestamente como la seda india. Él no va a interferir para nada en tus decisiones, ya se lo he advertido, así es que no tendréis conflictos.

La sorpresa de Selim fue tal que los papeles que llevaba se le cayeron de las manos y se esparcieron por el suelo.

—¡Por las tumbas de nuestros antepasados! —exclamó alarmado—. Ésa es una grave responsabilidad, Alhamar, y temo no saber estar a la altura de las circunstancias.

A lo que Alhamar respondió:

—Lo que yo necesito ahora en Jaén es un secretario eficiente, no un general. A pesar de las máquinas de asedio, Fernando intentará rendir la plaza por hambre, porque expugnar sus muros le costaría un esfuerzo que no puede permitirse. Por eso te necesito a ti. La parte militar es lo de menos.

Con lo cual, viendo que el otro no daría su brazo a torcer, Selim se resignó a desempeñar aquella tarea, después de leer en los ojos y en el corazón de Alhamar que ya daba la ciudad por perdida y que sólo buscaba ganar tiempo y tener las manos libres para sus otros asuntos, lo que llenó de angustia su corazón pues nunca pensara que la tumba de sus padres y el lugar donde había nacido y las calles que habían criado su niñez y el asiento de sus antepasados se perdieran algún día.

Pues bien, de allí a poco Selim fue a Jaén y, de común acuerdo con Sulimán Dubyan, su viejo enemigo, comenzó a tomar las disposiciones necesarias para la defensa cuando los alfonsos la sitiaran. Y lo primero que hizo fue cerrar la ciudad a los refugiados de muchos otros lugares que llenaban los caminos y dar cédula de paso a todos los que quisieron mandar a sus familias lejos de allí, pues lo que más convenía era que hubiese la menor cantidad posible de bocas que alimentar. Y al mismo tiempo se ordenaron cuadrillas de albañiles que rozaran las murallas y sus aledaños e hicieran los pertinentes reparos donde los muros los habían menester y despejaran de ripios y basuras los fosos, todo lo cual se hizo diligentemente, y reuniendo a los notables de la ciudad, a cada uno se asignaron tareas militares según sus categorías y conocimientos.

Os acordaréis de Ben Chaprut, el hijo del médico judío, el que fuera amigo de la infancia de Selim. Pues bien, ahora lo volvemos a encontrar al otro extremo de su vida. Habéis de saber que había viajado mucho por el mundo y había aprendido todo lo que aprenderse puede en lo tocante a medicina, pues había gastado los años de su vida al lado de los más famosos médicos: por consiguiente estaba familiarizado con todo lo escrito por Hipócrates, Galeno y Avicena y conocía la aritmética, el arte de los talismanes, los medios de rebajar las fiebres según Rabihi, y conocía la triaca real de Ben Chulchul, así como los métodos de cesárea de Arib ben Sad, la operación de cataratas con agujas ideada por Ben Yunus, y, en fin, todos los saberes necesarios para un buen médico conocedor de su oficio, pues de todos los famosos había sido alumno y ninguno le había negado su instrucción y no había rama de las ciencias en que docto no fuera. Mas, cuando supo que la ciudad iba a ser sitiada ya definitivamente por los alfonsos, sintió que debía proteger a la comunidad de los suyos, de la que seguía ostentando la jefatura transmitida por los Chaprut desde el Gran Ministro, así que él mismo se presentó ante Selim, sin ser llamado, y le dijo:

—Selim Nasr, en tiempo de guerra es costumbre,

tanto entre cristianos como entre musulmanes, expoliar y exprimir a los judíos. La comunidad de esta ciudad es poco numerosa y, aunque es cierto que algunos somos ricos, también es verdad que tenemos muchos pobres a los que socorrer. Lo que vengo a suplicarte es que moderes a los recaudadores pues no es justo que los judíos tengamos que apretarnos el cinturón más que los musulmanes para defender una ciudad que a todos pertenece por igual.

—Eso es razonable —respondió Selim—, y yo te prometo corregir cualquier abuso del pasado aunque soy nuevo en este puesto y no conozco bien lo que hicieron los que me precedieron. Aparte de eso ninguna ayuda debe ser desaprovechada y yo necesito la tuya.

A lo que Ben Chaprut respondió:

—Yo no tengo fuerza para tender una ballesta ni sé manejar la espada, pero estoy a tu mando para lo que ordenes.

—Más necesitaremos un buen cirujano que un buen ballestero —dijo Selim.

—En ese caso —sonrió el judío—, debo confesarte que ya había previsto que me harías esa petición y aquí traigo una lista de cosas que serán muy necesarias para los emplastos de curar heridas: balausta, incienso, mirra, tierra de Armenia, alpes, sarcocolle, cal viva y pelo de liebre. Con eso se hace una pasta en clara de huevo y es cosa santa. También necesitamos opio y apio silvestre para combatir el dolor y mucho vinagre para mojar las curas antes de sacar las vendas.

Y Selim dio las órdenes pertinentes para que pusieran todo lo relativo a las curas en manos de Ben Chaprut y desde entonces, con el achaque del buen gobierno de la ciudad asediada, se consultaban cada día y con este trato frecuente tornaron a sus amistades de antaño, cuando eran niños. Siendo así, cuando tenían un rato libre, cada uno buscaba la compañía del otro y cada cual instruía al otro en lo que sabía. Hasday en sus variados conocimientos sobre la naturaleza y Selim en sus viajes y su conocimiento de los hombres, que en lo tocante a poesía, astronomía e historia y música los dos estaban a la par.

Un día entre los días aparecieron las avanzadillas cristianas y quemaron los alrededores de la ciudad y antes de anochecer llegó el grueso de las tropas formadas según las órdenes y concejos y se pusieron a instalar los campamentos donde los habían montado otras veces, pero en los días siguientes se vio que allegaban mucha madera de lugares lejanos, de las sierras de Otiñar y Susana, para levantar barracas de madera. Con esto las gentes de la ciudad se descorazonaron pues se percataron de que esta tercera vez que Fernando iba contra Jaén sería ya la definitiva y que se aprestaba a pasar el invierno para rendirlos por hambre.

Pasaron así tres meses en que no hubo grandes combates, sino muchas escaramuzas sin cuento en las que morían hombres y animales, pero, en cuanto pasaron los grandes calores del verano y llegó el otoño con sus malos vientos, los ánimos de los sitiadores se sobresaltaron y empezaron las combateduras y los disparos de ballestas medianas y mayores y empezó a haber muertos y heridos por los dos bandos y llantos y fatigas y lamentos. Y dentro de la ciudad, como la comida escaseara, se veían las panzas colgonas y todo el mundo se daba a criar zanahorias en el corral de su casa, no sólo las viudas. Y, en lo tocante a la guerra y al asedio, lo más vistoso de ver fue que los alfonsos armaron hasta cinco trebuquetes que lanzaban grandes piedras de hasta cien libras de peso, silbando como bichas por el aire, con más precisión y tino que las catapultas antiguas, y más fuerza, y con esto desmochaban las torres y reventaban las puertas y causaban más estropicios que un camello ciego en el zoco de los ceramistas. ¡La madre que los parió!

A todo esto Sulimán Dubyan, como hombre de probado juicio en las cosas de la guerra, ya que no en las domésticas, había previsto que todas las puertas de la ciudad se tapiasen por dentro excepto las de Granada y Martos y el postigo de la Llana, en las que puso fuertes guardas de personas de confianza y buenos tiradores y los cristianos nunca pudieron forzarlas.

Y hete aquí que, un día entre los días, Kolo, que era el jefe de policía desde los tiempos de Hud el Lobo, fuese a ver a Selim y después de intercambiar las zalemas y el selam, dijo:

—Tengo que hablarte.

—Tú dirás —dijo Selim—. Siéntate y dime lo que sea.

Kolo tomó asiento en el alhamí de la puerta y miró a Selim con mirada penetrante debajo de sus cejas hirsutas, como reconociendo al que tantas veces persiguiera en otro tiempo y preguntándose si el otro lo habría perdonado. Mas luego apartó estos pensamientos y dijo:

—Hace exactamente cuarenta años que te viste implicado en un caso de asesinato. ¿Lo recuerdas? Cuando mi padre adoptivo ibn Sahid fue a interrogarte en la casa de Nasr yo lo acompañaba.

—Me acuerdo muy bien, Kolo —dijo Selim—, pues esas cosas nunca se olvidan. El difunto resultó ser un cristiano que se hacía pasar por creyente. Un templario, creo.

—Esto es exacto. A los tres días de ocurrida aquella muerte dos tumbas de la Alcantarilla aparecieron profanadas, las dos contenían los restos de dos hombres que se llamaban del mismo modo: Abdalla Ardón.

—También lo recuerdo —dijo Selim—. Aquel episodio dio mucho que hablar. Culparon a los magos del asunto, creo.

—Y dos días más tarde mi padre adoptivo (al que Alá tenga en su seno) murió cuando estaba muy cerca de resolver el asunto.

—Fue una pérdida dolorosa para la comunidad de los creyentes —dijo Selim—, pues era un hombre justo y bondadoso al que la gente honrada apreciaba y los sabios hacían un lado en su tertulia. Pero no veo qué importancia puede tener todo aquello en las actuales circunstancias.

Kolo se mesó la barba reflexivamente y escogió las palabras de su respuesta. Sólo entonces notó Selim que con los años había engordado considerablemente y ahora parecía mucho menos terrible que cuando lo perseguía por las calles de la ciudad.

—El tiempo no ha cerrado el caso, Selim, o de cualquier modo, para mí permanece abierto. Ibn Sahid fue envenenado con cicuta o beleño, pues el cadáver se tornó azul oscuro antes de adquirir la rigidez de la muerte. Al-Padrani, el perfumista, es especialista en venenos y me lo ha certificado. Yo hago la vista gorda a ciertas actividades suyas y él me ayuda, a cambio, a resolver los casos de envenenamiento, que son desgraciadamente cada vez más frecuentes en estos días. Los hijos y los sobrinos tienen prisa por heredar.

—Y no los culpo —comentó Selim sacudiendo tristemente la cabeza—. En los tiempos que vivimos nadie da un ardite por el porvenir.

—Quizá sea una actitud lógica —admitió Kolo—, pero mi trabajo consiste en buscar y castigar delincuentes, no me preocupa el mañana, me preocupa la justicia hoy. Hace cuarenta años se cometieron aquí dos asesinatos que han quedado impunes. Tengo motivos para pensar que estuvieron relacionados, que la violación de tumbas también lo estuvo y que tú no dijiste la verdad en aquella ocasión. Por eso he venido a pedirte ayuda.

Selim suspiró y dijo:

—Mira, Kolo: la ciudad está sitiada, la comida escaseará pronto y la situación es francamente desesperada. No hay hombres suficientes para defender los muros ni medios para repararlos con la misma celeridad con que los alfonsos los destruyen: cada día perece alguien y la responsabilidad por la vida de casi veinte mil criaturas amenazadas de muerte descansa sobre mí. Y tú vienes a distraer mis ocupaciones para que te ayude a esclarecer dos muertes ocurridas hace cuarenta años, una de ellas la de un fraile politeísta.

—Así es —replicó Kolo con convicción y firmeza absolutas—, al-Samit, nuestro maestro, el mismo que me expulsó de su escuela, decía a veces que un acto de justicia es siempre prioritario y no debe supeditarse a nada. Si la ciudad ha de salvarse a cambio de una injusticia, la ciudad es indigna de salvación. La verdad y la justicia deben prevalecer por encima de cualquier conveniencia. Yo soy el jefe de la policía de esta ciudad y tengo dos crímenes sin aclarar. Los culpables están, todavía, lo sospecho, entre nosotros. Deben ser castigados. Eso limpiará la conciencia de la ciudad y la hará más digna de salvación a los ojos de Alá en los presentes calamitosos tiempos.

Selim comprendió que sería mejor que se prestase a colaborar con Kolo o aquella discusión podría prolongarse hasta el infinito.

—¿Qué quieres de mí? —le preguntó, claudicando con un suspiro.

—Sospecho que hablaste con el moribundo. ¿Qué te contó? Creo que el asesino lo apuñaló después de que él le confiara un nombre que luego resultó ser falso, el nombre del difunto cuya tumba habrían de abrir en busca de no sé qué cosa. El templario confió el nombre de Abdalla Ardón, que era falso, por alguna razón. Quizá desconfió de su interlocutor.

—¿Qué te hace pensar eso?

—Porque, en los meses que siguieron, media docena de tumbas, todas ellas a nombre de algún Abdalla Ardón, fueron profanadas en Mentesa y en otros cementerios en torno a Jaén. Los asesinos apuraron la posibilidad de que el nombre dado por el templario fuera válido. Y yo, que te había seguido aquel día, sabía que no habías salido inmediatamente de las ruinas y siempre he sospechado que fue el moribundo lo que te retuvo.

—Es cierto —admitió Selim, sin pesadumbre—, el templario me confió un nombre que ya he olvidado. Me pidió que se lo diera a un hombre que tenía una cicatriz sobre el ojo y dos dedos de menos en una mano. Resultó ser otro fraile templario llamado Berenguer de Peramola, oriundo de Aragón, que intercedió por mí en las Navas y me salvó la vida.

Kolo tomó a Selim del brazo familiarmente y Selim notó con sorpresa que este contacto no le repelía. Era más bien como la definitiva reconciliación después de una enemistad que el tiempo había cancelado.

—Vendría muy bien que hicieras memoria —dijo Kolo—. El nombre de esa tumba puede aclarar todo este enigma.

Y después de esto se dijeron el selam y cada cual volvió a sus ocupaciones.

Selim no dio más importancia a esta conversación pues tenía muchas preocupaciones en que ejercitar su pensamiento, mas sólo había pasado cosa de un mes cuando volvió a tener noticias del templario muerto, pero antes de esto os he de referir un suceso que llevó la tristeza y el luto al corazón de Selim.

A los pocos días, Sulimán Dubyan dispuso que un grupo de sus más esforzados adalides hicieran una salida. Los cuales, sin ser sentidos, penetraron en los corrales del campamento cristiano por la parte que mira a Castro y a la Torre Bermeja, en el camino del Puente de la Sierra, y allí robaron hasta cincuenta vacas y degollaron a cinco guardas y cuando ya llegaban con el rebaño muy cerca de la ciudad fueron notados por algunos forrajeadores cristianos que andaban por el campo, los cuales dieron la voz de alarma y pusieron en conmoción a todo el campamento. Y algunos caballeros, armándose a toda prisa, salieron a atajar a los que se llevaban el ganado y comenzaron a justar con ellos espada en mano a las mismas puertas de la ciudad, sin cuidar de los ballesteros que desde las almenas les disparaban así como los podencos cuando hacen presa en la oreja del jabalí y la muerden son indiferentes a las cuchillas con que el puerco les está vaciando las tripas. Pues bien, en el ardor de la pelea, Ferrán Suárez, viendo que por las puertas abiertas de la ciudad se le escapaban algunos enemigos a los que matar quería, no cuidándose de su seguridad, picó espuelas y entró tras ellos haciendo gran mortandad en los que alcanzaba con saña y encarnizamiento pues como el coloso combatía. Y esto visto por los que guardaban la puerta, la cerraron tras él y lo dejaron aislado en la placilla intramuros, donde, rodeado por una muchedumbre de hombres de armas, allá pereció matando y dejó un rodal de muertos y malheridos antes de que dieran con él y con su caballo en tierra y muy crudamente lo acabaran entre todos, que dejaron su cadáver con más cortes que el trapo de un afilador. Esto ocurrido, cuando Selim lo supo, sintió aquella muerte como si de su carne fuera y se le oscureció el mundo a sus ojos, pero luego, reponiéndose, hizo conducir el cadáver a su casa y mandó desnudarlo y lavarlo con vinagre y lo estuvo velando y llorando por espacio de toda la noche y a otro día lo vistió con túnica damascena, la más lujosa que pudo comprar, y lo devolvió a los cristianos para que lo enterrasen con arreglo a sus ritos.

Y aquel día por la tarde un heraldo de los cristianos acudió junto a la muralla por la puerta de Martos acompañado de una mujer ataviada a la musulmana, con una toca que le cubría la cabeza y sólo le dejaba al descubierto dos ojos muy llorosos y tristes y alheñados con la alheña del insomnio. Y la mujer se resistía, pero el heraldo la agarraba del brazo y a la fuerza la obligaba a caminar. Y cuando estuvieron a la sombra del antemuro, el hombre miró a los guardias de la puerta y gritó: «¡Mensaje para Selim Nasr, de Lorenzo Suárez!: aquí tienes a tu hermana, la viuda de Ferrán, que en gloria esté, la cual, cuando el bandido Hud el Lobo la dejó ya estaba tan loca y fuera de su juicio como ahora la ves, así que de su mal no somos nosotros responsables.»

Y dicho esto la entregó a los guardias que por el postigo salieron a recibirla y dando la vuelta se volvió con los suyos. Y los de la puerta la tuvieron que entrar a la fuerza, enajenada, dando gritos y queriéndolos arañar, y diciendo a grandes voces que quería volver junto a Ferrán, el cual no había muerto sino que solamente dormía y al despertar los despellejaría a todos por la fuerza que hacían a su enamorada. Y ellos la sujetaron de las manos y la llevaron a la casa Nasr donde, al ver a Selim, lo reconoció y se abrazó a él llorando y pareció volver en su juicio un poco para contarle que el pobre Ferrán había muerto de muchas heridas. Pero luego, fatalmente, recaía en su delirio y anunciaba, componiendo la voz como de gran misterio y alta confidencia, que el difunto solamente dormía, y que ya estaba para despertar y volver junto a ella. Selim la acogió con el mucho amor que siempre le profesara y como a una niña le hablaba, fingiendo acomodarse a sus sinrazones y evitando contradecirla, y por su mano le daba de comer cuando se mostraba inapetente y la consolaba cuando estaba triste o se alegraba con ella si la veía alegre. Y procuraba mejorarla con sus cuidados y que la sirvieran las criadas y que nada le faltara, por ver si se le aliviaba la locura. Pero ya sabéis que cuando Alá en su infinita sabiduría permite que el seso huya de una persona, no hay vuelta de hoja, así que la pobre Aixa, a causa de los muchos sufrimientos con que la vida la probó, quedó loca hasta el fin de sus días, si bien nunca le faltó de nada porque ya jamás se volvió a separar de su hermano. Y esto es por ahora lo referente al asunto de Aixa.

En cuanto a las demás cosas os referiré otro suceso sonado que acaeció por febrero, cuando las grullas sobrevuelan el Guadalquivir en busca de las islas y marismas. Y hete aquí que un buen día escuchó Selim un gran tropel, como de muchedumbre que se aproximaba calle abajo hacia su casa, y se asomó y vio que más de cien personas, casi todas mujeres, desde mocitas del dedo a menopáusicas acaloradas, seguían a un cristiano al cual los guardias conducían, y le extrañó que no lo hubiesen maniatado aunque sí lo habían despojado de sus armas y lo traían prisionero a su presencia. Y era un hombre membrudo, de noble apariencia, barbado, como de cincuenta años y tuerto del ojo derecho que lo tenía cerrado y como pegado de sus párpados. El cual, cuando estuvo ante Selim, le dio el selam y dijo:

—¿Eres tú Selim Nasr?

—Yo soy —dijo Selim, y le devolvió el saludo.

—He cumplido cien jornadas de camino para venir a ti —declaró el tuerto.

Y como Selim pusiera cara de no entender, uno de los sargentos que custodiaba al prisionero dijo:

—Ha huido del campamento cristiano y ha pedido, frente a la puerta, que lo condujésemos a tu presencia.

—Tengo que hablar contigo —dijo el cristiano—. Pero a solas.

Entonces Selim despidió a los escoltas y les dijo que aguardaran fuera.

El cristiano rehusó el asiento que Selim le ofrecía y comenzó a hablar y entre ellos tuvieron esta conversación que os diré:

—Me llamo Arnaldo Borrel. Soy occitano, de Aix-les-Termes. Ha habido una guerra y ahora mi lugar pertenece al rey de Francia —añadió con un punto de amargura en la voz—. Nadie me envía a ti, vengo por cuenta propia. Conozco muchas cosas de ti: Sé que eres depositario de un nombre que te confió un fraile moribundo.

—¡Ya salió aquello! —dijo Selim con un suspiro de resignación y pensó que el fantasma del templario había de perseguirlo toda la vida—. Eso fue hace muchos años —añadió casi con fastidio—. Tenía que darle ese nombre a un templario al que faltaban dos dedos.

—Al de la cicatriz en la mejilla —añadió Borrel—, pero ese hombre no va a venir ya a pedirte el nombre que guardas para él. Murió hace más de treinta años.

—¿Qué dices? —exclamó Selim sin reprimir su asombro—. ¿Cómo lo sabes?

—Sé muchas cosas. El hombre se llamaba Berenguer de Peramola y murió en la batalla de Muret, en mi tierra, junto al rey Pedro de Aragón, el de las

Navas. Combatían contra Simón de Monfort y el Papa que habían invadido nuestra tierra. Quizá te preguntes qué hacía un templario en la hueste real aragonesa y luchando contra el Papa. Berenguer había obtenido permiso del maestre de su Orden para acompañar al rey de Aragón, vestido como caballero seglar, porque tenía que entrevistarse con ciertos cátaros.

—¿Un fraile templario en tratos con herejes cristianos? —dudó Selim.

—En efecto —corroboró Borrel—, tenían algún interés común, los templarios y los cátaros. Buscaban algo.

—¿Qué buscaban? —preguntó Selim.

Borrel emitió un profundo suspiro y se encogió de hombros.

—Eso no lo sé —reconoció—. Yo soy un simple sargento de armas. Las sutilezas del espíritu se me escapan. Lo poco que sé lo he aprendido de convivir luengos años con las buenas gentes, quiero decir con los cátaros.

—¿Eres tú uno de ellos?

Borrel titubeó antes de responder.

—No, creo que no. En realidad yo peleaba por mi paga, pero otros lo hacían por la doctrina. Casi todos murieron. Después de muchas derrotas, los últimos cátaros se refugiaron en el castillo de Montsegur, que es un lugar sagrado para ellos, sobre una roca pelada, cerca de los montes de Aragón. Allí los sitiaron los francos. Estando en el sitio, después de diez meses, cuando ya era inminente la caída del castillo, Pedro Roger, mi señor, me designó, junto con otros cuatro, para que sacásemos de allí ciertas reliquias y se las entregásemos en Pepieux a un perfecto de los cátaros. Mis compañeros murieron y yo, después de haber sido herido y de haber convalecido por espacio de un mes, pude llegar a Pepieux, pero el hombre al que tenía que entregar la reliquia había muerto también. Así que, sin saber qué hacer, pues mientras tanto Montsegur había caído, me uní a la gente de Corbario, un jefe de mercenarios, y pasé con ellos los puertos de Aragón. Supe que en al-Andalus se pagaba bien a los guerreros experimentados y eché para acá. No tengo más patria que mi caballo y el mendrugo que mojo en tu vino hospitalario. Eso es todo.

Oído esto, Selim reflexionó, con arrugas en la frente, y preguntó:

—¿Qué se hizo de la reliquia que habías de entregar?

—Va conmigo siempre. Era un cartucho de oro que ya he vendido para comprar el caballo. Dentro había dos pergaminos que conservo aún. También conservo un trozo de rubí del tamaño de una bellota que debió formar parte de otro mucho mayor, a juzgar por la fractura que tiene.

—¿Dónde lo tienes? —preguntó Selim.

Borrel le lanzó una mirada llena de recelo.

—Está en lugar seguro —contestó con voz ronca.

—Bien —dijo Selim después de reflexionar—. Todavía no me has explicado cómo sabes lo del templario que me confió un nombre.

—Todo está en los pergaminos, señor. Los escribió Berenguer de Peramola, el que murió en Muret, y en ellos se dice que tú eres el depositario del nombre de la tumba. Así que yo he venido a traértelo todo, como por encargo de los perfectos, aunque estén todos muertos. No sé qué querían hacer ellos de todo esto. Quizá tú lo sepas.

Selim se levantó y miró por la ventana el lento crepúsculo que incendiaba la tarde.

—¡Ojalá lo supiera yo! —dijo, como para sí, en un suspiro.

Y esto fue todo lo que hubo entre ellos el primer día. Quedó Borrel libre por la ciudad, aunque desarmado, y Sulimán Dubyan le puso un par de escoltas que lo vigilaran y así pasaron otros pocos días que fueron haciéndose semanas.

Y esto es por ahora todo lo referente a esta historia que por su curiosidad bien merecería que la pusieran por escrito y la guardaran en una alacena pues hay en ella materia de entendimiento para el que entienda y materia de cogitación para el que cogite. ¡Selam!

VEINTIOCHO

¡PRESTAD ATENCIÓN, que hoy la cosa tiene miga! Habéis de saber que, con el trato de los días, Selim había llegado a tener gran confianza con Ben Chaprut y sólo a él le abría su corazón y nada le ocultaba, pues era hombre al que los sabios guardaban un asiento en su junta e irreprochable en punto de prudente y discreto así como firme apoyo, con su consejo, para las graves decisiones que a cada paso Selim se veía obligado a tomar en el cargo de cuidar y administrar los bastimentos, cada vez más escasos, de la ciudad amenazada. Y Ben Chaprut lo correspondía con sus confidencias, con lo cual sus mutuas voluntades se iban anudando y quedaban muy deudoras la una de la otra. Y cierto día, a poco de la llegada de aquel cristiano Borrel, el del ojo de menos, Ben Chaprut se decidió a hablar y dijo:

—Selim, somos amigos desde que éramos niños y puedo decir que confío en ti como en un hermano de mi sangre, si no más, puesto que los amigos se escogen y los hermanos no. Por esto he sentido que quizá vaya siendo hora de que te haga partícipe de un secreto. Durante más de trescientos años mi familia ha sido depositaria de esa carga pesada que es ser portador del legado de Salomón (sobre su memoria la paz). Y has de saber que este secreto, que recae siempre en el primogénito y en otro miembro de la aljama por él elegido (y que hace de fiduciario para que no se pierda el secreto si muriera el portador). Ahora el portador soy yo.

Oídas estas palabras, Selim escrutó el rostro de su amigo y dijo:

—¿Quieres decir que puedes aclarar todo este embrollo en el que me he visto metido desde lo del templario de marras?

—En cierto modo sí, pero no es tan fácil si lo ves desde dentro. Lo único que poseo son las claves que servirán para desentrañarlo cuando llegue el día de la señal. Si este día no se presenta, he de limitarme a transmitir esas claves al portador que me suceda. Lo malo es que no tengo hijos y no sé qué va a ser de mí.

—Lo de los hijos se arregla fácilmente —dijo Selim—, pues mujeres no faltan en esta ciudad aunque, con las mudanzas de los tiempos, todas están más toqueteadas que breva en verano. En cuanto a lo otro, ¿cuál es la señal que dices?

—Con exactitud, no lo sé. Ben Hanok sólo habló de una señal pero no dijo cuál había de ser. El portador sabrá, en su corazón, que ha llegado la señal.

—¡Por la tumba de mis padres y por las barbas del Profeta! —exclamó Selim—. Cada vez entiendo menos esta embrollada historia judía. ¿Quién es ese Ben Hanok que aparece ahora?

Ben Chaprut sonrió, luego suspiró y dijo:

—Es una larga historia.

—No te preocupes por eso —le dijo Selim—. Tenemos toda la noche por delante y nadie nos espera. Te escucho.

Y hete aquí que el judío se reclinó en sus almohadas, bebió un largo trago de su jarra y se quedó un momento con la mirada perdida en las estrellas que a través del arco de la ventana divisábanse a millones. Luego empezó a hablar de esta guisa:

—Intentaré explicártelo de forma breve y clara, sin introducir camellos ni beduinos ni solitarias palmeras ni cervatillas que hociquean en las ubres de la madre, ni esos objetos del repertorio poético árabe que, gracias a Dios, no aparecen en las embrolladas historias judías.

Y al decir esto lanzó Selim una irónica mirada y, cuando éste hizo un gesto de haber encajado amistosamente la indirecta, prosiguió:

—En tiempos de nuestros primeros omeyas (ya ha llovido desde entonces) existía en la ciudad oriental de Susa, en Mesopotamia, una academia judía cuya fundación se remontaba al tiempo en que los romanos asaltaron Jerusalén y saquearon su templo. Durante muchas generaciones, aquella academia talmúdica veló celosamente por la transmisión de los secretos del Espejo de Salomón. No todos los discípulos de la academia perseveraban en el estudio y la esperanza hasta que les llegaba la muerte. A muchos, después de lustros de arduas lucubraciones, les ganaba la desesperanza y abandonaban la empresa, persuadidos de que nunca existió tal Espejo de Salomón, y decidían que se trataba tan sólo de una leyenda talmúdica o de una broma pesada que algún antecesor de la escuela había tramado para atribulación de sus sucesores. Pero otros estaban fervientemente convencidos de la existencia del Espejo, del que sólo sabían que había ido a parar a algún lugar de Occidente.

Y mientras la noche espesaba su oscuro manto sobre los tejados y los jardines, el judío prosiguió su parlamento con las siguientes palabras:

—En tiempos de Abderramán II sólo quedaban en la academia cuatro maestros talmudistas, todos ellos notables por su sabiduría y piedad, pero los cuatro ancianos ya y no tenían ningún discípulo que los sucediera, pues los jóvenes de la aljama de Susa habían dejado de interesarse por el Talmud y tomaban la historia del Espejo de Salomón como una patraña de aquellos viejos chiflados. Así las cosas, los cuatro ancianos decidieron, de común acuerdo, partir para Occidente y buscar ellos mismos el secreto de Salomón. Vendieron los escasos bienes que la academia poseía y, con el menguado caudal que obtuvieron y las limosnas de la gente caritativa, se procuraron sendos pasajes en una caravana especiera que iba al mar. Llegados a Haifa se embarcaron en cóncavo bajel que zarpaba para Italia, pues sabían que los romanos habían llevado a Roma el Espejo y los otros tesoros del Templo. Pero cuando ya estaban cerca de las costas de Italia la nave naufragó y tres de los sabios perecieron ahogados, pues el Todopoderoso había inscrito sus nombres en la lista de los justos. El cuarto fue rescatado por unos piratas y, después de diversas peripecias que pasaré por alto, pues no hacen al caso, fue vendido dentro de un lote de esclavos a Rumahis, el famoso almirante del califa de Córdoba. Así fue como Mosé Ben Hanok fue a parar a Córdoba, donde la aljama, conocedora de su sabiduría y apiadada por su triste historia, lo adquirió y lo puso al frente de la escuela talmúdica de la ciudad. Mosé Ben Hanok vivió todavía doce años, pues moriría tan colmado de días como de piedad, y de entre los jóvenes que atendieron a sus lecciones escogió sólo a uno para hacerlo depositario de lo referente al Espejo de Salomón. Ya habrás adivinado que el elegido fue mi ilustre antepasado Hasday ben Chaprut, el que luego sería ministro del califa y gran visir.

A estas noticias Selim escuchaba maravillado hasta el ápice de la maravilla y solamente tuvo palabras para rogar a Hasday que prosiguiera su relato. Y Hasday se refrescó la boca con agua de la alcarraza y prosiguió de esta manera:

—Y por encargo de él, la enseñanza secreta se fue transmitiendo en mi familia de la forma que te expliqué antes, hasta que la señal del elegido aparezca.

—¿De qué elegido me hablas? Explícate, que en ese punto es donde me patina el entendimiento.

—El Talmud enseña que cada generación tiene su dirigente. Gedeón en la suya, como Moisés en la suya. Sin embargo, mi pueblo no siempre ha sabido interpretar correctamente los signos de Dios. A veces ha-

seguido a falsos jueces y mesías. Maimónides, en su carta a los del Yemen, habla de la esperanza continua y robustece con sólidos argumentos la creencia de que algún día aparecerá un liberador que rescate de sus destierros al pueblo de Israel. Mientras tanto mi pueblo necesita ley y creencia.

—¿Eso qué tiene que ver con el Espejo de Salomón?

—El poder supremo, del que también depende la restitución de mi pueblo, está depositado en ese misterioso objeto. Sin embargo no quiero mezclar el poder de Dios en la mínima empresa de salvar a un rey o a una ciudad. El Espejo, cuando se halle, hablará al mundo, no sólo a un pueblo, y su alcance será para el universo todo, que se contiene en él. Nosotros somos menos que polvo en las sandalias del caminante y nos empeñamos en hacer coincidir los designios divinos con nuestras pobres ambiciones.

—¿Quieres decir que ese talismán, o lo que sea, tiene el poder mágico de dispersar a los alfonsos y restituir la paz sobre nuestra ciudad y sobre la tierra toda?

Entonces el judío pronunció estas palabras:

—Contiene ese poder y mucho más, contiene el poder absoluto.

—Entonces debemos encontrarlo antes de que sea tarde —urgió Selim.

—Sólo accederé a operar sobre el poder del Espejo si recibo la señal divina y me convenzo de que ha llegado el momento.

—¡Por lo que más quieras, Hasday! ¿Qué más pruebas quieres que los calamitosos tiempos que estamos viviendo y el acabamiento de todo lo que durante tiempo inmemorial fue firme y la desgracia continua de cuantos vivimos en esta generación, los que de un lado a otro vagamos sin reposo ni consuelo? —dijo Selim.

—Lo que quiso la Lámpara Tapada, la hermandad y concordia de todos los pueblos bajo el solo dominio de la tolerancia y de la ley, ya no es posible, pues hoy la maldad y la codicia se han hecho más poderosas que la virtud. La Lámpara Tapada está dispersa, murieron los que la sustentaban y sólo prevalecen los que andan con las armas en la mano. Y, créeme, a nadie resulta más doloroso que a mí admitirlo, puesto que fue mi antepasado, el gran ministro, el que fundó la Lámpara Tapada, el mismo que llevó las averiguaciones hasta el límite que le fue permitido. Pues él, para que lo sepas, dedujo que Abdul al-Hazred, el loco, había hallado el Espejo, pero algún error en sus invocaciones provocó el Terremoto: ésa es otra prueba del poder del Espejo. El gran ministro estuvo en contacto con los sabios judíos de Constantinopla y por ellos supo que allí y en Damasco quedaban todavía algunos estudiosos que se decían discípulos de Abdul al-Hazred, así como de un libro que el loco había legado a sus seguidores antes de ser devorado por la bestia. Como sabes, el gran ministro persuadió al califa para que lo enviase a Constantinopla en calidad de embajador. Desgraciadamente hubo que excluir Damasco, donde le habrían cortado la cabeza por servir a un omeya.

—Me hago cargo —dijo Selim—. Prosigue.

—Bien. En Constantinopla conoció a un sabio griego, llamado Theodorus Philetas, que estaba traduciendo a su idioma el libro de Abdul al-Hazred. En la traducción de Philetas se llama *Necronomicón*. Berenguer de Peramola, el templario de la cicatriz que te salvó en las Navas, tradujo el *Necronomicón* al latín. También sé que el papa Gregorio IX prohibió esta traducción hace pocos años, quizá porque procedía de Peramola, que murió luchando en favor de los herejes cátaros. Volviendo a lo del Espejo, el Terremoto hizo que se desplomaran las cinco cuevas de la montaña y se perdió el acceso que había llevado a Abdul al-Hazred hasta el lugar del Espejo. Pero, a pesar de todo, Abdul encontró una salida por entre el dédalo de galerías que el derrumbamiento había creado. Éste es el verdadero laberinto, y el loco levantó plano de esa salida.

—Es decir —dijo Selim—, que no se excluye que pueda haber otras.

—Al parecer existen muchas galerías —repuso Hasday—, pero sólo ha quedado una que conduzca al Espejo, las otras se pierden en la entraña de la montaña, se entrecruzan, se bifurcan, se cortan a veces... no llevan a ninguna parte. Al parecer el gran ministro dio finalmente con el plano de Abdul al-Hazred y caviló la manera de legarlo sin dejar un documento que pudiera caer en manos extrañas y levantar sospechas. Por eso inventó un juego infantil que contenía todos los elementos del laberinto, un juego cuyo estudio posibilitaría al portador de la señal dar con el camino correcto para llegar al Espejo de Salomón.

—Y ese juego debe ser el de la Traganta —aventuró Selim.

—Ése es —corroboró el judío—. Ese juego que adorna el suelo de este patio donde tantas veces jugábamos tú y yo de niños. En ese juego está la clave del poder del mundo y la restauración de Israel, con la que el gran ministro soñó. Cuando se alcen de nuevo los dinteles de la casa de Abraham, ahora sumidos en la negra hierba donde pululan los lagartos.

Vosotros que me escucháis debéis saber que aquella revelación maravilló a Selim. Figuraos que, de pronto, contemplaba a su amigo como a un extraño al que no había conocido nunca y advirtió, en la edad de la experiencia, que ningún hombre conoce a otro por mucho que con él viva, pues sólo Alá (loado sea) penetra en el corazón de los hombres. Aquel hombrecillo mínimo, de piel blanca nunca hollada por el sol, de manos translúcidas, casi femeninas, soñaba con la restauración de un antiguo imperio del que sólo queda memoria en libros muy antiguos, y creía que se podía agregar una nueva pesadumbre de guerra y conquista a las pesadumbres de la cansada tierra. Pero Selim, como discreto, se abstuvo de hacer comentario alguno, por temor a ofenderlo.

—Lo que no comprendo —dijo Selim— es cómo se puede descifrar ese Espejo para que libere su poder.

—Ése es el sentido de una ciencia secreta que se

llama Cábala —respondió Hasday—, un legado espiritual que se ha transmitido a la sombra de las sinagogas, aunque fuera de ellas porque no todos lo aprueban, ¿comprendes? No se trata de una enseñanza común, accesible a todos, y ello justifica que, siendo tú una persona ilustrada, no hayas tenido noticia de ella. Los jardines de la Cábala conducen al conocimiento del mundo que nos es común. Es como un lenguaje, en puridad el lenguaje de Dios, o su escritura. La palabra de Dios, inmutable, precisa y omnipotente está en la Torá, en los escritos revelados: la inteligencia infinita de Dios condesciende a plasmarse en un libro sagrado en el que no existe nada que sea casual. Es, en su forma más mínima, emanación de Dios: pura, trascendente y perfecta. Es un mecanismo de infinitos propósitos en el que caben los esquemas de la creación, sus razones, su justificación y todos los elementos, por complejos que sean, de que se compone el nervio y la sustancia del universo. La creación procede de Dios, que todo lo abarca y todo lo trasciende, y la Torá es la plasmación escrita de esa creación, incluyendo al hombre, ¿entiendes? Ahora bien, en el libro escrito por Dios o dictado por Él, en la Torá, no puede haber nada casual. Una emanación directa y voluntaria de Dios tiene que participar de su propia perfección. Por lo tanto, el libro que es parte de Dios tiene que ser un sistema perfecto, cerrado, glorioso, a través de cuyo estudio pueda el hombre remontarse a la comprensión de la obra divina, pueda trascender sus propios límites y levantarse hasta la inteligencia de Dios.

Éstas fueron las palabras de Hasday que yo rescato de mi memoria para recitároslas. ¡Que cada cual piense lo que quiera! A las cuales contestó Selim, que muy aplicadamente las había escuchado:

—¡En mis oídos y en mi corazón! Esto me parece pavoroso. ¿Quieres decir que el hombre puede usar de ese libro como de una escalera para ascender al Todopoderoso?

—Para ascender, pero no para llegar. La comprensión absoluta del libro requeriría una inteligencia igual a la divina, que sólo el Altísimo puede poseer, pero el hombre puede trascenderse y romper sus propios moldes. El Todopoderoso no puede repudiar esa actividad, puesto que ha sido Él el que nos ha legado las claves del conocimiento de su obra en ese libro. En las fórmulas cabalísticas que el Espejo de Salomón contiene se resumen el conocimiento del mundo y los secretos del universo. Y el conocimiento es poder, si bien, a medida que se avanza por su espinosa y escarpada senda, el estudioso se va desprendiendo de apetencias terrenales, se va purificando, se va impregnando, por así decirlo, de la sustancia divina. En una palabra, este libro viene a ser como un mensaje cifrado que desvela todos los secretos del universo. En este libro un número limitado de palabras es capaz, combinándose, de generar un número infinito de mensajes que se deducen del estudio de sus relaciones mutuas y del valor simbólico de las cifras que representan. No me es posible simplificar para ti, en una sola sesión, esta materia compleja cuyo estudio ocupa toda la vida del creyente. La Cábala se contiene en treinta y dos vías, que representan ideas absolutas y reales, y en cincuenta puertas, que clasifican a los seres en cinco series de a diez. En el estudio de cada ser por sí mismo y por sus relaciones con los demás se compendian todos los conocimientos. Ahora bien, la esencia de cada cosa que existe en el mundo está contenida en la palabra que la designa. Nombrar una cosa es iniciar el proceso mágico de crearla, por eso hay dolencias, tú lo sabes, que pueden sanar mediante palabras introducidas en una oración. No hablo de las palabras que cada día usamos en nuestros idiomas, hablo de un lenguaje secreto, de palabras que sólo el Altísimo conoce, pero que el hombre puede descubrir y descifrar a través de la Cábala, palabras que pueden acercar al hombre al poder del Omnipotente. Existen ejemplos pavorosos y memorables que ilustran el poder de la Cábala. En los libros está escrito: un jeque de Israel, cuando Israel era una nación unida y poderosa, detuvo el curso del sol con una palabra para que el día se prolongase y le permitiese destruir al enemigo. Otro caudillo pronunció la palabra precisa para que las murallas de una ciudad sitiada se desplomasen, y fue tan precavido que ordenó que las trompetas de su guardia sonasen al unísono para que ninguno de los que con él estaban pudiera adueñarse de la secreta palabra que otorgaba tan terrible poder.

¡Generosos oyentes que me escucháis! De esta guisa el judío y el musulmán siguieron discutiendo sobre los misterios de la Cábala durante toda la noche y cuando la alborada comenzó a mostrar los perfiles del mundo fueron derechamente a las caballerizas de la casa Nasr y buscaron al pie del muro de la sala de los halcones hasta que hallaron, ya algo borrosa, pero perfectamente legible todavía, la inscripción que Selim hiciera sobre el canto de un ladrillo cuarenta años atrás. Y el nombre que leyeron decía Muamar Beneka. ¡Por saberlo habían muerto muchos! Tras de lo cual salieron de la casa con su decisión tomada y antes que despertara la ciudad salieron al campo por el postigo del Ángel llevando consigo dos esclavos y dos guardias de confianza, y fuéronse allá donde se extienden las tumbas blanqueadas del cementerio de la Alcantarilla. Y aunque los cristianos que vigilaban desde los manteletes, frente al foso, los vieron salir, como notaron que llevaban palas y azadones y que se dirigían al cementerio, los dejaron hacer sin importunarlos, según la piadosa costumbre de no interferir con los muertos, aquellos que han sido llamados a la otra vida y ya no se encuentran en ésta. Y durante un rato anduvieron por las partes más antiguas del cementerio en busca de la tumba de Muamar Beneka y no pararon ni se concedieron punto de reposo hasta que dieron con ella y leyeron el nombre en la partida piedra de la cabecera.

—Cavad —ordenó Selim a los cavadores.

Y ellos se escupieron en las manos y se las frotaron con saliva, según la fea costumbre sólo equiparable a la de hurgarse las narices, y se pusieron a cavar con todas sus fuerzas y con los azadones iban sacando la tierra suelta para ir haciendo el hoyo. Así fueron ahondando hasta que dieron con huesos antiguos y los removieron para ver lo que había debajo hasta que Alá permitió que hallaran una arqueta de plomo en cuya tapadera había una estrella de seis puntas. Y dentro de la arqueta encontraron tres pergaminos y tres bolas como manzanas, una de cobre chapado de oro, otra de ámbar y otra de cristal. Con todo lo cual regresaron a la ciudad y a la casa de Hasday, sobre cuya mesa el judío desplegó los pergaminos.

—Aquí se contienen los secretos por los que ha muerto tanta gente —murmuró—. Estas letras y estos signos explican cómo llegar hasta el Espejo de Salomón.

—Mañana mismo iremos en su busca, si los astros son propicios —dijo Selim.

—Necesitaremos —advirtió Hasday— dos cosas: la Madre de la Sangre que tienen los Numayr y el trozo de la Madre de la Sangre que dice tener el cristiano venido de Aragón, porque juntos componen el ojo del Espejo que ha de engastarse en su centro para que se reactive su virtud.

¡Escuchad! Eso que perciben mis oídos, generosa y atenta audiencia, es la voz del muecín que nos convoca a la oración de la tarde. Así que aquí interrumpo mi cuento por hoy, pues no quiero transportar sobre mi conciencia el pesado fardo de haber distraído a los creyentes de sus obligaciones religiosas. Aligerad vuestras bolsas y socorred mi humilde pandero que aquí estaré mañana a la misma hora, como un clavo. ¡Selam!

VEINTINUEVE

¡PRESTAD OÍDO porque aquí viene la parte más solemne del cuento, la que os asombrará hasta el ápice del asombro! Cuatro hombres descendieron al vientre de la montaña en busca del Espejo de Salomón: Selim Nasr, Hasday Ben Chaprut, Arnaldo Borrel y Mohamed Numayr: el primero porque quería salvar la ciudad amenazada; el segundo, porque creía cumplir la antigua profecía que terminaba con la diáspora de su pueblo; el tercero, porque quería alcanzar la gracia de un Dios al que nunca entendió y el cuarto, porque ambicionaba riquezas, pues había nacido en casa noble y pobre y, en estas condiciones, la pobreza es un pesado don de Alá que difícilmente se sobrelleva.

Los pergaminos que hallaron en la tumba de Muamar Beneka señalaban, sin lugar a dudas, dónde estaba la entrada del laberinto: en el fondo del pozo que existía en el patio del ruinoso palacio de los Numayr, junto al manantial de la Malena. El pozo era oscuro, ancho y profundo. En el brocal de mármol se notaban hondos surcos labrados por el roce de la soga durante muchas generaciones. Pasaron toda la noche vaciando el pozo con ayuda de cuatro hombres de confianza, los mismos que habían hurgado en la tumba de la Alcantarilla el día de la víspera, y los mismos que luego se quedarían haciendo guardia hasta que regresase la expedición y en ese tiempo cuidarían de vaciar regularmente el agua que se fuese juntando en el fondo del pozo para evitar que anegase la bocamina. Estaba empezando a clarear el día cuando descolgaron un farol en un cabo de cuerda y comprobaron que el nivel del agua se había achicado por debajo de la bocamina. Echaron una escala de cáñamo y descendieron. Una resbaladiza capa de verdín y adherencias viscosas tapizaba las piedras del fondo, donde antes solía remansarse el agua. La bocamina que se abría en la pared, a unas diez brazas de profundidad, se sostenía por un arco adintelado, con las dimensiones justas para que pudiera pasar por ella, agachándose, un hombre que no fuese demasiado corpulento, motivo por el cual Arnaldo Borrel tuvo ciertas dificultades, pero finalmente consiguió pasar con la ayuda de los otros. Luego había que caminar a gatas a lo largo de diez o doce brazas, sobre un suelo tan viscoso y escurridizo como las paredes del pozo. Tras de lo cual se accedía a una cámara algo más ancha donde había ciertos peldaños. Allá se reunieron los hombres y levantaron sus lámparas de aceite para esparcir la vista alrededor. Y vieron que la última parte del túnel no era de sillería, sino piedra viva que había sido excavada en la montaña, así como los estrechos y tortuosos peldaños que ascendían y se perdían en las tinieblas delante. Y Hasday contó que el verdín del agua llegaba solamente hasta el séptimo escalón, que eran los siete pasos previos del juego de la Traganta antes de llegar a la piedra llamada Frío y, a partir de aquel punto, los demás peldaños aparecían secos e incluso polvorientos.

—Ánimo —dijo Hasday—. Ahora debemos subir setenta y dos peldaños.

—¿Cómo sabes que son precisamente setenta y dos? —inquirió Borrel, el jadeante.

—Todo está en los pergaminos —respondió Hasday, y luego, señalando una borrosa inscultura que formaba sobre la pared la estrella de cinco puntas, dijo—: Es la pentalfa. Por este signo y por los que vengan nos guiaremos.

Después descendieron por una empinada cuesta en

la que era difícil no resbalar pues los guijos menudos y sueltos rodaban unos sobre otros bajo la presión de las pisadas. Tambaleándose y arrimándose precavidamente a las paredes, prosiguieron la marcha. A trechos, breves hililllos de agua resbalaban sobre los muros y en otras partes goteaba formando delgadas columnas y caprichosas figuras que ponían unas veces pavor, otras admiración a los despiertos corazones. Y en el fondo de la cuesta les pareció percibir un resplandor semejante al reflejo de la luz de muchas antorchas en la lejanía, por lo que pensaron que quizá aquella chimenea desembocaba en una charca o en una corriente subterránea. Cuchicheaba cada uno sus opiniones al vecino y las palabras se magnificaban en los recovecos y galerías que por todas partes abría la montaña y volvían acrecentadas de sus magníficos viajes, como si fueran emanaciones de la montaña misma o susurros de un efrit que habitara aquellas cuevas.

Así llegaron al final de la cuesta, donde la oscuridad reinaba de nuevo, y comprobaron que las luces que antes vieran no eran sino un enjambre de fosforescentes insectos que pululaban, como espesa nube, por encima de sus cabezas. Y en el punto más llano de la pared hallaron otro relieve. Hasday lo palpó reverencialmente y murmuró:

—La piedra del Calor. Ahora sólo faltan dos.

Palparon los otros la roca y percibieron que estaba caliente, como si fuera la pared de un horno. Y más lejos, sobre el tortuoso escombro de los antiguos desplomes, vieron un cuadro más llano, como cincelado por mano de artífice y dentro del cuadro había un letrero que decía:

AXIS MUNDI

—El eje del mundo —dijo Hasday—: éste es uno de esos lugares terribles que los antiguos sabios llaman Zohar, donde el cielo y la tierra con todos sus lugares se encuentran.

Y los tres pasadizos que se abrían debajo de la piedra tenían cada uno de ellos la marca de un cantero: Habben, Jubelas y Giblón. Pero sobre este particular nada dijo Hasday, sino que, escogiendo uno, alzó su lámpara y se internó por él, seguido por sus compañeros. Así traspasaron el primer umbral y luego los otros seis umbrales del laberinto y cada uno de ellos semejaba un largo túnel, no recto, sino con subidas y bajadas, y desviaciones a un lado o a otro, y después de cada desembocadura había muchas bocas con otros tantos caminos que seguir, los que conducen al averno, a la perdición o a los pozos ciegos sin retorno posible. Mas Hasday, por su virtud y su sabiduría, con ayuda de los pergaminos, escogía siempre el camino de la salvación y así fueron encontrando, sucesivamente, la piedra del Agua, en el centro de un lago cubierto de alta bóveda, cuyas aguas profundas y transparentes como el limpio cristal eran semejantes a un inmenso zafiro, de las que bebieron todos con unción y quedaron reconfortados. Y al otro lado del lago un pasadizo angosto los condujo a una chimenea por la que se despeñaba un rumoroso manantial de termales aguas que, al estrellarse contra la pelada roca de la base, se deshacían en una nube de agua deleitosa de atravesar porque era templada.

—¡La piedra de los Torrentes Impetuosos! —señaló Hasday al relieve que en ella había, medio carcomido por el agua—. Ésta es la última del juego de la Traganta.

De esta guisa fueron progresando por el vientre de la montaña antigua. Y el penúltimo umbral se llamaba Vértigo. Ése era el signo inscrito en su dintel. Y el último, Aniquilación, donde había el retrato de águila formado con los nombres de todo lo que vive y las cifras que componían esta leyenda: «Todo en el cielo inteligible está en todas partes, cualquier cosa es todas las cosas. El sol es todas las estrellas y cada estrella es todas las estrellas y el sol.»

¡Atended! ¡Prestad atención los ciegos que aún

creéis que todo esto es solamente el cuento de un recitador! ¡Allí se abría el Simurg, el castillo de la luz, donde el hierro de las armas cambia de color y pasa del verde al amarillo y luego al negro y al rosa!

Y en aquella sima no era la luz amarillenta, mortecina y sebosa de los tristes candiles lo que lucía y guiaba, sino la luz clara y limpia que emana del prodigio. De pronto otra luz se hizo en los cuatro corazones. Los hombres se detuvieron e intercambiaron silenciosas miradas, el suave pájaro del terror pánico rozó, con la leve punta de sus alas, las cuatro gargantas y quiso anidar en los cuatro corazones. Sin cambiar palabra, todos tuvieron la certeza de que habían llegado a la última cámara, al lugar donde el espíritu del Todopoderoso velaba el sueño de siglos del Espejo de Salomón.

—¡Por Dios vivo, debemos continuar ahora! —dijo la voz de Hasday, enronquecida por la emoción. Y se adelantó a los otros y los precedió resonando en la alta bóveda de la sala.

Obedecieron y avanzaron. A pocos pasos, el corredor desembocaba en una gruta tan espaciosa como nunca se ha visto otra igual, tocante a lo largo y a lo ancho, y tan alta que a pesar del resplandor que la iluminaba apenas se podían distinguir los tortuosos e imprecisos contornos del techo. Una vivísima luz levemente azulada emanaba del centro y descubría los ámbitos de la sala. No era la luz de un astro, ni la de mil lucernas laboriosamente encendidas: era una luz espectral y consistente, como niebla fosforescente y tierna que se derramara de un punto elevado, medio oculto entre un semicírculo de enormes pilares de piedra semejantes a nervudos árboles que elevándose del centro parecían sostener como palio la inaccesible techumbre. La luz se dispersaba por entre aquellas columnas y descendía hasta el nivel del entorno, algo más bajo, con la fluida consistencia de un lento venero de espectrales aguas.

Sin saber qué hacer o decir, los hombres permanecían en un ángulo de la gruta contemplando el prodigio con los corazones arrobados. Una alta gotera se desplomaba sobre un charco próximo y el rítmico sonido que producía era como el del cristal levemente tañido, lo que hería el silencio y otorgaba extraña sonoridad al lugar.

—¡Jakim y Boaz! —musitó Hasday, y se postró sobre las piedras, preso de intensos temblores.

Cada uno de los hombres rezó en su corazón y a los tres dioses del Libro se elevaron preces desde aquel terrible lugar donde los secretos del universo pueden desatarse. Y luego se levantó Hasday de su oración y los otros con él y lo siguieron. Quedaron atrás los candiles sobre el polvo, puesto que no los habían menester, y se llegaron al centro de la luz entre las dos columnas de piedra que parecían la entrada, sobre tres gradas que no se sabía bien si eran talladas por mano humana o puestas así por designio del Altísimo. Y allí se detuvieron, porque veían delante de ellos el Espejo de Salomón.

¡Ay de los que escucháis y ay del recitador! ¡Impotente es la lengua para describir lo que queréis que os describa! Si os dijera cómo es el Espejo de Salomón tendría que inventarlo y quizá el Todopoderoso me lo tuviera en cuenta. Os diré de él lo que puedo saber porque otros antes que yo lo han escrito y lo que escribieron está celosamente guardado en las alacenas de los reyes: es circular y liso y en el centro tiene una concavidad no mayor que la de una mano ahuecada. Sobre su superficie, que está minuciosamente cubierta de signos y cifras, se inscribe la exalfa. Hasday, cuando lo vio, dijo como para sí:

—Abdul al-Hazred llamaba a ese rehundimiento la matriz del mundo. En ese cuenco, Salomón colocaba la Madre de la Sangre. Cuando los visigodos trasladaron el tesoro, el rubí se partió y el trozo menor quedó en el país de los francos.

—Ése es el que yo traigo —declaró Borrel. Y abriéndose con los dedos el ojo ciego extrajo de su cavidad un trozo de rubí del tamaño de una bellota—. A éste lo llaman los cristianos el Graal, por el cual murieron los cátaros, y el Omnipotente ha querido que mis manos pecadoras y no creyentes, pero que quieren creer, lo traigan hasta aquí. Soy un hombre ignorante y no sé qué debo hacer: a ti te lo confío, Hasday.

Ben Chaprut tomó el fragmento de rubí y miró a Mohamed Numayr que en su seno traía el otro trozo, el llamado Madre de la Sangre. Pero como Numayr, a la vista de las riquezas que cuajaban el Espejo, que era todo de oro y pedrería y perlas innumerables, albergase sentimientos de codicia, en aquel intante Aquel que todo lo puede le secó el corazón, con lo que cayó al suelo muerto sin exhalar un suspiro. Inclinóse sobre él Borrel y le buscó con el dedo las palpitaciones del cuello, mas no se las halló.

—Ha muerto —declaró. Y acto seguido registró el cadáver hasta que dio con una bolsita de terciopelo que en el pecho llevaba, pendiente de un cordón al cuello, en la que guardaba la Madre de la Sangre, aquel carbunclo portentoso como nunca se viera otro igual que tenía la virtud de sanar las fiebres. Borrel lo tomó, se incorporó y entregó la piedra a Hasday.

Entonces el judío juntó los dos pedazos de rubí y vio que casaban, como partes de una misma piedra que eran, y que después de cuatro siglos volvían a juntarse como antaño estuvieron sin rastro de mella ni rotura.

Adelantóse Hasday y depositó la Madre de la Sangre en el centro del Espejo, en su engarce, el llamado la matriz del mundo. ¡Día entre los días, día señalado por el portento y el misterio que abre los arcanos! ¡Día como no habrá otro! Pues el resplandor que aquel objeto emitía se creció como si mil soles dentro de él se contuvieran, de modo que Selim y Borrel hubieron de cerrar los ojos y protegérselos con las manos, pero el judío mantuvo los suyos muy abiertos y aproximándose hasta el borde del Espejo, como de un abismo, se inclinó sobre él, sin osar tocarlo, y leía en su superficie deslumbrante los venerables signos y descifraba los arcanos misterios.

Así transcurrió el espacio de una hora y los otros se habían retirado al otro extremo de la gruta porque allí el resplandor era más soportable, pero Hasday perseveraba en su lectura sobre el Espejo de Salomón y estaba como en el centro de una quieta hoguera que lo envolvía y ardía sin consumirlo, ajeno al mundo, su ánimo suspenso. Y después de largo rato, cuando se volvió hacia sus compañeros y descendió con paso vacilante, como de borracho, las tres gradas de piedra que conformaban el altozano, los otros vieron que el brillo del Espejo lo había impregnado y lucía en todo su contorno como si un halo de invisibles llamas azuladas brotaran de él y lo ungieran. Y ellos lo observaban con pavor y reverencia y notaron que, aun siendo todavía los suyos, los rasgos de Hasday, su rostro y su persona toda se había transfigurado y aparecía más limpio y elevado, como si fuera ahora espíritu desprovisto de toda material sustancia. Y no osaban hablarle por miedo a que el rayo del Altísimo los aniquilara, pues les pareció que estaban en presencia de un santo, pero él fuese para ellos y les dijo con su voz acostumbrada:

—Ahora, amigos míos, habréis de regresar solos porque yo me quedaré aquí velando el Espejo y la sabiduría de Dios, y habéis de saber que ante la inmensidad de los abismos que contiene no hay causa que merezca la intercesión de su poder, por esto las cosas del mundo que aquí nos han convocado seguirán su curso y Dios no intervendrá en ellas ni el hombre con su poder las modificará.

Y mirando a Selim le dijo:

—Lo siento, buen amigo.

Y tornó a subir los tres peldaños y se perdió para siempre en medio del resplandor del Espejo, al que Selim y Borrel no osaron retornar.

Selim recordó a Faye, a la que había perdido, que otra vez se quedaba viuda, y Borrel al Dios puro de los cátaros que nunca había encontrado. Luego dieron la vuelta y regresaron por el camino que habían traído, sin equivocarse ni perderse, hasta que llegaron al pozo de marras y ascendieron por la escala de cuerda y salieron al patio. Donde hallaron que una peña de las que lanzaba el trebuquete cristiano había caído sobre la casa Numayr, la ruinosa, y la había tirado entera y entre la ruina habían perecido los cuatro hombres que guardaban el brocal, mas, por la voluntad del Todopoderoso, ningún escombro había cegado el pozo ni el agua lo había anegado.

Ésta es, por hoy, la posada a la que os condujo el camino del estilo sublime. ¡Que Aquel que todo lo cambia sin cambiar Él no os deje de su mano!

TREINTA

¡OH, CONCURRENCIA distinguida! No creyeron los reyes del mundo ni los habitantes del orbe que los infieles contumaces hollarían un día los umbrales de aquellas puertas cuya vista los ojos recreaba por el decoro de sus galas. Yo soy ya viejo y pronto moriré y mis palabras, de las que vivo como el cuervo de sus alas, se las llevará el viento y todo lo que he visto y he oído en mis dilatados días se perderá como se pierden las lágrimas en la lluvia. Por eso os digo que la ciudad impura se hundió en sus propios pecados y nadie pudo salvarla. ¡Pero Alá es dueño de la recompensa y del castigo! ¡Sólo Él es vencedor!

Cuando los sicomoros maduraban en Oriente y en las huertas brotaban la fumaria, el apio y el eneldo, y la negra adormidera, cuando los nietos bulliciosos andarían por otras tierras más venturosas recolectando las flores de manzanilla que guardan salutíferos óleos, el prodigioso castaño de los Uqail se secó y Alhamar entregó la ciudad a Fernando a cambio de la paz perpetua. Una semana después los musulmanes abandonaron Jaén. Y el día en que el rey de Castilla entraba en la ciudad y los musulmanes salíamos, un anciano se plantó ante el caballo de Fernando y encarándose con el rey le dijo:

—¡Rey poderoso de los cristianos! ¿Qué tienes contra mí para echarme de aquí? Aún era niño de pecho cuando tu bisabuelo Alfonso me expulsó de Pedroche.

Entonces me fui a vivir a Vilches. Ya tenía nietos cuando tu abuelo me echó de Vilches y fui a morar a Cáceres. Allí sentía mi ancianidad a salvo cuando tu padre me arrojó de mi casa, tuve que venir a morar a Jaén con mis parientes y ahora me echas de aquí. Veo que en ningún lugar puedo quedarme para terminar mis días en paz.

Calló el viejo y bajó la mirada, como si hubiera gastado en aquellas palabras toda su fuerza. Y en esto acudieron dos almocadenes cristianos y querían prenderlo, pero Fernando alzó la mano y les ordenó que lo soltaran y lo dejaran en paz y pasó adelante.

Aquella tarde Selim recorrió su casa, ya con el hato hecho y cargado en el carro, y estaba para despedirse de todo cuando un oficial de Fernando fue a buscarlo porque el rey lo llamaba.

Y cuando Selim estuvo ante Fernando, el rey le dio el selam y le dijo:

—¿Conoces al viejo que me habló esta mañana?

—Señor —dijo Selim—, es un pobre hombre que tiene trastornado el juicio por el mucho sufrimiento del asedio. Te suplico que lo perdones.

El rey sonrió.

—No se trata de eso, Selim. Lo que quiero es que tomes este dinero y lo uses para comprarle en Granada una casa semejante a la que ha perdido aquí y le restituyas en ella todo lo que aquí deja para que su ancianidad sea menos dolorosa. Y puedes prometerle de mi parte que podrá morir en Granada colmado de días sin que nadie lo moleste, cristiano ni musulmán.

—¡Oigo y obedezco! —dijo Selim.

Y tomando la bolsa que Fernando le tendía dijo selam y tras besar la mano del rey se disponía a salir cuando Fernando volvió a hablar y dijo:

—Otra cosa, Selim.

—Sí, señor —dijo Selim volviéndose.

Esta vez Fernando sonreía francamente.

—No he olvidado la partida de ajedrez que tenemos apalabrada desde hace...

—Veintidós años, señor —dijo Selim.

Fernando asintió, sonriente.

—Tú pareces gozar de mejor memoria que yo —dijo—. Espero que la vida nos depare un respiro para jugar esa partida.

Pero Fernando y Selim no volvieron a verse nunca más y la partida quedó aplazada hasta el final de los tiempos.

Luego Selim regresó a sus criados y parientes que estaban alarmados por la llamada del rey y hacían cábalas sobre lo que iba a ser de su amo y señor, pero al verlo aparecer sano y contento elevaron sus preces al Altísimo y lo rodearon para preguntarle lo que ya nosotros sabemos. Tras de lo cual, el cabeza de los Nasr se guardó en el pecho la llave de la casa a la que nunca volvería y, poniéndose al frente de los suyos, montado en una yegua alazana, volvió la cabeza y dijo: «¡En marcha!»

Allá fueron. Y el corazón de Selim cuando salían al campo por la puerta de Granada iba componiendo esta endecha en metro wafir: «Adiós Jaén, ciudad mía, adiós Jaén; por ti disperso mis lágrimas como se dispersan las perlas. No es cierto que yo quiera separarme de ti y sin embargo así lo ha decidido nuestra época cruel.»

Así se perdió aquella ciudad que fue la perla del Islam, y el maestro Masud al-Husani, sobre el púlpito de la mezquita, dijo a la última muchedumbre allí reunida, la que lloraba, estos versos: «¡Oh, ciudad, eres la aguada de la que me separa una barrera cuando una ardiente sed me atrae hacia ti! Te recordaré cuando sople el viento del norte y mis ojos vean, como en una aparición, dibujarse tus contornos.»

Por la cuesta que baja a la Fuente de la Peña iban Selim y los suyos, ya integrados en la caravana de los desterrados, cuando escucharon un galope y, volviendo la cabeza, vieron que llegaba Sulimán Dubyan, el cual llevaba a la grupa a su hermana Faye. Y ella traía el rostro tapado con el velo, pero de sus ojos lloraba copiosamente.

Y Sulimán dio la paz a Selim y colocándose a su lado le dijo:

—Busco un marido honrado para mi hermana Faye. ¿Sabes tú de alguno que esté interesado? Te advierto que no es mucha la dote que puede aportar, pues lo hemos perdido todo en las presentes calamidades.

—Marido tengo para ella —dijo Selim con la voz entrecortada pues el corazón se le ahogaba en el pecho— y éste no te pedirá dote alguna aparte de tu paz y tu amistad.

—Pues entonces tómala por tuya —dijo Sulimán, pasando a su hermana al caballo de Selim—, y olvidemos las diferencias del pasado y seamos parientes y amigos.

Y Nasr y Dubyan se abrazaron entre las bendiciones de todos los que asistían al encuentro y se holgaban en lo que veían, pues lo tuvieron a buen agüero de que en la nueva ciudad sus existencias serían más venturosas que en la antigua.

Se apretó Faye en un abrazo contra la espalda de Selim y así prosiguieron el camino, que fue sólo el comienzo de una vida que yo hubiera querido larga y feliz y cargada de días venturosos si no fuera porque ya estaban los dos casi en las lindes de la ancianidad, mas aun así fueron felices por el amor que, como dijo el sabio rumí, mueve el sol y las otras estrellas.

No haré que Selim, ya en sus últimos días, recuerde a veces las manos suaves y las caderas generosas de Fátima, la africana, ni que despierte a sus risas cuando se le presente en sueños, pero os diré que yo, el recitador, la recuerdo frecuentemente y de esta manera la rescato del hondo valle de la muerte.

Ésta era la historia. No tengo nada más que contaros tocante al caso. ¡Que Alá quede con vosotros!

Sanlúcar de Barrameda, donde acaba el GUADALQUIVIR, julio de 1989.

Colección
Autores Españoles e Hispanoamericanos

Otros títulos publicados:

Jorge Semprún
Autobiografía de Federico Sánchez
PREMIO PLANETA 1977

Juan Marsé
La muchacha de las bragas de oro
PREMIO PLANETA 1978

Torcuato Luca de Tena
Los renglones torcidos de Dios

Antonio Larreta
Volavérunt
PREMIO PLANETA 1980

Juan Benet
El aire de un crimen
FINALISTA PREMIO PLANETA 1980

Cristóbal Zaragoza
Y Dios en la última playa
PREMIO PLANETA 1981

Jesús Fernández Santos
Jaque a la Dama
PREMIO PLANETA 1982

José Luis Olaizola
La guerra del general Escobar
PREMIO PLANETA 1983

Francisco González Ledesma
Crónica sentimental en rojo
PREMIO PLANETA 1984

Jesús Fernández Santos
El Griego
PREMIO ATENEO DE SEVILLA 1985

Alfonso Grosso
Giralda 3

Juan Antonio Vallejo-Nágera
Yo, el rey
PREMIO PLANETA 1985

José María Gironella
Los hombres lloran solos

Nicolás Salas
Morir en Sevilla
PREMIO ATENEO DE SEVILLA 1986

Terenci Moix
No digas que fue un sueño
(Marco Antonio y Cleopatra)
PREMIO PLANETA 1986

Torcuato Luca de Tena
El futuro fue ayer

Juan Antonio Vallejo-Nágera
Yo, el Intruso

Juan Eslava Galán
En busca del unicornio
PREMIO PLANETA 1987

Fernando Fernán-Gómez
El mal amor
FINALISTA PREMIO PLANETA 1987

Fernando Fernán-Gómez
El mar y el tiempo

Terenci Moix
El sueño de Alejandría

José María Gironella
La duda inquietante
PREMIO ATENEO DE SEVILLA 1988

Gonzalo Torrente Ballester
Filomeno, a mi pesar
PREMIO PLANETA 1988

Pedro Casals
Hagan juego

Daniel Múgica
Uno se vuelve loco
PREMIO ATENEO DE SEVILLA 1989

Miguel Delibes
Los santos inocentes

Gonzalo Torrente Ballester
Crónica del Rey pasmado

Soledad Puértolas
Queda la noche
PREMIO PLANETA 1989

Pedro Casals
Las hogueras del rey
FINALISTA PREMIO PLANETA 1989

Javier Tomeo
El mayordomo miope

Impreso
en los talleres gráficos
de Duplex